Katharina Pfannkuch

Islamische Versicherungen im deutschen Rechtsraum

Konzepte und Modelle des Islamic Finance-Marktes

AF125509

Pfannkuch, Katharina

Islamische Versicherungen im deutschen Rechtsraum
Konzepte und Modelle des Islamic Finance-Marktes

ISBN: 978-3-86741-762-4
Auflage: 1
Erscheinungsjahr: 2012
Erscheinungsort: Bremen, Deutschland

© Europäischer Hochschulverlag GmbH & Co KG, Fahren-
heitstr. 1, 28359 Bremen

www.eh-verlag.de

Katharina Pfannkuch

Islamische Versicherungen im deutschen Rechtsraum

Für D.B.

Inhaltsverzeichnis

Einleitung

Der Verlauf und die Auswirkungen der im Jahre 2008 ausgebrochenen internationalen Finanzmarktkrise haben auch in Deutschland weit reichende Konsequenzen nach sich gezogen – als eine dieser Konsequenzen ist das erschütterte Vertrauen der Kunden in die auf dem Finanzdienstleistungs- und Altersvorsorgemarkt angebotenen Produkte anzusehen. Wie der „Postbank Studie Altersvorsorge 2010/2011" zu entnehmen ist, hat im Jahre 2010 jeder fünfte Deutsche seine private Altersvorsorge entweder gekündigt oder gekürzt.[1] Als Indiz für das schwindende Vertrauen auf Seiten der Kunden wird unter anderem der Umstand gewertet, dass 37% der Befragten angeben, ihre private Altersvorsorge gekürzt oder gekündigt zu haben, obwohl sie davon ausgehen, dass die gesetzlichen Renten zukünftig weiter gekürzt werden.[2] Dieser Vertrauensverlust beruht offensichtlich auch auf der intransparenten Produktstruktur vieler Altersvorsorgeprodukte. So ist für die Kunden oftmals die Struktur des jeweiligen Produkts nur schwer zu erkennen, was zu Ungewissheit über die Höhe und Zusammensetzung der tatsächlich auszuzahlenden Versicherungsleistung führen kann.[3] Da „jede Form von Altersvorsorge (...) nur ein quasi treuhänderisches Mandat zur Verwaltung und Absicherung der Daseinsvorsorge" hat[4], ist aber gerade in diesem Bereich das Vertrauen auf Kundenseite ein wesentlicher Faktor, um Kunden zu gewinnen und diese auch halten zu können.

Im Zusammenhang mit der privaten Altersvorsorge in Deutschland kommt dem Instrument der Lebensversicherung besondere Bedeutung zu, da diese Methode nach wie vor die am meisten genutzte Variante privater Vorsorgelösungen in Deutschland ist.[5] Insbesondere kapitalbildende und fondsgebundene Lebensversicherungsprodukte sind aufgrund der ihnen innewohnenden Strukturen meist eng mit den Kapitalmärkten verbunden, was die Produktstrukturen für den Kunden unübersichtlich erscheinen lassen kann – als Konsequenz kann ein Eindruck von Intransparenz und mangelnder Solidität entstehen.[6]

---

[1]   Reiche:2010, über www.manager-magazin.de/politk/meinungen/0,2828,721941-2,00.html; siehe hierzu auch die Zusammenfassung der Ergebnisse der Studie unter http://www.postbank.de/postbank/pr_dossier_altersvorsorge.html; beide zuletzt aufgerufen am 24.08.2011.

[2]   Reiche:2010.

[3]   Mahlknecht:2010, S. 60.

[4]   Schipprack:2009.

[5]   Siehe unter anderem Schipprack:2009.

[6]   Mahlknecht:2010, S. 59.

Während die Kunden komplizierten Finanzprodukten, die etwa im Zusammenhang mit Derivaten oder Hedge-Fonds stehen, vor der Finanzkrise möglicherweise mit einer gewissen Indifferenz gegenüberstanden, hat sich im Zuge besagter Krise ein zunehmendes Interesse an den genauen Strukturen von Finanzprodukten und deren ethischer Komponenten entwickelt. So sprechen Löhr und Valeva von einer „tiefen normativen Krise", deren Folgen „belegen, dass das Feld der globalen Bank-und Finanzwirtschaft in höchstem Maße sozial und ethisch relevant" sei.[7] Das zunehmende Bewusstsein für ethische und soziale Aspekte im Zusammenhang mit Finanzgeschäften und wirtschaftlicher Aktivität wird unter dem Begriff Socially Responsible Investing (SRI) zusammengefasst und gewinnt sowohl auf internationaler Ebene als auch in Deutschland immer mehr an Bedeutung in der öffentlichen Diskussion.[8] Dieses Bewusstsein für alternative Formen der Geldanlage, das sowohl auf Seiten der Nachfrager als auch der Anbieter im Zuge der Finanzmarktkrise entstanden ist, befördert das Interesse an einer weiteren alternativen Art des Umgangs mit Finanzen: Es handelt sich um den islamkonformen Umgang mit Finanzen, der auch als Islamic Banking und Finance bezeichnet wird.

Islamic Finance wird im Zusammenhang mit der erhöhten Aufmerksamkeit für SRI zunehmend als ernstzunehmende Alternative beziehungsweise Ergänzung zum konventionellen Finanz- und Anlagegeschäft wahrgenommen: „The biggest financial crisis since 1929, is forcing the world to look for more sustainable financial models that would combine value-creation, stability and morality. Amid the chaos, two financial sectors are thriving: Ethical banking/Socially Responsible Investment and Islamic Banking & Finance".[9] Auch in Deutschland nimmt das Interesse am Islamic Banking und Finance vor dem Hintergrund der zunehmenden Bedeutung von ethischen und moralischen Aspekten im wirtschaftlichen Handeln und bei Anlagetätigkeiten zu, wie unter anderem zahlreiche Veranstaltungen in den vergangenen zwei Jahren belegen. Exemplarisch seien an dieser Stelle die Konferenzen und Veranstaltungen der Bundesanstalt für Finanzdienstleistungsaufsicht (im

---

[7] Löhr/Valeva:2010, S. 5. Vergleiche hierzu auch Alexander/Blume/Braune:2010, S. 100.
[8] Siehe unter anderem Van Liedekerke/Jaufeerally:2010, S. 44. Die Autoren verweisen auf die Definition des Social Investment Forums von SRI: „Integrating personal values and societal concerns with investment decisions is called socially responsible investing (SRI). SRI considers both the investor's financial needs and an investment's impact on society"; dieselben, S. 50.Es sei zudem verwiesen auf die Studie „Islam and CSR: The compability of the tenets of Islam and the UN Global Compact", herausgegeben im Jahre 2006 von OWW Consulting; zu beziehen über http://www.ecrc.org. eg/pdf/Islam%20and%20UNGC.pdf; zuletzt aufgerufen am 24.08.2011.
[9] Van Liedekerke/Jaufeerally:2010, S. 43.

Folgenden als BaFin bezeichnet)[10], die Veranstaltung des Institute for Islamic Banking and Finance (im Folgenden: IFIBAF)[11] und die Konferenz des Centre for Area Studies der Universität Leipzig genannt.[12] Zunehmend stehen hier das Privatkundengeschäft und die konkreten Möglichkeiten der praktischen Umsetzung im Fokus.

Der Schwerpunkt in der schriftlichen wissenschaftlichen Auseinandersetzung mit islamkonformen Finanzprodukten und Finanzierungsmethoden und deren konkreter Umsetzung explizit in Deutschland liegt bisher auf Bank- und Investmentprodukten: So stellt aus rechtlicher Perspektive vorrangig die Vereinbarkeit islamkonformer Produkte mit dem deutschen Kreditwesengesetz einen wesentlichen Gegenstand der aktuellen Diskussion dar (so bei Ebert/Thießen/Thurner:2008, Caspar:2010, Gramlich/Manger-Nestler:2010, Ebert/Thießen:2010, Bälz:2002); während von wirtschaftswissenschaftlicher Seite der grundsätzliche Bedarf an islamkonformen Finanzprodukten auf dem deutschen Markt diskutiert wird (unter anderem Gassner/Wackerbeck:2007, Alexander/Blume/Braune:2010).[13] Bei den vorhandenen Abhandlungen zum Thema Islamic Finance in Deutschland handelt es sich überwiegend um Beiträge in Sammelbänden, um Aufsätze in (Fach-) Zeitschriften sowie um Studienarbeiten und Dissertationen.[14] Die Auseinandersetzung mit rechtlichen und praktischen Möglichkeiten der konkreten Umsetzung islamisch begründeter Maßgaben beim Umgang mit Finanzen in Deutschland stellt bisher vornehmlich eine Bestandsaufnahme der vorhandenen rechtlichen und praktischen Hürden und Probleme dar.

Bei der auf Deutschland bezogenen Auseinandersetzung hat ein Segment des Islamic Finance-Bereichs bisher eine marginale Stellung inne – es handelt sich um islamkonforme Versicherungen (takaful). Das takaful-Prinzip und die rechtlichen Möglichkeiten seiner Umsetzung in Deutschland verdienen angesichts der oben dargelegten Bedeutung der Lebensversicherung im Bereich der privaten Altersvorsorge und vor dem Hintergrund des zunehmenden Bewusstseins des SRI-Gedankens nähere Betrachtung, da dieses

---

[10]   Im Oktober 2009, siehe auch BaFin:2009, S. 6.
[11]   „Merhaba – Arabien erwacht" im April 2011. Diese Konferenz wurde in Zusammenarbeit mit der Kanzlei Ashurst im April 2011 durchgeführt; siehe auch http://www.ifibaf.com/index.php/IFIBAF-Islamic-Finance-Events, zuletzt aufgerufen am 24.08.2011.
       "Islamic Finance im deutschen Privatkundengeschäft" im Mai 2011; siehe auch http://www.uni-leipzig.de/~cas/images/stories/Dokumente/plakat_islamicfinance_2011_web.pdf; zuletzt aufgerufen am 24.08.2011.
[13]   In diesem Zusammenhang sei auch auf einen nicht-wissenschaftlichen, kritischen Beitrag in der Financial Times Deutschland zum generellen Marktpotential von Islamic Finance in Deutschland hingewiesen: Dohms:2011.
[14]   Vgl. hierzu unter anderem die Arbeiten von Schünemann:2007 und Geilfuß:2009.

Versicherungsprinzip jene Aspekte, die im Zuge der Finanzmarktkrise in den öffentlichen Fokus gerückt sind, verstärkt berücksichtigt. So betont das takaful-Modell ebenso wie der SRI-Ansatz Elemente wie Transparenz, die Berücksichtigung ethischer und moralischer Werte sowie soziale Verträglichkeit, wie auch Jaffer befindet: „SRI has a close alignment with Sharia-compliant insurance (Takaful); both founded on extra-financial and ethical factors such as transparency, security, fair terms and safety".[15]

Mit explizitem Blick auf den deutschen Markt und auf die Integration dieses Versicherungs-Prinzips in den deutschen Rechtsrahmen haben bisher nur Wackerbeck, Mahlknecht, Peisker, Engels, sowie von Pock und Röckemann Beiträge vorgelegt. Während sich Gassner und Wackerbeck sowie Peisker sowohl unter Berücksichtigung rechtlicher als auch ökonomischer Gesichtspunkte mit den Möglichkeiten der Umsetzung des takaful-Modells in Deutschland befassen[16], dominiert bei Mahlknecht und Engels die generelle Darstellung des takaful-Prinzips in Abgrenzung zum konventionellen Versicherungsgeschäft.[17] Von Pock und Röckemann schließlich konzentrieren sich auf das Marktpotential von takaful-Produkten in Deutschland; auch Wackerbeck hat zu diesem Aspekt einen Aufsatz vorgelegt.[18] Die Erkenntnisse dieser Autoren werden im Laufe der vorliegenden Untersuchung in den jeweils entsprechenden Abschnitten erläutert, um gleichzeitig ergebnisorientiert und übersichtlich die vorhandenen Erkenntnisse und Ansätze der genannten Autoren in die Untersuchung einfließen lassen zu können.

Ziel der vorliegenden Untersuchung ist es, auf der Basis eines Überblicks über die rechtlichen Rahmenbedingungen, die in Deutschland für den Betrieb und die Zulässigkeit des Lebensversicherungs-Geschäfts zu beachten sind, sowie ausgehend von den Quellen und den theoretischen Grundsätzen des takaful-Systems die rechtlichen Möglichkeiten der Einführung eines islamkonformen Versicherungsprodukts in Deutschland aufzuzeigen. Der Fokus wird hier auf Lebensversicherungen gelegt, da diese, wie oben erläutert

---

[15] Jaffer:2011, S. 2. Auch wenn hier explizit Bezug auf islamische Versicherungen genommen wird, sind die SRI-Grundsätze auch in islamischen Finanzprodukten zu finden, die nicht dem Versicherungsbereich zuzuordnen sind. Vergleiche hierzu auch Van Liedekerke/Jaufeerally:2010, S. 44: „At its core Islam preaches a morally responsible social economy sharing a significant conceptual overlap with SRI objectives".

[16] Gassner/Wackerbeck:2007, Peisker:2010.

[17] Mahlknecht:2010, Engels:2009.

[18] Von Pöck/Röckemann:2004, Wackerbeck:2006. Zur islamkonformen Versicherung in Europa siehe unter anderem Jaffer:2011, Abbas:2009, auf die in Abschnitt 3.3 näher eingegangen wird. Weitere Beiträge zur grundsätzlichen Struktur von islamkonformen Versicherungen haben unter anderem Billah:2007 Bälz:1994, Klingmüller:1954/1957/1967 (u.a.), Stiftl:2011, Ali:o. J., Hamid:o. J. sowie Anwar:1994 vorgelegt.

wurde, auf dem deutschen Markt der privaten Altersvorsorge eine besonders wichtige Stellung einnehmen. Die im Titel der vorliegenden Untersuchung genannten konstitutiven Elemente – Konzepte und Modelle – werden also anhand eines konkreten Beispiels dargelegt. Um das genannte Ziel anschaulich verfolgen zu können, ist die Untersuchung in vier Teil gegliedert, in denen die wesentlichen Komponenten zunächst einzeln dargelegt werden, bevor sie anschließend in Relation zueinander gestellt werden. Es handelt sich hierbei um

1. die rechtlichen Rahmenbedingungen, innerhalb derer sich Lebensversicherungsprodukte in Deutschland bewegen dürfen,

2. die Grundsätze des islamkonformen Umgangs mit Finanzen, dem der Bereich islamkonformer Versicherungen als Segment zuzurechnen ist,

3. die zu beachtenden Grundsätze des islamkonformen Versicherungsmodells (takaful) im Allgemeinen und der islamkonformen Lebensversicherung im Besonderen. Schließlich werden

4. die erläuterten Quellen, Konzepte und Methoden zusammengefügt, indem ein Entwurf für ein islamkonformes Lebensversicherungsprodukt, das mit den deutschen rechtlichen Rahmenbedingungen in Einklang steht, vorgelegt wird.

Um jene Aspekte zu verdeutlichen, die bei der Einführung eines islamkonformen Lebensversicherungsproduktes in den deutschen Markt zu berücksichtigen wären, werden also zunächst die rechtlichen Rahmenbedingen dargelegt, die für Lebensversicherungsverträge in Deutschland bestehen. Anschließend wird die islamkonforme Versicherung im Kontext des Islamic Finance behandelt. Hierbei werden die grundsätzlichen Maßgaben des islamkonformen Umgangs mit Finanzen zusammenfassend erörtert sowie ein Überblick über die Entwicklung dieses Marktes vermittelt. Um Herangehensweisen für die konkrete Implementierung islamkonformer Finanzierungs- und Versicherungsmethoden sowie Lösungsansätze für mögliche Probleme und Konflikte zwischen den islamrechtlichen Vorgaben für den Umgang mit Finanzen und europäischen, säkularen Rechtsprechungen aufzuzeigen, werden exemplarisch die entsprechenden Maßnahmen Großbritanniens erläutert. Der dritte Teil ist zunächst den in der islamischen Rechtswissenschaft und Rechtsliteratur dargelegten Auffassungen hinsichtlich des Versicherungsprinzips gewidmet. So werden die wesentlichen Quellen und Argumentationen überblicksartig dargelegt, die für die Konzeption islamkonformer Versicherungen herangezogen werden. Auch der Begründung für die Ablehnung konventioneller Versicherungen wird hier Raum gegeben, bevor jenes theoretische Konzept vorgestellt wird, das bis heute die Basis für die praktische Umsetzung von takaful-Produkten darstellt. Anschließend werden am Beispiel gegenwärtig verfügbarer islamkonformer Lebensversicherungsprodukte im Ausland Möglichkeiten für das Produktdesign von Lebensversicherungen auf takaful-Basis verdeutlicht. Im vierten Teil schließlich wird auf Basis der in der vorliegenden Untersuchung erarbeiteten Erkenntnisse ein Entwurf für ein islamkonformes Lebensversicherungsprodukt für den deutschen Markt dargelegt. Zu den zu bewältigenden aufsichtsrechtlichen und versicherungsvertragsrechtlichen Problemen gehören hier insbesondere

- die grundsätzliche Vereinbarkeit des takaful-Prinzips mit dem Begriff der „Versicherung" im konventionellen Sinne und dem Versicherungsaufsichtsgesetz (im Folgenden als VAG bezeichnet),

- die Rechtsform des anbietenden Versicherungs-Unternehmens,

- die Grundlagen der Beitragskalkulation und eventuell notwendige Abweichungen von konventionellen Methoden,

- die Anlagemöglichkeiten für die eingezahlten Prämien unter Berücksichtigung der Grundsätze des Islamic Finance und der VAG-Normen für die Prämienanlage und

- erbschaftsrechtliche Fragen unter besonderer Berücksichtigung der Frage nach einer vertraglich vereinbarten Bezugsberechtigung eines Dritten.

Eine umfassende Beantwortung der Frage nach dem Marktpotenzial und der ökonomischen Effizienz eines islamkonformen Lebensversicherungs-Produktes in Deutschland kann im Rahmen der vorliegenden Untersuchung nicht gewährleistet werden – der Fokus liegt auf der rechtlichen Behandlung. Auch für eine ausführliche Erörterung des Aspekts der Rückversicherung ist der Umfang der vorliegenden Untersuchung nicht ausreichend – dies sollte Gegenstand weiterer Forschung zu diesem Thema an anderer Stelle sein. Um zunächst eine Basis für die Auseinandersetzung mit der islamkonformen Versicherung im Allgemeinen und mit der islamkonformen Lebensversicherung im Besonderen und deren Umsetzung innerhalb des deutschen Rechtsrahmens zu schaffen, wird im nun folgenden, ersten Teil zunächst ein Überblick über die rechtlichen Rahmenbedingungen vermittelt, innerhalb derer sich die Gestaltungsmöglichkeiten für Lebensversicherungsverträge in Deutschland bewegen müssen.

1. Ausgangslage: Lebensversicherungen in Deutschland

Der deutsche Gesamtmarkt für Versicherungen weist ein enormes Volumen auf: Mit knapp 450 Millionen bestehenden Versicherungsverträgen im Jahre 2009 entfielen im genannten Versicherungsjahr auf jeden Einwohner der Bundesrepublik Deutschland etwa sechs Versicherungs-Policen.[19] Eine wesentliche Bedeutung kommt der Versicherungsindustrie in ihrer Funktion als Investor der von den Versicherungsnehmern eingezahlten Beiträge auf dem Kapitalmarkt zu – so belief sich der Anlagebestand der deutschen Versicherer im Jahre 2009 auf mehr als 1,2 Billionen Euro.[20] Die Lebensversicherung gilt als wichtigste und meistgenutzte Form der privaten Altersvorsorge in Deutschland; weitere weit verbreitete Formen sind unter anderem Fondsanlagen sowie die Anlage in Immobilien.[21]

Aufgrund der sich verändernden demographischen Bedingungen kann die Aufrechterhaltung des Lebensstandards im Alter allein durch die gesetzliche Rentenversorgung nicht mehr gewährleistet werden – auf diesen Umstand wird vor allem mit dem Angebot der sogenannten Riester-Rente, einer staatlich geförderten, kapitalgedeckten Form der Altersvorsorge, reagiert.[22] Wie die eingangs erwähnte Studie der Postbank belegt, sind sich die Versicherungsnehmer der nicht gesicherten gesetzlichen Versorgung im Alter bewusst. Darüber hinaus hat das Bundesverfassungsgericht im Jahre 1981 verdeutlicht, dass Pflichtversicherte, die der gesetzlichen Rentenversicherung beitreten, keineswegs erwarten könnten, dass „die gesetzlichen Vorschriften über die Leistungen der Rentenversicherung unverändert fortbestehen".[23] Die gesetzliche Rentenversicherung sei als eine Solidargemeinschaft anzusehen, und wer einer solchen beitrete, erwerbe „nicht nur die mit einem solchen System verbundenen Chancen, sondern trägt mit den anderen Versicherten auch ihre Risiken".[24] Miegel weist zudem auf folgende Aussage Dalheimers aus dem Jahre 2006 hin: „Mit der Entrichtung des Rentenbeitrags erwirbt der Versicherte aufgrund der solidarischen Ausrichtung des Rentensystems keinen Anspruch auf Rückzahlung seiner eingezahlten Beiträge, sondern vielmehr nur eine Anwartschaft oder Chance auf eine künftige Rentenzahlung. Dabei ist rechtlich nicht die Höhe der Rente geschützt, sondern

---

[19]   www.gdv.de/DatenUndFakten/Gesamtmarkt/inhaltsseite.html, zuletzt aufgerufen am 25.08.2011.

[20]   Ebenda.

[21]   Vergleiche unter anderem Schipprack:2009.

[22]   http://wirtschaftslexikon.gabler.de/Definition/riester-rente.html, zuletzt aufgerufen am 28.08.2011.

[23]   Miegel:o. J., S. 10.

[24]   Ebenda.

nur der Anspruch als Sicherungsobjekt an sich steht fest".[25] Vor diesem Hintergrund soll im Folgenden die Lebensversicherung in ihrer Eigenschaft als Instrument der privaten Alters- und auch der Hinterbliebenensicherung erläutert werden; dabei werden sowohl die verschiedenen Varianten der Lebensversicherung als auch die rechtlichen Rahmenbedingungen, innerhalb derer das Lebensversicherungsprodukt und der entsprechende Vertrag in der Bundesrepublik Deutschland gestaltet werden können, berücksichtigt. Zuvor jedoch soll ein kurzer Überblick über das generelle Prinzip der konventionellen Versicherung erfolgen, da hier auftretende Aspekte in der späteren Erörterung des islamischen Versicherungsprinzips ebenfalls von Relevanz sein werden.

1.1 Das Prinzip der Versicherung

Die inhaltliche Bestimmung des Begriffs der Versicherung erfordert eine Unterteilung in die wirtschaftliche sowie in die rechtliche Ebene des Terminus: So ist unter „Versicherung" im wirtschaftlichen Sinne die „Deckung eines im Einzelnen ungewissen, insgesamt geschätzten Mittelbedarfs auf der Grundlage des Risikoausgleichs im Kollektiv und in der Zeit" zu verstehen.[26] Das Ziel der Versicherung im wirtschaftlichen Sinne ist es, ein individuelles Risiko, das nicht vorhersehbar ist, aufgrund statistischer Grundlagen in Relation zur „Gefahrengemeinschaft" zu setzen und es auf dieser Grundlage finanziell ausgleichen zu können.[27]

Eine Definition des Versicherungs-Begriffes in rechtlicher Hinsicht gestaltet sich problematischer, da dieser „weder im Zivilrecht noch im Aufsichtsrecht (...) gesetzlich definiert ist".[28] Die Bundesanstalt für Finanzdienstleistungsaufsicht (im Folgenden: BaFin), zu deren Aufgaben neben der Beaufsichtigung von Banken, Fonds sowie Finanz- und Anlagegesellschaften auch die Aufsicht über in Deutschland agierende Versicherungsunternehmen ge-

---

[25] Miegel: o. J., S. 10.
[26] Gabler Wirtschaftslexikon „Versicherung" – Gabler Verlag (Herausgeber), Gabler Wirtschaftslexikon, Stichwort: Versicherung, online im Internet: http://wirtschaftslexikon.gabler.de/Archiv/55059/versicherung-v5.html. Vergleiche hierzu auch Bälz:1997, S. 45 mit Bezug auf Koch bezieht, S.45, der die Versicherung als „planmäßige Deckung eines im einzelnen ungewissen, insgesamt aber schätzbaren Geldbedarfs auf der Grundlage des zwischenwirtschaftlichen Risikoausgleichs" definiert.
[27] Bälz:1997, S. 45.
[28] http://wirtschaftslexikon.gabler.de/Definition/versicherung.html, zuletzt aufgerufen am 28.08.2011.

hört[29], muss ihrer Arbeit einen einheitlichen Begriff zugrunde legen können und orientiert sich an jenem Versicherungs-Begriff, der der ständigen Rechtsprechung des Bundesverwaltungsgerichts aus dem Jahre 1993 (im Folgenden: BVerwG) entnommen werden kann. Laut BVerwG liegt ein Versicherungsgeschäft dann vor, „wenn gegen Entgelt für den Fall eines ungewissen Ereignisses bestimmte Leistungen versprochen werden, wobei das übernommene Risiko auf eine Vielzahl durch die gleiche Gefahr bedrohter Menschen verteilt wird und der Risikoübernahme eine auf dem Gesetz der großen Zahlen beruhende Kalkulation zugrunde liegt".[30] Die Hauptleistung eines Versicherers besteht demnach in der Risikoübernahme, wie auch § 1 VVG (Versicherungsvertragsgesetz; im Folgenden: VVG) verdeutlicht: „Der Versicherer verpflichtet sich mit dem Versicherungsvertrag, ein bestimmtes Risiko des Versicherungsnehmers oder eines Dritten durch eine Leistung abzusichern, die er bei Eintritt des vereinbarten Versicherungsfalles zu erbringen hat. Der Versicherungsnehmer ist verpflichtet, an den Versicherer die vereinbarte Zahlung (Prämie) zu leisten".[31]

Das konventionelle Versicherungs-Geschäft zeichnet sich demnach dadurch aus, dass der Versicherungsnehmer sein individuelles Risiko auf das Versicherer überträgt. Dieser versucht, sein gesamtes Versicherungs-Portfolio so zu strukturieren, dass das Risiko transformiert wird und durch das Kollektiv ausgeglichen werden kann.[32] Nach dem konventionellen Versicherungs-Prinzip zahlt der Versicherungsnehmer einen festgelegten Betrag – die Prämie. Hierbei wird nicht festgelegt, ob beziehungsweise wann die andere Partei, der Versicherer, die vereinbarte Leistung erbringen muss – bei einer reinen Schadensversicherung etwa ist auch die Höhe der jeweils vom Versicherer zu erbringenden Leistung ungewiss. Mit Gassner und Wackerbeck handelt es sich hier um den Tausch von „deterministischen Zahlungen des Versi-

---

[29] http://www.bafin.de/cln_179/nn_722598/DE/BaFin/Aufgaben/aufgaben__node.html?__nnn=true; zuletzt aufgerufen am 25.08.2011. Siehe hierzu auch § 81 VAG sowie §§ 146 bis 150 VAG.

[30] Gabler Wirtschaftslexikon „Versicherung" - Gabler Verlag (Herausgeber), Gabler Wirtschaftslexikon, Stichwort: Versicherung, online im Internet Gabler. http://wirtschaftslexikon.gabler.de/Archiv/55059/versicherung-v5.html. Zum Gesetz der Großen Zahl siehe Gassner/Wackerbeck:2007, S. 146. Unter Bezug auf Koch und mit Betonung der durch einen Versicherungsvertrag entstehenden Rechtsbeziehungen zwischen den Parteien des Versicherers und des Versicherungsnehmers definiert Bälz weiterhin die Versicherung als „Leistungsversprechen des Versicherers für den Fall des Eintritts eines im Versicherungsvertrags vorgesehenen Ereignisses", Bälz:1997, S. 45.

[31] Zu den Kalkulationsgrundlagen der Prämien siehe in Bezug auf die Lebensversicherung die Abschnitte 1.2.2.1 sowie 1.2.3.

[32] Gassner/Wackerbeck:2007, S. 146.

cherungsnehmers, nämlich die fixe Versicherungsprämie, gegen stochastische Zahlungen des Versicherers, also die Schadenszahlungen".[33] Die Besonderheiten und Abweichungen von den hier genannten Aspekten, die es bei der Lebensversicherung zu beachten gilt, sollen in den folgenden Abschnitten erläutert werden.

1.2 Das Prinzip der Lebensversicherung

Im bereits zitierten § 1 VVG wird darauf hingewiesen, dass bei jeder Form der Versicherung der jeweils zu Grunde liegende Versicherungsvertrag folgende Elemente enthalten muss: Das zu versichernde Risiko, die vom Versicherer zu erbringende Versicherungsleistung, den Versicherungsfall, dessen Eintritt die Versicherungsleistung auslöst, sowie die vom Versicherungsnehmer zu leistende Prämie. Im Falle der Lebensversicherung besteht das zu versichernde Risiko in dem „wirtschaftlichen Risiko des Versicherungsnehmers, das sich aus der Unsicherheit und Unberechenbarkeit des menschlichen Lebens ergibt".[34] Der Gesamtverband der Deutschen Versicherer (im Folgenden: GDV) spricht in diesem Zusammenhang von „elementaren Lebensrisiken" und benennt unter anderem „das Risiko, vorzeitig zu versterben, das Risiko, erwerbsunfähig zu werden oder das Risiko, im Alter in Armut zu leben".[35]

Die zu erbringende Versicherungsleistung kann je nach Art der Lebensversicherung die Auszahlung eines Kapitalbetrages oder eine Rentenauszahlung sein.[36] Es handelt sich hier also um eine im Versicherungsvertrag festgelegte Summe, deren Höhe nicht in Abhängigkeit zum eintretenden Schaden steht. In diesem Zusammenhang wird zudem von einer „abstrakten Bedarfsdeckung" gesprochen, da die Höhe der zu erbringenden Versicherungsleistung lediglich von der im Versicherungsvertrag getroffenen Vereinbarung abhängt und nicht im Verhältnis zu einem möglichen Schaden variiert.[37]

Der Versicherungsfall kann in einer Lebensversicherung je nach Vertrag entweder der Tod des Versicherten sein – in diesem Falle wird von einer Versicherung auf den Todesfall gesprochen – oder aber es handelt sich um eine Versicherung auf den Erlebensfall, bei der die Versicherungsleistung vom Versicherer zu erbringen ist, wenn der Versicherte einen bestimmten, ver-

---

[33] Gassner/Wackerbeck:2007, S. 144–145.
[34] Beckmann/Matusche-Beckmann:2009², § 42, Randnummer 1.
[35] GDV:2006, S. 6.
[36] Ebenda.
[37] Beckmann/Matusche-Beckmann:2009², § 42, Randnummer 1.

traglich festgelegten Zeitpunkt erlebt.[38] Bei gemischten Lebensversicherungen wird die Versicherungsleistung in jedem Falle erbracht, auch wenn sie im Todes- und Erlebensfall nicht identisch sein muss.[39]

Die Versicherungs-Prämie kann vom Versicherten als Einmalleistung oder als regelmäßiger Beitrag entrichtet werden; sie richtet sich nach den so genannten Sterbetafeln und ist in ihrer Höhe und Zusammensetzung abhängig vom gewählten Lebensversicherungstyp.[40] Die auszuzahlende Versicherungssumme und die jeweils zu leistende Prämie werden dabei nach dem Äquivalenz-Prinzip ermittelt; es muss also ein versicherungstechnisches Gleichgewicht zwischen den Einnahmen und den Ausgaben des Versicherungs-Unternehmens herrschen.[41] Grundsätzlich lässt sich die Prämie für eine Lebensversicherung in den Risikoanteil, einen Kostenanteil sowie einen Sparanteil einteilen, wie insbesondere in Abschnitt 1.2.2.1 eingehender erläutert wird.[42] Ziel des Versicherungsnehmers bei Abschluss eines Lebensversicherungsvertrags ist zumeist die Absicherung des eigenen Lebensstandards im Alter oder die finanzielle Absicherung von Hinterbliebenen, jedoch nicht die Übernahme von Kosten, die im Zuge der Bewältigung eines unvorhergesehen eintretenden, akuten Schadens entstehen, wie es bei der Schadensversicherung der Fall ist.[43] Auch die Deckung der Kosten für die Ausbildung der Kinder kann mit einer Kapital-Lebensversicherung abgesichert werden, zudem können die Ziele der Liquiditätsvorsorge für die Bestattung des Versicherungsnehmers sowie die Vorsorge für mögliche Erbschaftssteuerbelastungen darstellen.[44]

Bereits anhand dieses kurzen Überblicks wird deutlich, dass im Zusammenhang mit der Lebensversicherung und insbesondere mit der kapitalbildenden Lebensversicherung die Sparfunktion das dominierende Element ist: Nicht die kurzfristige Risikoabsicherung für einen unerwartet eintretenden Schaden, sondern das Ansammeln von Kapital beziehungsweise die Zusicherung einer regelmäßigen Auszahlung (im Falle der privaten Rentenversicherung)

---

[38] Gabler Verlag (Herausgeber), Gabler Wirtschaftslexikon, Stichwort: Lebensversicherung, online im Internet: http://wirtschaftslexikon.gabler.de/Archiv/1319/lebensversicherung-v8.html, zuletzt aufgerufen am 25.08.2011.

[39] Siehe hierzu die Ausführungen in 1.2.2.1 und 1.2.2.2.

[40] Siehe hierzu die Ausführungen in den Abschnitten 1.2.2.1 sowie 1.2.3.

[41] http://wirtschaftslexikon.gabler.de/Definition/lebensversicherung.html, Stichwort Lebensversicherung, IV Prämie; zuletzt aufgerufen am 28.08.2011.

[42] Eine Ausnahme stellt hier die Risiko-Lebensversicherung dar, die in Abschnitt 1.2.2.4 dargelegt wird.

[43] Als Ausnahme sei hier Berufsunfähigkeitsversicherung genannt, die jedoch im weiteren Verlauf der vorliegenden Untersuchung nicht behandelt werden kann.

[44] Andres:2010³, § 47, Randnummer 13.

stehen im Mittelpunkt dieses Versicherungstyps. Dieses wird durch die Investition der von den Versicherten eingezahlten Beiträge, insbesondere der Sparanteile, durch den Versicherer erreicht.[45] Die Höhe der zu leistenden Versicherungs-Summe steht also nicht in Abhängigkeit vom eintretenden Schaden, sondern wird vertraglich vereinbart und beruht allein auf diesen Vereinbarungen.[46] Im Gegenzug für die geleisteten Beitragszahlungen sagt der Versicherer eine garantierte Leistung zu, die der Versicherungsnehmer oder die von ihm als Bezugsberechtigter ernannte Person ab dem jeweils vertraglich festgelegten Zeitpunkt erhalten. Dabei übernimmt der Versicherer das Risiko und der Versicherungsnehmer wird am wirtschaftlichen Erfolg des Versicherungs-Unternehmens beteiligt – „diese Beteiligung erfolgt durch die Garantieverzinsung und zusätzlich durch eine ‚angemessene' Beteiligung am Überschuss des Unternehmens".[47]

Ob dieser Charakter der Lebensversicherung Auswirkungen auf die Konzipierung eines Lebensversicherungsproduktes hat, das sowohl als islamkonform bezeichnet werden kann als auch mit den in Deutschland herrschenden rechtlichen Rahmenbedingen in Einklang zu bringen ist, wird im Laufe der vorliegenden Untersuchung zu erörtern sein. Zunächst sollen jedoch die Rechtsgrundlagen der Lebensversicherung in Deutschland dargelegt werden, um eine Basis für den später vorgestellten Entwurf eines islamkonformen Lebensversicherungsproduktes für den deutschen Markt zu schaffen.

1.2.1 Die Rechtsgrundlagen der Lebensversicherung in Deutschland

Die rechtlichen Grundlagen für die Lebensversicherung sind im deutschen Recht zunächst im bereits erwähnten VVG sowie in den Allgemeinen Versi-

---

[45] GDV:2006, S. 9: „Während einer in der Regel jahrzehntelangen Ansparphase leistet der Versicherungsnehmer laufende Beitragszahlungen, die der Versicherer am Kapitalmarkt anlegt".

[46] Beckmann/Matusche-Beckmann:2009², § 42, Randnummer 1; hier heißt es: „(...) die Höhe eines durch den Todes-oder Erlebensfall verursachten ‚Schaden' wirkt sich nicht auf den Umfang der Leistungspflicht des Versicherers aus".

[47] Diesem Spar-Charakter, der den kapitalbildenden Lebensversicherungen inne wohnt, trägt auch die Empfehlung der Rürup-Kommission aus dem Jahre 2003 Rechnung, laut der Beiträge für Kapital-Lebensversicherungen, die nach dem 1.Januar 2005 abgeschlossen wurden, nicht mehr als Sonderausgaben abzugsfähig sind. Dies wird damit begründet, dass die Kapitallebensversicherung gegen laufende Beitragszahlung mit Sparanteil zwar „der Altersvorsorge dienen kann, der Charakter einer – frei verfügbaren – Kapitalanlage aber deutlich überwiegt"; Beckmann/Matusche-Beckmann:2009², § 42, Randnummer 313. Siehe hierzu auch Abschnitt 1.2.4.1.

cherungsbedingungen (im Folgenden: AVB) zu finden[48]. Darüber hinaus ist das Versicherungsaufsichtsgesetz (im Folgenden: VAG) von maßgeblicher Bedeutung, da hier festgelegt wird, wer befugt ist, Versicherungs-Produkte anzubieten und welche aufsichtsrechtlichen Grenzen die Versicherungsunternehmen einhalten müssen. Hinsichtlich des wirtschaftlichen Erfolgs des jeweiligen Lebensversicherungsproduktes sind die steuerrechtlichen Aspekte zu berücksichtigen, hier ist insbesondere das Einkommensteuergesetz von Relevanz.

Wie bereits erwähnt wurde, kann eine Lebensversicherung entweder auf den Todes- oder auf den Erlebensfall abgeschlossen werden. Während bei der Versicherung auf den Todesfall der Versicherer die Versicherungssumme dann zu leisten hat, wenn die versicherte Person verstirbt, wird sie bei der Versicherung auf den Erlebensfall dann ausgezahlt, wenn die versicherte Person einen bestimmten, vertraglich festgelegten Zeitpunkt erlebt.[49] Beide Szenarien stehen also in unmittelbarem Zusammenhang mit dem möglichen Ableben der versicherten Person – dieses kann vor oder nach einem bestimmten, vertraglich vereinbarten Zeitpunkt erfolgen und wirkt sich auf die Leistung der Versicherungssumme aus, wie unter anderem Peisker darlegt: „Bei der Lebensversicherung hängen der Leistungsumfang der Versicherung sowie die Zahlungsleistungen des Versicherungsnehmers vom zufälligen Zeitpunkt seines Todes und somit auch von dessen zufälliger Lebensdauer ab".[50] Da der Versicherungsnehmer die Möglichkeit hat, im jeweiligen Versicherungsvertrag einen oder mehrere Bezugsberechtigte zu benennen, muss beispielsweise bei einer Lebensversicherung auf den Erlebensfall im Falle eines vorzeitigen Ablebens der versicherten Person geprüft werden, ob das

---

[48] Folgende, vom GDV unter
http://www.gdv.de/Publikationen/versicherungsbedingungen/avb.html (zuletzt aufgerufen am 28.08.2011) veröffentlichte Musterbedingungen wurden für die vorliegende Untersuchung herangezogen: Allgemeine Bedingungen für die kapitalbildende Lebensversicherung, Allgemeine Bedingungen für die Rentenversicherung mit aufgeschobener Rentenzahlung, Allgemeine Bedingungen für die Fondsgebundene Lebensversicherung, Allgemeine Bedingungen für die Fondsgebundene Rentenversicherung, Allgemeine Bedingungen für die Risikoversicherung, alle auf dem Stand vom 23.08.2010. In dieser Untersuchung wird der Vorgehensweise von Beckmann und Matusche-Beckmann gefolgt, die die Allgemeinen Bedingungen als AVB (Allgemeine Versicherungs-Bedingungen) abkürzen; Beckmann/Matusche-Beckmann:2009².

[49] http://wirtschaftslexikon.gabler.de/Definition/lebensversicherung.html, Stichwort Lebensversicherung, II Wichtige Versicherungsformen, 1.Risikoversicherung, 2. Lebenslängliche Todesfallversicherung, 5. Erlebensfallversicherung; zuletzt aufgerufen am 28.08.2011.

[50] Peisker:2010, S. 237.

aus der Versicherung resultierende Vermögen dem Nachlass des Verstorbenen zuzurechnen ist.[51] Aus diesem Zusammenhang resultiert die Relevanz des Erbrechts und des Erbschaftsteuergesetz bei der Beschäftigung mit dem Lebensversicherungsvertrag. Dies wird auch beim Entwurf eines islamkonformen Lebensversicherungsprodukts im vierten Abschnitt der vorliegenden Untersuchung zum Tragen kommen. Im Folgenden sollen die hier genannten Gesetze, die für Lebensversicherungsverträge in Deutschland zu beachten sind, ausführlicher dargelegt werden, um der später folgenden Anpassung des islamischen Modells an diese Rahmenbedingungen eine Basis zu verschaffen.

1.2.1.1 Das Versicherungsvertragsgesetz

Das VVG stellt eine der wesentlichen rechtlichen Grundlagen nicht nur für die Lebensversicherung, sondern für den gesamten Bereich der Versicherung dar. Dem GDV zu Folge ist das VVG „das Reglement der Versicherungswirtschaft, das die Vertragsbeziehungen zwischen Versicherungsunternehmen und ihren Kunden regelt".[52] In der vorliegenden Untersuchung wird ausschließlich auf die reformierte Fassung des VVG Bezug genommen, die am 1.1.2008 in Kraft getreten ist.[53] Eine der Konsequenzen der Reform ist die Unterteilung verschiedener „Generationen von Lebensversicherungen" – solche, deren Abschlussdatum vor dem 1.1.2008 liegt, gelten als Altverträge und unterliegen den Regelungen des reformierten VVG nur bedingt. Für Lebensversicherungsverträge, die nach dem 1.1.2008 abgeschlossen wurden, gilt die neue VVG-Version uneingeschränkt und ausschließlich.[54] Da im weiteren Verlauf der vorliegenden Untersuchung ein neu einzuführender Lebensversicherungstyp – eine Lebensversicherung auf Basis des takaful-Modells – erörtert wird, müssen jene Bestimmungen, die für die erwähnten Altverträge zu beachten sind, an dieser Stelle nicht vertiefend dargelegt werden.

Die Bestimmungen für die Lebensversicherung im VVG, die für alle Varianten dieses Versicherungstyps gelten, sind in den §§ 150 bis 171 geregelt.[55] Wie bereits in Abschnitt 1.1 erwähnt wurde, gibt es von Seiten des Gesetzgebers keine Bestimmung des Begriffes der Versicherung; auch in den genannten Paragraphen des VVG ist weder eine Definition noch ein Leitbild

---

[51] Andres:2010³, § 47, Randnummer 14–20.
[52] GDV:2006, S. 5.
[53] Versicherungsvertragsgesetz vom 23. November 2007 (BGBl. I S.2631), das zuletzt durch Artikel 6 des Gesetzes vom 14 April 2010 (BGBl. S. 410) geändert worden ist.
[54] Beckmann/Matusche-Beckmann:2009², § 42, I. VVG, Randnummer 30.
[55] Ebenda.

dieses Versicherungstyps zu finden.[56] Von einer Aufzählung sämtlicher Paragraphen, die das VVG hinsichtlich des Lebensversicherungsvertrages enthält, soll an dieser Stelle abgesehen werden; stattdessen werden jene Regelungen, die für die vorliegende Untersuchung von maßgeblicher Bedeutung sind, erläutert. Zudem werden alle wesentlichen Aspekte im vierten Teil der vorliegenden Untersuchung an entsprechender Stelle mit konkretem Bezug zum islamischen Modell wieder aufgegriffen.

Das VVG regelt die Rechte und Pflichten der beteiligten Vertragsparteien und legt in § 150, Absatz 1 zunächst fest, dass die versicherte Person nicht zwingend auch der Versicherungsnehmer sein muss. Dieser Aspekt ist bei der weiteren Beschäftigung mit der Lebensversicherung insofern von Bedeutung, als sich aus dem Verhältnis zwischen Versicherungsnehmer, versicherter Person und möglichen Bezugsberechtigten Konsequenzen hinsichtlich der erbschaftsrechtlichen Regelungen im Todesfall des Versicherungsnehmers bzw. der versicherten Person ergeben können.[57]

Wesentliche Bedeutung kommt im Zusammenhang mit der Lebensversicherung der Überschussbeteiligung zu. Diese ist in § 153, Abs. 1-4 VVG geregelt. Unter der Überschussbeteiligung ist die Beteiligung des Versicherungsnehmers am Bilanzüberschuss des Versicherungsunternehmens sowie an dessen stillen Reserven zu verstehen. Der Überschuss kommt hauptsächlich durch die Erträge aus der Kapitalanlagetätigkeit des Versicherungsunternehmens zustande.[58] Gemäß § 11 VAG sind die Versicherungsunternehmen dazu verpflichtet, die Prämien so zu kalkulieren, dass sie die vertraglich vereinbarten Versicherungsleistungen stets erfüllen können. Aufgrund der langen Vertragslaufzeiten, die gerade bei Lebensversicherungsverträgen vorliegen, werden daher die Prämien höher als erforderlich kalku-

---

[56] Beckmann/Matusche-Beckmann:2009², § 42, I Begriff und Rechtsnatur der Lebensversicherung, Randnummer 2. „Der Reformgesetzgeber hat bewusst auf die Einführung eines Leitbildes in der Lebensversicherung (S. o.), d. h. auch auf eine Einstiegsnorm nach dem Muster der §§ 172, 178, 192 VVG verzichtet, so dass die §§ 150 ff. VVG relativ unvermittelt mit der Regelung über die „versicherte Person" (§ 150 VVG) beginnen." – dies ist beispielsweise im Falle der Unfallversicherung anders, vergleiche §178 VVG.

[57] Siehe hierzu Abschnitt 1.2.4.2.

[58] So heißt es in § 2 AbS. 1 a AVB: „Von den Nettoerträgen derjenigen Kapitalanlagen, die für künftige Versicherungsleistungen vorgesehen sind, (§3 der Verordnung über die Mindestbeitragsrückerstattung in der Lebensversicherung, Mindestzuführungsverordnung), erhalten die Versicherungsnehmer insgesamt mindestens den in dieser Verordnung genannten Prozentsatz (...)".

liert.[59] Erweisen sich die Sterblichkeit und die Kosten als niedriger als einkalkuliert wurde, entstehen Überschüsse – auch an diesen werden die Versicherungsnehmer beteiligt „und zwar nach derzeitiger Rechtslage am Risikoergebnis (Sterblichkeit) grundsätzlich zu mindestens 75% und am übrigen Ergebnis (einschließlich Kosten) zu mindestens 50%".[60] Der Versicherungsnehmer hat laut § 153 VVG Anspruch auf eine Beteiligung am so entstehenden Überschuss. Angaben zur Berechnung der Überschussbeteiligung finden sich nicht nur in § 153, Abs. 2-4, sondern auch in § 10 Nr. 3 Interne VuReV sowie in § 56 a Abs. 2 VAG. [61]

Die Möglichkeiten der Bezugsberechtigung und deren Auslegung im Lebensversicherungsvertrag sind in § 159, Abs. 1-3 und in § 10, Abs. 1-4 VVG geregelt. Demnach kann die Benennung eines oder mehrerer Bezugsberechtigter erfolgen. Dies kann erbschaftsrechtliche Folgen haben, da sich die Ernennung eines Bezugsberechtigten im Lebensversicherungsvertrag oder die Unterlassung einer solchen Benennung auf den Umfang des Nachlasses eines Versicherungsnehmers auswirken kann.[62] Die Absätze 2 und 3 legen die Rechte der Bezugsberechtigten fest – so heißt es in § 159, Abs. 2: „Ein widerruflich als bezugsberechtigt bezeichneter Dritter erwirbt das Recht auf die Leistung des Versicherers erst mit Eintritt des Versicherungsfalles", während laut Abs. 3 desselben Paragraphen „ein unwiderruflich als bezugsberechtigt bezeichneter Dritter (...) das Recht auf die Leistung des Versicherers bereits mit der Bezeichnung als Bezugsberechtigter" erwirbt. Die Benennung eines Dritten als Bezugsberechtigten kann sich also sowohl auf erbschaftsrechtliche Fragen als auch auf einkommenssteuerrechtliche Aspekte auswirken, letzteres ist insbesondere bei der Benennung eines unwiderruflich als bezugsberechtigt bezeichneten Dritten der Fall, wie noch in Abschnitt 1.2.4.2 deutlicher gezeigt wird. § 164 VVG regelt die Anpassung der AVB im Falle einer höchstrichterlichen Entscheidung oder eines bestandskräftigen Verwaltungsaktes, die die vorliegenden Bedingungen für unzulässig erklären. Auf die AVB und ihre Funktion soll im nun folgenden Abschnitt näher eingegangen werden.

---

[59] Beckmann/Matusche-Beckmann:2009[2], § 42, Randnummer 274-275. Siehe auch http://wirtschaftslexikon.gabler.de/Definition/lebensversicherung.html, V. Überschussbeteiligung; zuletzt aufgerufen am 28.08.2011.

[60] §2 Abs.1a AVB für die kapitalbildende Lebensversicherung; mit Bezug auf § 4 Abs.3 MindZV sowie § 5 MindZV.

[61] Beckmann/Matusche-Beckmann:2009[2], § 42, Randnummer 275.

[62] Andres:2010[3], § 47, Randnummer 14-20; gemäß § 159, Abs. 1 VVG bedarf es keiner Zustimmung seitens des Versicherers bezüglich der Ernennung eines Dritten als Bezugsberechtigten bzw. des Austauschs des Bezugsberechtigten gegen eine weitere dritte Person. Siehe hierzu auch Abschnitt 1.2.4.2.

1.2.1.2 Die Allgemeinen Versicherungsbedingungen

Die AVB sind keine Rechtsquelle im „juristisch-methodischen Sinne", gelten jedoch als konkretisierende Ergänzung des VVG, dem oftmals eine unvollständige Regelung der Lebensversicherung attestiert wird.[63] Laut Beckmann/Matusche-Beckmann wird das abstrakte Produkt der Lebensversicherung erst durch die AVB konkretisiert und somit umsetzbar gemacht.[64] Während Allgemeine Geschäftsbedingungen (AGB) üblicherweise auf Fragen der Form, der Frist oder der Haftung beschränkt seien, enthalten die AVB „vielmehr das für die Lebensversicherung konstitutive, konkrete Leistungsversprechen" des Versicherers.[65] Folgende Funktionen werden von den AVB erfüllt: „Produktfestlegung und -Beschreibung, Errichtung einer rechtlichen Rahmenordnung für den Versicherungsvertrag, Risikostandardisierung, Information der Versicherungsnehmer über ihre Rechten und Pflichten".[66]

Zwar besteht für die einzelnen Versicherungsunternehmen seit 1994 die Möglichkeit, eigene AVB anzuwenden, es wird jedoch zumeist Bezug auf die Musterbedingungen des Gesamtverbandes der Deutschen Versicherungswirtschaft e.V. (im Folgenden: GDV) genommen, die für jede Versicherungssparte erarbeitet werden, frei verfügbar beziehungsweise einsehbar und „uneingeschränkt richterlich überprüfbar" sind.[67] In der vorliegenden Untersuchung wird insbesondere auf die vom GDV veröffentlichten „Allgemeinen Bedingungen für die kapitalbildende Lebensversicherung" sowie auf die „Allgemeinen Bedingungen für die Fondsgebundene Lebensversicherung" (beide in der Fassung vom 23.08.2010) Bezug genommen.[68] Die AVB stehen insofern von dem im folgenden Abschnitt zu erläuternden VAG in Abhängigkeit, als sie jene Informationen enthalten müssen, die in § 10 Abs. 1 VAG genannt werden.[69]

---

[63] Beckmann/Matusche-Beckmann:2009², § 42, Randnummer 31.
[64] Ebenda.
[65] Dieselben, § 42, Randnummer 32.
[66] Dieselben, § 42, Randnummer 31.
[67] Dieselben, § 42, Randnummer 31: „Prüfungsmaßstab sind die §§ 305 ff. BGB i. V. m. den Bestimmungen des VVG".
[68] Vergleiche die Angaben in Abschnitt 1.2.1, wo alle herangezogenen Musterbedingungen genannt werden. Siehe auch http://www.gdv.de/Publikationen/versicherungsbedingungen/avb.html, zuletzt aufgerufen am 28.08.2011.
[69] So müssen unter anderem die Ereignisse genannt werden, die die Zahlung der Versicherungssumme auslösen oder die diese ausschließen; Art, Umfang sowie Fälligkeit der Leistungen des Versicherers müssen benannt sein ebenso wie die Fälligkeit der Prämie und gegebenen Falls die Rechtsfolgen im Zuge eines Verzugs; die Gestaltungsmöglichkeiten des Vertrages durch den Versicherungsnehmer müssen ersicht-

In den Musterbedingungen des GDV für die kapitalbildende sowie für die fondsgebundene Lebensversicherung wird zunächst dargelegt, wann der Versicherer die vertraglich vereinbarte Leistung zu erbringen hat: Demnach wird beispielsweise die vereinbarte Versicherungssumme in der gemischten kapitalbildenden Lebensversicherung gezahlt, „wenn die versicherte Person den im Versicherungsschein genannten Ablauftermin erlebt oder wenn sie vor diesem stirbt".[70] In den AVB für die Fondsgebundene Lebensversicherung wird darauf hingewiesen, dass der Wert der Versicherungsleistung nicht garantiert werden kann – dies ist der speziellen Struktur der fondsgebundenen Lebensversicherung geschuldet, die in Abschnitt 1.2.2.4 erläutert wird.[71] In § 2 der AVB für beide Lebensversicherungsformen wird die bereits erwähnte Überschussbeteiligung und deren Kalkulierung unter Bezug auf den ebenfalls bereits erläuterten § 153 VVG sowie auf das Handelsgesetzbuch (im Folgenden. HGB) geregelt – zudem wird bei der Berechnung der Überschussbeteiligung Bezug auf die Verordnung über die Mindestbeitragsrückerstattung in der Lebensversicherung (Mindestzuführungsverordnung, im Folgenden: MindZV) verwiesen.[72] Im Zusammenhang mit der Berechnung der Überschussbeteiligung wird die Zinsentwicklung des Kapitalmarkts als „wichtigster Einflussfaktor" bezeichnet.[73] § 13 Abs. AVB für die kapitalbildenden Lebensversicherung und § 16 AVB für fondsgebundene Lebensversicherungen verdeutlichen die in § 151 VVG geregelten Möglichkeiten der Benennung Bezugsberechtigter im Lebensversicherungsvertrag; § 16 AVB für kapitalbildende Lebensversicherungen sowie § 20 AVB für fondsgebundene Lebensversicherungen verweisen auf das Recht der Bundesrepublik Deutschland als anzuwendendes Recht. Es wird deutlich, dass die Musterbedingungen des GDV die Bestimmungen des VVG konkretisieren. Das bereits mehrfach erwähnte VAG ist Gegenstand des nun folgenden Abschnitts.

1.2.1.3 Das Versicherungsaufsichtsgesetz

In der vorliegenden Untersuchung wird auf das „Versicherungsaufsichtsgesetz in der Fassung der Bekanntmachung vom 17.Dezember 1992 (BGBl.1993 I S.2), das durch Artikel 3 des Gesetzes vom 1. März 2011 (BGBl. S.288) geändert worden ist", (im Folgenden: VAG), Bezug genommen. Das VAG stellt

---

lich sein und es müssen Angaben über die inländischen Gerichtsstände enthalten sein. Siehe die genauen Angaben in § 10 Abs. 1 VAG.

[70] § 1 Abs.1 AVB für die kapitalbildende Lebensversicherung.

[71] §1 Abs. 4 AVB für die Fondsgebundene Lebensversicherung.

[72] Die §§ 3–12 der AVB für die kapitalbildenden Lebensversicherung enthalten zudem konkrete Angaben zum Zustandekommen des Versicherungsvertrags sowie zu den Rechten und Pflichten der Vertragsparteien.

[73] § 2 Abs. 3 Musterbedingungen für die kapitalbildende Lebensversicherung.

die gesetzliche Grundlage für die Versicherungsaufsicht, die die Bundesanstalt für Finanzdienstleistungsaufsicht (BaFin) leistet, dar. In § 146 bis § 150 VAG sind die genauen Zuständigkeiten der Bundes- und der Landes-Aufsicht geregelt.[74] Laut § 81 VAG bestehen die wesentlichen Aufgaben der Versicherungsaufsicht darin, „die Belange der Versicherten ausreichend zu wahren und sicherzustellen, dass die Verpflichtungen aus den Versicherungsverträgen jederzeit erfüllbar sind". Die Rückstellungen der Versicherungsunternehmen werden seitens der Versicherungsaufsicht im Rahmen der Solvenzaufsicht in besonderem Maße berücksichtigt.[75]

Das VAG ist für die zu erörternde Möglichkeit der Integration eines islamkonformen Lebensversicherungsprodukts in den deutschen Rechtsrahmen insofern von maßgeblicher Bedeutung, als die möglichen Anbieter – Versicherungsunternehmen, die das zu konzipierende Produkt als Privatversicherung betreiben – in ihrer Tätigkeit der Versicherungsaufsicht und somit den Regelungen des VAG unterliegen, sofern sie ihren Sitz in Deutschland haben.[76] So werden unter anderem die Erlaubnis zum Geschäftsbetrieb und das vorangehende Verfahren in § 5 VAG geregelt. Ferner legt § 7 VAG jene Rechtsformen fest, innerhalb derer aufsichtspflichtige Privatversicherungen, zu denen die Lebensversicherung zu zählen ist, betrieben werden dürfen: Demnach muss es sich bei den anbietenden Versicherungsunternehmen um Aktiengesellschaften (einschließlich der Europäischen Gesellschaft (SE)), Versicherungsvereine auf Gegenseitigkeit (im Folgenden: VVaG) oder um Körperschaften und Anstalten des öffentlichen Rechts handeln.[77] Die Bestimmungen hinsichtlich der Rechtsform werden in Abschnitt 4.1.2 der Untersuchung im Zusammenhang mit der islamkonformen Lebensversicherungen und den diesen zu Grunde liegenden Strukturen eingehend behandelt.

Die §§ 11 bis 11 e VAG legen die Maßgaben für die Lebensversicherung fest. So werden die Grundsätze der Prämienkalkulation in § 11 Abs. 1, S. 1 VAG folgendermaßen geregelt: „Die Prämien in der Lebensversicherung müssen unter Zugrundelegung angemessener versicherungsmathematischer Annahmen kalkuliert werden und so hoch sein, dass das Versicherungsunterneh-

---

[74] § 146 VAG regelt die Bundesaufsicht, §147 VAG regelt Landesaufsicht.

[75] http://www.bafin.de/cln_179/nn_722598/DE/BaFin/Aufgaben/aufgaben__node. html?__nnn=true; zuletzt aufgerufen am 25.08.2011.

[76] Ausnahmen, die nicht der Aufsicht unterliegen, werden in § 1 Abs. 3-5 VAG genannt.

[77] Auf die Rechtsform des VVaG wird in den Abschnitten 4 und 5 der vorliegenden Untersuchung vertiefend am konkreten Beispiel eingegangen; die Europäische Gesellschaft wird im Rahmen dieser Untersuchung nicht näher behandelt; siehe hierzu unter anderem Amtsblatt der Europäischen Gemeinschaften:2001, Verordnung (EG) Nr. 2157/2001.

men allen seinen Verpflichtungen nachkommen kann (...)". Die besondere Verantwortung des Aktuars in der Lebensversicherung wird in § 11 a deutlich, dessen Qualifikation in den Absätzen 1 und 2 bestimmt wird. So werden in § 11 a Abs. 3, Nr. 1 die Aufgaben des Aktuars benannt, zu denen es unter anderem gehört, sicherzustellen, dass bei der Prämienkalkulation die geltenden Vorschriften eingehalten werden.[78]

Für alle Arten von Versicherungsunternehmen gelten die §§ 53 bis 54 d über die Kapitalausstattung und die Vermögenslage von Versicherungsunternehmen – insbesondere die Vorgaben über die Anlagegrundsätze für das gebundene Vermögen (§§ 54 bis 54 d VAG) werden im vierten Teil dieser Untersuchung von Relevanz sein. Die §§ 55 bis 64 regeln die Rechnungslegung – auch auf diesen Aspekt wird im vierten Teil der vorliegenden Untersuchung noch näher eingegangen.[79] Dabei stehen die Versicherungsunternehmen in Deutschland unter laufender Aufsicht, sie müssen also die genannten Maßgaben stetig erfüllen können.[80] Im vierten Teil dieser Untersuchung wird zu zeigen sein, was diese Vorgaben für den konkreten Versicherungsvertrag bedeuten und inwiefern sich diese Vorgaben auf die praktische Umsetzung des takaful-Prinzips auswirken. Die im vorangegangenen Abschnitt erläuterten AVB unterliegen ebenfalls dem VAG, genauer den in § 10 VAG dargelegten Bestimmungen. Im vierten Teil der vorliegenden Untersuchung wird eingehend untersucht, ob die Maßgaben eines islamkonformen Lebensversicherungsproduktes mit den Musterbedingungen des GDV, die den Vorgaben von § 10 VAG genügen müssen, in Einklang zu bringen sind. Nachdem mit dem VVG, den AVB und dem VAG die Rechtsgrundlagen beziehungsweise der gesetzliche Rahmen für die Lebensversicherung in Deutschland erläutert wurden, soll im nun folgenden Abschnitt ein kurzer Überblick über die verschiedenen Arten der Lebensversicherung erfolgen.

---

[78] Weitere Aufgaben des Aktuars bestehen unter anderem in der Bestätigung unter der Bilanz, dass die Deckungsrückstellungen nach § 341 f HGB gebildet werden, in der Informationspflicht über mögliche Gefährdungen des Bestands des Unternehmens und er hat Vorschläge für die Überschussbeteiligung zu unterbreiten. Siehe hierzu § 11 a VAG, Abs. 3, Nr. 2–4.

[79] So regelt unter anderem § 65 Abs. 1 VAG i. V. m. der Deckungsrückstellungsverordnung (DeckRV) die Bildung der Deckungsrückstellung; §§ 53c ff. VAG i. V. m. der Kapitalausstattungsverordnung regeln die Kapitalanlagemöglichkeiten der Versicherungsunternehmen; siehe hierzu Versicherungsrechtshandbuch. Bestimmungen zur Deckungsrückstellung sind in § 65 VAG zu finden, das Sicherungsvermögen wird in § 66 VAG behandelt.

[80] http://www.bafin.de/DE/BaFin/Aufgaben/Versicherungsaufsicht/versicherungs aufsicht__node.html?__nnn=true; zuletzt aufgerufen am 25.08.2011.

1.2.2 Die Arten der Lebensversicherung

Generell wird in der Literatur zwischen vier Arten der Lebensversicherung unterscheiden: Demnach gibt es die kapitalbildende Lebensversicherung, die Renten-Lebensversicherung, die fondsgebundene Lebensversicherung sowie die Risiko-Lebensversicherung. Diese Kategorien sind jedoch keineswegs als gänzlich voneinander abgetrennte Bereiche aufzufassen, vielmehr können die Übergänge von einem Lebensversicherungs-Typ zum anderen durchaus fließend sein. So kann beispielsweise eine private Rentenversicherung auch als kapitalbildend bezeichnet werden; ebenso kann eine private Rentenversicherung auf der Grundlage eines Fonds betrieben werden und somit in die Kategorieder fondsgebundenen Lebensversicherung eingeordnet werden.[81] Beckmann und Matusche-Beckmann sehen in diesen möglichen Überschneidungen der verschiedenen Lebensversicherungstypen die Begründung dafür, dass es keine Umschreibung dieser Grundformen seitens des Gesetzgebers gibt.[82].

Die unscharfe Abtrennung der Grundformen der Lebensversicherung kann für das vorliegende Vorhaben, ein Konzept für eine islamkonforme Lebensversicherung zu entwerfen, sowohl positiv als auch negativ sein: Positiv und hilfreich ist diese unscharfe Abgrenzung insofern, als sie eine gewisse Gestaltungsfreiheit ermöglicht. Negativ beziehungsweise erschwerend kann sich eben diese Freiheit dann auswirken, wenn es darum geht, die Integrationsfähigkeit des zu konzipierenden Lebensversicherungsprodukts in den deutschen Rechtsrahmen zu überprüfen. Diese Aspekte werden insbesondere im vierten Teil der vorliegenden Untersuchung von Bedeutung sein. Um in besagtem vierten Teil nachvollziehbar erläutern zu können, welche bekannte Grundform beziehungsweise welche Modifikationen einer der Grundformen der Lebensversicherung im deutschen Rechtsrahmen eine mögliche Basis für ein islamkonformes Lebensversicherungsprodukt darstellen könnte und welche Grundformen auszuschließen sind, erfolgt in den folgenden Abschnitten der angekündigte Überblick über die wesentlichen Typen der Lebensversicherung in Deutschland.[83]

---

[81] Beckmann/Matusche-Beckmann:2009², § 42, Randnummer 3.
[82] Ebenda.
[83] Unterformen der Lebensversicherung wie die Berufsunfähigkeitsversicherung, die Berufsunfähigkeits-Zusatzversicherung, die Pflegerenten-Versicherung und so genannte Dread Disease-Versicherungen können im Rahmen der vorliegenden Untersuchung nicht erörtert werden.

1.2.2.1 Die kapitalbildende Lebensversicherung

Bei einer kapitalbildenden Lebensversicherung besteht die Versicherungsleistung grundsätzlich in der Auszahlung einer vertraglich vereinbarten Versicherungssumme, die sich aus der vertraglich vereinbarten Leistung (dem Deckungskapital) und der Überschussbeteiligung (gemäß § 153 Abs. 1 VVG i.V.m. § 2 AVB 2008) zusammensetzt.[84] Die Versicherungsleistung wird bei Eintreten des Versicherungsfalles fällig – dieser kann entweder der Todesoder der Erlebensfall sein; bei gemischten Lebensversicherungen wird die Versicherungsleistung entweder beim Tod der versicherten Person fällig oder aber – spätestens – zum vertraglich vereinbarten Ablaufzeitpunkt.[85] Bei gemischten Lebensversicherungen wird die Versicherungsleistung in jedem Falle erbracht, auch wenn sie im Todes- und Erlebensfall nicht identisch sein muss.[86] Der Versicherer muss also gewährleisten können, dass die vertraglich vereinbarte Versicherungssumme zu den vereinbarten Prämien sowohl im Todes- als auch im Erlebensfalle ausgezahlt werden kann. Der sogenannte Sparanteil der Prämie wird in diesem Modell der Lebensversicherung üblicherweise zinsbasiert angelegt; hierbei wird dem Versicherungsnehmer ein festgelegter Rechnungszins garantiert.[87]

Die Prämienberechnung verläuft in der kapitalbildenden Lebensversicherung auf andere Weise als in der Schadensversicherung, da die Lebensversicherung, wie bereits erwähnt, sich in besonderem Maße durch die ihr innewohnende Sparfunktion auszeichnet. Ausgehend von dem in Abschnitt 1.1 erwähnten Prinzip der „Gefahrengemeinschaft" wird mit Hilfe der Sterbetafeln ermittelt, wie viele Personen der jeweiligen Altersklasse in derzeitigen, im kommenden und in den folgenden Jahren versterben werden. „Die Summen der in jedem Jahre fällig werdenden Versicherungsleistungen werden dann jeweils auf den Zeitpunkt des Vertragsschlusses mit einem festgelegten Rechnungszinsfuß (...) diskontiert".[88] Auf diese Weise kann festgestellt werden, welches Kapital bei Abschluss des Lebensversicherungsvertrages angelegt werden muss, damit der Versicherer „die zur Auszahlung gelangenden Versicherungssummen abdecken" kann.[89] Dieser Betrag wiederum wird bei

---

[84] Beckmann/Matusche-Beckmann:2009², § 42, Randnummer 5.

[85] Gabler http://wirtschaftslexikon.gabler.de/Definition/lebensversicherung.html, zuletzt aufgerufen am 25.08.2011.

[86] Beckmann/Matusche-Beckmann:2009², § 42, Randnummer 5; vergleiche auch Peisker:2010, S. 237.

[87] Siehe unter anderem Peisker:2010, S. 238.

[88] Winter:1988, S. 983. Zur Problematik des Rechnungszinses bei der Berechnung der Beiträge zu einer islamkonformen Lebensversicherung siehe Abschnitt 4.1.4. Zum Rechnungszins siehe auch § 65 Abs. 1 Nr. 1 a VAG.

[89] Winter:1988, S. 983.

Vertragsabschluss auf die „zu diesem Zeitpunkt lebenden Angehörigen einer Altersgruppe gleichmäßig verteilt"[90] – auf diese Weise wird die jeweils zu leistende Prämie der kapitalbildenden Lebensversicherung errechnet.

Die Bestandteile der Prämie lassen sich einteilen in den Sparanteil, den Risikoanteil sowie den Kostenanteil: „Der Teil des Beitrages, der nicht für die Übernahme des Versicherungsschutzes (Risikoanteil) und für die Kosten des Vertrages (Kostenanteil) benötigt wird [der Sparanteil], wird mit dem so genannten Rechnungszins, der über die gesamte Laufzeit garantiert ist, verzinslich angesammelt. Die angesammelten Teile bilden das Deckungskapital. Das Deckungskapital erreicht bei Ablauf des Vertrages die Höhe der vereinbarten Versicherungssumme".[91] Für den Fall vorzeitig eintretender Todesfälle besteht der Risikoanteil der Prämie. Zwar nimmt mit zunehmendem Alter das Sterberisiko zu, der Risikoanteil wird jedoch mit zunehmender Vertragsdauer geringer, da das Deckungskapital bei zunehmender Vertragsdauer anwächst, „so dass der Teil, der für das Unternehmen noch im Risiko steht, mit zunehmender Vertragsdauer immer kleiner wird".[92]

Die gemischte kapitalbildende Lebensversicherung ist nach wie vor die am weitesten verbreitete Form der Lebensversicherung in Deutschland, jedoch nimmt ihre Bedeutung ab – wie bereits im vorangegangenen Abschnitt erwähnt wurde, gewinnt stattdessen die private Rentenversicherung in den letzten Jahren zunehmend an Bedeutung, auch aufgrund der Möglichkeit der Einmalzahlung.[93] Eine Unterform der gemischten kapitalbildenden Lebensversicherung stellt die Termfix-Versicherung dar: Hier zahlt der Versicherer die vertraglich vereinbarte Versicherungsleistung zu einem vertraglich festgelegten Zeitpunkt - unabhängig davon, ob die versicherte Person zu diesem Zeitpunkt am Leben oder bereits verstorben ist.[94]

Seltener ist heute das klassische Modell der lebenslangen Todesfall-Versicherung zu finden, bei der die zu leistende Versicherungssumme im Fal-

---

[90] Ebenda.

[91] http://www.versicherung.de/versicherung/beitraege-fondsgebunden-lv.asp, zuletzt aufgerufen am 28.08.2011.

[92] Ebenda.

[93] Beckmann/Matusche-Beckmann:2009², § 42, Randnummer 5.

[94] http://wirtschaftslexikon.gabler.de/Definition/lebensversicherung.html, zuletzt aufgerufen am 25.08.2011. Hier heißt es unter 4.: „Versicherung mit festem Auszahlungstermin (Termfixversicherung): Sonderform der gemischten Lebensversicherung. Die Auszahlung der Versicherungssumme erfolgt auch nach einem Todesfall des Versicherten erst zum festgelegten Termin. Mit dem Tod entfällt jedoch die Pflicht zur Prämienzahlung". Vielfach sind die Versicherer bereit, im Todesfall das diskontierte Kapital auszuzahlen.

le des Todes der versicherten Person fällig wird.[95] Häufig wird die Lebensversicherung auf den Todesfall dahingehend modifiziert, dass die Versicherungssumme zu einem bestimmten Zeitpunkt erbracht wird, etwa wenn der
Versicherte das Alter von 85 Jahren erreicht hat.[96] Hier werden erneut die
fließenden Übergänge zwischen den Grundformen der Lebensversicherung
deutlich.

Die kapitalbildende Lebensversicherung auf den Erlebensfall verpflichtet den
Versicherer nur zur Leistung der Versicherungssumme, wenn die versicherte
Person den vereinbarten Zeitpunkt erlebt.[97] Die Versicherungsleistung kann
aus einer Kapitalleistung bestehen oder aber durch regelmäßige Renten-
leistungen erbracht werden.[98] Auch bei der Lebensversicherung auf den Erlebensfall kann jedoch im Falle des frühzeitigen Ablebens der versicherten
Person eine garantierte Leistung erbracht werden, so ist z. B. eine „Rückgewähr der eingezahlten Prämien" möglich.[99]

1.2.2.2 Die private Rentenversicherung

Die private Renten-Versicherung ist vor dem Hintergrund der eingangs dargelegten angespannten Lage der gesetzlichen Rentenversicherung gegenwärtig von besonderer Bedeutung. Dies verdeutlichen auch die bereits erwähnten staatlich geförderten Instrumente der privaten Altersvorsorge, die
sogenannte „Riester-Rente", deren Zielgruppe Arbeitnehmer sind, sowie die
„Rürup-Rente", die primär an Selbstständige gerichtet ist.[100] Die private Renten-Versicherung dient der eigenen privaten Altersvorsorge und ist grundsätzlich eine Lebensversicherung auf den Erlebensfall; die Versicherungsleistung seitens des Versicherers ist also dann zu erbringen, wenn die versicherte Person den vertraglich vereinbarten Zeitpunkt erlebt.[101] Die zu erbringende Leistung muss nicht zwangsläufig aus einer in regelmäßigen Ab-
ständen zu leistenden Rentenzahlung bestehen, sondern kann auch als ein-
malige Kapitalleistung ausgezahlt werden, sofern ein entsprechender Antrag

---

[95] http://wirtschaftslexikon.gabler.de/Definition/lebensversicherung.html, zuletzt auf-
      gerufen am 25.08.2011.
[96] Ebenda.
[97] Ebenda.
[98] Ebenda.
[99] Ebenda. Ist im Versicherungsvertrag keine garantierte Mindest-Leistung vereinbart,
      können die eingezahlten Prämien verfallen.
[100] Siehe AVB für eine Rentenversicherung mit Auszahlung des Deckungskapitals bei
      Tod als Altersvorsorgevertrag im Sinne des Altersvorsorgeverträge-
      Zertifizierungsgesetzes (AltZertG) sowie Beckmann/Matusche-Beckmann:2009, § 42,
      Randnummer 27–28.
[101] § 1 Abs. 1-4 AVB für die Rentenversicherung mit aufgeschobener Rentenzahlung.

auf Kapitalwahlrecht von Seiten des Versicherungsnehmers fristgerecht gestellt wurde.[102] Handelt es sich um eine solche Rentenversicherung mit Kapitalwahlrecht, so kann diese auch den kapitalbildenden Lebensversicherungen zugerechnet werden.

Laut den Musterbedingungen des GDV für Rentenversicherungen und unter Bezugnahme auf § 169 VVG hat der Versicherer im Falle des Todes der versicherten Person vor dem vertraglich vereinbarten Zeitpunkt den Rückkaufwert sowie gegebenen Falls eine für den Todesfall vereinbarte Leistung zu erbringen.[103] Bei einer solchen privaten Rentenversicherung, bei der auch eine Leistung für den Todesfall vereinbart wird, kann von einer Lebensversicherung auf den Todes- und Erlebensfall gesprochen werden; hier zeigt sich erneut die unklare Abgrenzung der Kategorien. Zudem beinhalten viele private Rentenversicherungsverträge eine „garantierte Mindestrentendauer von 5 oder mehr Jahren für den Fall, dass die versicherte Person kurz nach dem Rentenbeginn versterben sollte" – in diesem Falle erhalten die im Vertrag Begünstigten oder die Erben des Verstorbenen die Versicherungssumme.[104] Neben dieser Form der privaten Rentenversicherung besteht auch die Möglichkeit, eine fondsgebundene Rentenversicherung abzuschließen, diese Variante wird in Abschnitt 1.2.2.4 im Zusammenhang mit der fondsgebundenen Lebensversicherung erläutert. Hinsichtlich der Zusammensetzung und Berechnung der zu leistenden Prämie sei auf die Angaben im vorangegangenen Abschnitt 1.2.2.1 verwiesen, da diese sich weitgehend mit den Grundsätzen der Prämienkalkulation der privaten Rentenversicherung decke

1.2.2.3   Die fondsgebundene Lebensversicherung

Bei der fondsgebundenen Lebensversicherung ist der Umfang der Versicherungsleistung „an die Wertentwicklung der Anteile eines besonderen Anlagestocks" gebunden.[105] Die vom Versicherer zu erbringende Versicherungsleistung ist in ihrer Höhe daher nicht garantiert, vielmehr handelt es sich hier um eine „kurs- und kapitalmarktabhängige Erlebensfall-Leistung".[106] In dieser Form der Lebensversicherung wird das Kapitalanlagerisiko auf den Versi-

---

[102] §§ 1 und 11 AVB für die Rentenversicherung. mit aufgeschobener Rentenzahlung sowie http://wirtschaftslexikon.gabler.de/Definition/lebensversicherung.html, zuletzt aufgerufen am 25.08.2011. Hierauf wird auch in Abschnitt 1.2.4.1 hingewiesen.

[103] § 1 Abs. 4 sowie § 9 Abs. 3 AVB für die Rentenversicherung mit aufgeschobener Rentenzahlung.

[104] http://wirtschaftslexikon.gabler.de/Definition/lebensversicherung.html, zuletzt aufgerufen am 25.08.2011.

[105] http://wirtschaftslexikon.gabler.de/Definition/lebensversicherung.html, „Sonderformen", zuletzt aufgerufen am 25.08.2011.

[106] Beckmann/Matusche-Beckmann:2009², § 42, Randnummer 7.

cherungsnehmer übertragen.[107] Aufgrund der Investition des Sparanteils der Prämie in Investmentfonds erfolgt bei der fondsgebundenen Lebensversicherung im Gegensatz zur klassischen kapitalbildenden Lebensversicherung keine Garantieverzinsung.[108] Die Behandlung des Sparanteils der Prämie in einer fondsgebundenen Lebensversicherung unterscheidet sich insofern von der jener in der kapitalbildenden Lebensversicherung, als bei der fondsgebundenen Lebensversicherung kein garantierter Rechnungszins zu Grunde gelegt werden kann, da die Höhe der Versicherungssumme in Abhängigkeit zu der Wertentwicklung eines Investmentfonds (Anlagestock) steht.[109] Die Bestimmungen hinsichtlich des Anlagestocks sind in den § 54 b VAG geregelt und werden im vierten Teil der vorliegenden Untersuchung eingehend behandelt.

Der Versicherungsschutz besteht in der fondsgebundenen Lebensversicherung in der Versicherung auf den Todesfall, für den eine Versicherungssumme festgelegt werden kann. Der für die Risikotragung benötigte Anteil der Prämie wird nachschüssig dem Fondsguthaben entnommen.[110] Übersteigt das im Zeitpunkt des Todes angesammelte Fondsguthaben die vereinbarte Versicherungssumme, so wird dieses Fondsguthaben beziehungsweise der Gegenwert der Fondsanteile an die Bezugsberechtigten ausgezahlt. Kommt es zum Erlebensfall, so werden die Tageskurse der Fondsanteile ermittelt und die sich ergebende Summe wird an die versicherte Person beziehungsweise an den Versicherungsnehmer ausgezahlt; eine Erlebensfallgarantie gibt es bei fondsgebundenen Lebensversicherungen nicht.[111] Zudem geht der als Sondervermögen qualifizierte, fondgebundene Sparanteil nicht in die Bilanz des Versicherungsunternehmens ein, der Sparbeitrag wird also nicht vom Versicherer vereinnahmt.[112]

Innerhalb der fondsgebundenen Lebensversicherung gibt es zwei Grundformen: Im ersten Modell lauten die Beiträge auf Euro und bleiben während der Versicherungsdauer in ihrer Höhe unverändert. Die Sparanteile, die in den Beiträgen enthalten sind, werden „in Anteilen des vereinbarten Fonds ange-

---

[107] Ebenda.
[108] http://www.kapitallebensversicherungen.eu/vergleiche/fondlv/fondsgebundene lebensversicherung.php, zuletzt aufgerufen am 25.08.2011.
[109] Ebenda.
[110] Von der Schulenburg: o. J., S. 54.
[111] Von der Schulenburg: o. J., S. 54. Siehe auch § 1 Abs. 4 AVB für die Fondsgebundene Lebensversicherung.
[112] § 1 Abs. 1 AVB für die fondsgebundene Lebensversicherung; siehe auch http://www.kapitallebensversicherungen.eu/vergleiche/fondlv/fondsgebundeneleben sversicherung.php, zuletzt aufgerufen am 25.08.2011.

legt" – auch die Anlage der Beiträge in einen „Fonds-Mix" ist möglich.[113] Die Höhe der seitens des Versicherers zu erbringenden Versicherung im Erlebensfall „richtet sich nach der Anzahl der bis zu diesem Zeitpunkt angesammelten Anteile und deren Kurs", während für den Todesfall eine Mindest-Versicherungssumme vertraglich vereinbart wird.[114] Der Versicherer zahlt im Falle des vorzeitigen Todes der versicherten Person das „während der Laufzeit angesammelte Deckungskapital aus und die Differenz zwischen der zum Zeitpunkt des Todes maßgebliche Todesfall-Leistung und dem Wert des Deckungskapitals".[115]

In der zweiten Variante, die in Deutschland seltener in der Praxis zu finden ist, lauten sowohl Versicherungssumme als auch Beiträge auf Investmentanteile eines bestimmten, festgelegten Fonds. „Die Todes- und Erlebensfallleistung und die Prämien sind vom Wert der Anteileinheiten des Fonds zum Fälligkeitstag abhängig".[116] Anders als bei den anderen Varianten der kapitalbildenden Lebensversicherung trägt bei der fondsgebundenen Lebensversicherung auf den Erlebensfall gemäß § 1 Abs. 4, S. 1–2 AVB für die Fondsgebundene Lebensversicherung der Versicherungsnehmer das mit der Anlagetätigkeit verbundene Risiko – bei dieser Form der Lebensversicherung sind also sowohl Anlagerisiko als auch Anlagechance höher als bei den anderen Formen, eine Garantieverzinsung kann jedoch nicht erfolgen.

Als eine weitere Variante kann an dieser Stelle die fondsgebundene Rentenversicherung angeführt werden, die eine Kombination aus der in Abschnitt 1.2.2.2 erläuterten Renten-Lebensversicherung sowie der in diesem Anschnitt dargelegten fondsgebundenen Lebensversicherung darstellen. Da es sich bei Rentenversicherungen zumeist um Versicherungen auf den Erlebensfall handelt, kann in einer fondsgebundenen Rentenversicherung die Höhe der jeweils auszuzahlenden Rente nicht garantiert werden, denn der Sparanteil wird in einen oder mehrere Investmentfonds angelegt, ohne dass dabei dem Versicherungsnehmer ein festgelegter Rechnungszins garantiert werden kann.[117] Verstirbt die versicherte Person vor dem vertraglich verein-

---

[113] http://wirtschaftslexikon.gabler.de/Definition/lebensversicherung.html; zuletzt aufgerufen am 25.08.2011.

[114] Ebenda. 8 (2).

[115] § 1 Abs. 7 AVB für die Rentenversicherung mit aufgeschobener Rentenzahlung. Vergleiche hierzu auch §54 b VAG.

[116] http://wirtschaftslexikon.gabler.de/Definition/lebensversicherung.html, 8 Sonderformen a) Fondsgebundene Lebensversicherung; zuletzt aufgerufen am 25.08.2011Gabler.

[117] http://www.test.de/themen/versicherung-vorsorge/test/Fondsgebundene-Rentenversicherung-Rente-mit-viel-Risiko-1563811-1563580/ ; zuletzt aufgerufen am 25.08.2011; sowie §1 Abs.4 AVB für fondsgebundene Rentenversicherung.

barten Beginn der Rentenzahlung, kann es in dem Falle, dass eine Beitrags-
rückgewähr vertraglich vereinbart wurde, zu einer Auszahlung der unverzinsten Beiträge kommen.[118]

1.2.2.4 Die Risiko-Lebensversicherung

Die Risiko-Lebensversicherung ist eine Lebensversicherung auf den Todesfall; der Versicherer ist also nur dann zur Leistung der Versicherungssumme
verpflichtet, wenn die versicherte Person während der Vertragslaufzeit verstirbt.[119] Im Erlebensfall hat der Versicherte keinen Anspruch auf Zahlung der
Versicherungssumme, wie es etwa bei kapitalbildenden Lebensversicherungen der Fall sein kann.[120] Die Höhe der vom Versicherungsnehmer zu leistenden Beiträge ist dementsprechend geringer als bei kapitalbildenden Lebensversicherungen.[121]

Bei Vertragsabschluss über eine Risiko-Lebensversicherung ist für die beteiligten Vertragsparteien ungewiss, ob der Todesfall, von dessen Eintritt die
Leistung der vertraglich vereinbarten Versicherungssumme abhängt, während der Vertragslaufzeit eintritt – somit besteht Unklarheit darüber, ob die
Versicherungsleistung erbracht werden muss. Demgegenüber sind die Bei-
tragsleistungen des Versicherungsnehmers festgelegt. Wie bereits eingangs
angeführt wurde, sprechen Wackerbeck und Gassner in diesem Zusammenhang von einem Tausch „deterministischer Zahlungen des Versicherungsnehmers (...) gegen stochastische Zahlungen des Versicherers".[122] Ziel einer
Risiko-Lebensversicherung ist nicht primär das Ansammeln von Kapital für
die eigene private Altersvorsorge; vielmehr stellt diese Form der Lebensversicherung ein Instrument zur Absicherung der Hinterbliebenen dar.

Der Beitrag in einer Risiko-Lebensversicherung enthält keinen Sparanteil in
dem Maße, wie es bei der privaten Rentenversicherung, der kapitalbildenden sowie der fondsgebundenen Lebensversicherung der Fall ist, wie aus
den AVB für die Risikoversicherung hervorgeht.[123] Zinsüberschüsse aus Kapitalanlagen sind in der Risiko-Lebensversicherung von geringerer Bedeutung

---

[118] §1 Abs.8 AVB für fondsgebundene Rentenversicherungen. Abzüglich der Einzahlun-
gen für eingeschlossene Zusatzversicherungen.

[119] http://wirtschaftslexikon.gabler.de/Definition/lebensversicherung.html, II Wichtige
Versicherungsformen, 1. Risikoversicherung: zuletzt aufgerufen am 25.08.2011.

[120] Ebenda.

[121] http://wirtschaftslexikon.gabler.de/Definition/lebensversicherung.html, II Wichtige
Versicherungsformen, 1. Risikoversicherung, 2. Lebenslängliche Todesfallversicherung, 3. Versicherung auf den Todes- und Erlebensfall; zuletzt aufgerufen am
28.08.2011.

[122] Gassner/Wackerbeck:2007, S.145.

[123] Siehe hierzu insbesondere § 2 AVB für die Risikoversicherung.

als in der Renten-Lebensversicherung und der kapitalbildenden Lebensversicherung, wie in den vorangegangenen Abschnitten verdeutlicht wurde. Die in einer Risiko-Lebensversicherung entstehenden Überschüsse stammen dementsprechend hauptsächlich aus Risiko- und Kostenüberschüssen, die dadurch entstehen, dass der Versicherer niedrigere Kosten und weniger Todesfallleistungen leisten muss, als er einkalkuliert hat.[124]

1.2.3 Die Versicherungsprämie: Kalkulationsgrundlagen und rechtlicher Rahmen

Wenn im nun folgenden Abschnitt näher auf die Grundlagen der Beitragskalkulation sowie die Zusammensetzung der Beiträge für Lebensversicherungen eingegangen wird, so muss darauf hingewiesen werden, dass dies aus rein rechtlicher Perspektive geschieht. Wie bereits eingangs erwähnt wurde, kann im Rahmen der vorliegenden Untersuchung nicht die Profitabilität eines neu zu konzipierenden Lebensversicherungsproduktes im Fokus stehen; vielmehr geht es um die generellen rechtlichen Möglichkeiten und um die eventuell vorhandenen rechtlichen Hürden für ein islamkonformes Lebensversicherungsprodukt, das in den deutschen Markt eingeführt werden könnte.

Die Beiträge zur Lebensversicherung werden nach dem Tarifierungsprinzip der Kapitaldeckung kalkuliert. Unter der Kapitaldeckung ist ein Finanzierungsverfahren zu verstehen, „bei dem das Versicherungsunternehmen aus den Prämien, die ein Versicherter in jungen Jahren einzahlt, Mittel anspart (Altersrückstellungen), aus denen dann für diesen Versicherten Leistungen im höheren Lebensalter finanziert werden".[125] In § 11 Abs.1, S.1 VAG sind die Grundlagen der Prämienkalkulation unter Verweis auf den Grundsatz der Gleichbehandlung geregelt: „Die Prämien in der Lebensversicherung müssen unter Zugrundelegung angemessener versicherungsmathematischer Annahmen kalkuliert werden und so hoch sein, dass das Versicherungsunternehmen allen seinen Verpflichtungen nachkommen, insbesondere für die einzelnen Verträge ausreichende Deckungsrückstellungen bilden kann. Hierbei kann der Finanzlage des Versicherungsunternehmens Rechnung getragen werden, ohne dass planmäßig und auf Dauer Mittel eingesetzt werden dürfen, die nicht aus Prämienzahlungen stammen". Weiter heißt es in § 11 Abs. 2: „Bei gleichen Voraussetzungen dürfen Prämien und Leistungen

---

[124] Beckmann/Matusche-Beckmann:2009², § 42, Randnummer 274–275 sowie § 2 Abs. 1 a AVB für die kapitalbildende Lebensversicherung.

[125] http://www.bpb.de/sosi/popup/lexikon.php?id=79 sowie http://wirtschaftslexikon.gabler.de/Definition/kapitaldeckungsverfahren.html, beide zuletzt aufgerufen am 25.08.2011.

nur nach gleichen Grundsätzen bemessen werden". § 65 Abs.1 VAG enthält Vorschriften für die Deckungsrückstellung; § 66 VAG regelt das Sicherungsvermögen.[126]

Eine der wichtigsten Rechnungsgrundlagen stellen bei der Prämienkalkulation in der Lebensversicherung die Sterbetafeln dar. Diese ermöglichen für jedes Lebensalter die Berechnung der jeweiligen durchschnittlichen Lebenserwartung.[127] Zumeist wird auf die Sterbetafel der Deutschen Aktuarvereinigung e.V. (im Folgenden: DAV) Bezug genommen.[128] Die der Sterbetafel zu entnehmenden Informationen dienen der Berechnung des Risikoanteils der Versicherungsprämie. Wie bereits in Abschnitt 1.1 erwähnt wurde, handelt es sich beim Prinzip der Versicherung um die „Absicherung eines im Einzelnen ungewissen, insgesamt geschätzten Mittelbedarfs auf der Grundlage des Risikoausgleichs im Kollektiv und in der Zeit".[129] Im Falle der Lebensversicherung wird mit Hilfe der Sterbetafel unter anderem versucht, das individuelle Sterberisiko aufgrund des kollektiven Risikos einzuschätzen und die Produkte aufbauend auf den so gewonnenen Informationen zu gestalten.

Die Sterbetafeln der DAV führen die durchschnittliche Sterbewahrscheinlichkeit nach Geschlechtern getrennt dar.[130] Laut dem Urteil des Europäischen Gerichtshofes (im Folgenden: EuGH) sind jedoch ab dem 21. Dezember 2012 alle Versicherer angewiesen, bei der Kalkulierung von Versicherungs-Prämien geschlechtsneutral Zahlen zu Grunde zu legen.[131] Hierbei bezieht sich der EuGH auf die Richtlinie 2004/113/EG, die „jede Diskriminierung aufgrund des Geschlechts beim Zugang zu und bei der Versorgung mit Gütern und Dienstleistungen" untersagt.[132] Es ist jedoch darauf hinzuweisen,

---

[126] §§ 70 und 71 zum Treuhänder für das Sicherungsvermögen

[127] http://wirtschaftslexikon.gabler.de/Definition/sterbetafel.html, zuletzt aufgerufen am 25.08.2011. Siehe hierzu auch die Informationen des GDV, aus denen hervorgeht, dass die Sterbewahrscheinlichkeit von Männer und Frauen getrennt erhoben wird; einsehbar unter http://www.gdv.de/Glossar/S/glossareintrag20959.html, zuletzt aufgerufen am 25.08.2011.

[128] http://www.gdv.de/Glossar/S/glossareintrag20959.html, zuletzt aufgerufen am 25.08.2011.

[129] Richter/Lörper/Fürhaupter:2005, S. 1; mit Bezug auf Farny, zu beziehen unter http://www.aktuar.de/download/Kollektiv-versus-Individuum.pdf, zuletzt aufgerufen am 25.08.2011.

[130] http://www.gdv.de/Glossar/S/glossareintrag20959.html, zuletzt aufgerufen am 25.08.2011.

[131] Behlau/Kerkhoff:2011, zu beziehen über www.juve.de/nachrichten/verfahren/2011/03/eugh-verbraucherschutzer-erwirken-unisex-versicherungstarife, vom 02.03.2011, aufgerufen am 20.08.2011.

[132] Richtlinie 2004/113/EG des Rates vom 13. Dezember 2004 zur Verwirklichung des Grundsatzes der Gleichbehandlung von Männern und Frauenbeim Zugang zu und bei der Versorgung mit Gütern und Dienstleistungen (ABl. L 373, S.37), über

dass Abweichungen von dieser Vorgabe zulässig sind: Sofern ein EU-Mitgliedstaat sicherstellen kann, dass er verlässliche, regelmäßig aktualisierte und der Öffentlichkeit zugängliche statistische und versicherungsmathematische Daten verfügt, darf er abweichende Tarifierungen zulassen.[133] Den Fragen, inwiefern die üblichen Sterbetafeln auch der Konzipierung eines takaful-Lebensversicherungsprodukts dienlich sein können, ob sie als Grundlage für die Prämienkalkulation eines solchen Produkts verwendet werden können und ob es gegebenen Falls Alternativen gibt, wird im vierten Teil der vorliegenden Untersuchung nachgegangen.

Eine weitere Kalkulationsgrundlage, die für die Berechnung der Prämie in der kapitalbildenden Lebensversicherung sowie in der privaten Rentenversicherung von wesentlicher Bedeutung ist, stellt der Rechnungszins dar. Als Rechnungszins gilt jener Zinsfuß, der bei der Berechnung des Versicherungsvertrags zu Grunde gelegt wird und der für die gesamte Vertragslaufzeit garantiert wird.[134] Bei der Prämienkalkulation wird davon ausgegangen, dass die Beiträge der Versicherungsnehmer verzinslich angelegt werden, um die Versicherungssumme zu erwirtschaften – dementsprechend wird der Rechnungszins einkalkuliert, um die zur Auszahlung gelangende Versicherungssumme abdecken zu können.[135] Der Effekt des Zinses auf die Prämie ist also bei kapitalbildenden Lebensversicherungen, die zumeist lange Laufzeiten haben und das Ziel der Kapitalansammlung verfolgen, besonders ausgeprägt.[136]

Wie bereits in Abschnitt 1.2.2.1 dargelegt wurde, setzt sich die Lebensversicherungs-Prämie für kapitalbildende und die fondsgebundene Lebensversicherung sowie jene für die private Rentenversicherung aus dem Sparanteil, dem Risikoanteil sowie dem Kostenanteil zusammen: Während der Risikoanteil für den Versicherungsschutz verwendet wird, werden aus dem Kostenanteil die Vertrags- und Verwaltungskosten bestritten. Der Sparanteil wird für die Ansammlung des Deckungskapitals verwendet und wird in der kapitalbildenden Lebensversicherung sowie in der privaten Rentenversicherung

---

http://curia.europa.eu/jcms/upload/docs/application/pdf/2011-03/cp11012de.pdf, aufgerufen am 20.08.2011.

[133] Ebenda.

[134] § 2 Abs. 2 der Verordnung über Rechnungsgrundlagen für die Deckungsrückstellungen (Deckungsrückstellungsverordnung – DeckRV).

[135] Winter:1988, S. 983.

[136] Im Zusammenhang mit der Kapitalansammlung ist auf den Begriff des Deckungskapitals hinzuweisen. Hierunter sind „diejenigen Beitragsteile, die verzinslich angesammelt und nicht für die Risikoübernahme und die Betriebskosten verbraucht werden", zu verstehen; http://wirtschaftslexikon.gabler.de/Definition/deckungskapital.html, zuletzt aufgerufen am 28.08.2011.

unter Zugrundelegung eines garantierten Rechnungszins investiert, während er in der fondsgebundenen Lebens- und Rentenversicherung in Investmentfonds angelegt wird und von deren Wertentwicklung abhängig ist – eine Garantieverzinsung kann es hier also nicht geben.

1.2.4 Steuerrechtliche und erbrechtliche Behandlung der Einkünfte aus kapitalbildenden Lebensversicherungen

Wie bereits in Abschnitt 2.2 angesprochen wurde, wird insbesondere der kapitalbildenden Lebensversicherung der Charakter einer Kapitalanlage attestiert. Aus diesem Grunde gelten unter anderem die für Kapital-Lebensversicherungen zu zahlenden Beiträge seit dem 1. Januar 2005 nicht mehr als Sonderausgaben und sind auch nicht mehr abzugsfähig.[137] Auch die aus Lebensversicherungen und aus Rentenversicherungen mit Kapitalwahlrecht stammenden Kapitalerträge sind seit 2004 zu versteuern – auf diese Aspekte wird im folgenden Abschnitt eingegangen. Gerade mit Blick auf die im vierten Teil dieser Untersuchung erfolgende Konzipierung eines islamkonformen Lebensversicherungsprodukts erfordern die erbschaftsrechtlichen Aspekte für ein Vermögen, das aus einer Lebensversicherung stammt, besondere Beachtung. Hier sind insbesondere Fragen nach der Zurechnung des aus der jeweiligen Versicherung stammenden Kapitals zum Nachlass des Verstorbenen sowie die Maßgaben hinsichtlich der Erbfolge zu berücksichtigen. Zunächst erfolgt jedoch der bereits erwähnte Überblick über die einkommensteuerrechtlichen Vorgaben im Zusammenhang mit Lebensversicherungen.

1.2.4.1 Einkommensteuergesetz und Alterseinkünftegesetz

Während bis 2004 Kapitalerträge aus Lebensversicherungen nicht besteuert wurden, werden seit eben diesem Jahr gemäß dem Alterseinkünftegesetz (AltEinkG) „Erträge aus Kapitallebensversicherungen, die nach dem 31. Dezember 2004 abgeschlossen wurden, erstmals unabhängig von der Laufzeit in die Besteuerung einbezogen".[138] Bei der Besteuerung wird Bezug auf § 20 Abs. 1 Nr. 6 EStG genommen. Demnach werden Erträge aus Kapitallebensversicherungen gegen laufende Beiträge mit Sparanteil sowie aus Rentenversicherungen mit Kapitalwahlrecht besteuert, soweit nicht die lebenslange Rentenzahlung gewählt wird.[139] Grundsätzlich ist der Versicherungsnehmer der Steuerpflichtige, da er „das Kapital in Form der Sparanteile im eigenen

---

[137] Beckmann/Matusche-Beckmann:2009², § 42, Randnummer 6.
[138] Beckmann/Matusche-Beckmann:2009², § 42, Randnummer 307.
[139] Dieselben, Randnummer 314.

Namen und für eigene Rechnung dem LebensVU [Lebensversicherungs-Unternehmen] zur Nutzung überlassen hat"; im Falle einer unwiderruflichen Bezugsberechtigung gilt der Bezugsberechtigte als Steuerpflichtiger, während bei einer widerruflichen Bezugsberechtigung (auf den Erlebensfall) der Bezugsberechtigte erst bei Eintritt des Erlebensfalls steuerpflichtig wird. [140]

Hinsichtlich der Besteuerung der zu leistenden Prämien für die jeweilige Lebensversicherung ist zu betonen, dass nur solche Beiträge steuerfrei gestellt sind, die als Sonderausgaben zur Sicherung einer notwendigen bzw. einer angemessenen Altersvorsorge aufgewendet werden. [141] Die Beiträge zur privaten Altersvorsorge unterliegen der so genannten nachgelagerten Besteuerung; es werden demnach „Alterseinkünfte (Renten und Pensionen) erst dann besteuert (...), wenn sie an den Steuerpflichtigen ausgezahlt werden, also in der Ruhestandsphase. Im Gegenzug bleiben die Beiträge zum Aufbau einer Alterversorgung in der Phase der Erwerbstätigkeit bis zu einer bestimmten Höhe steuerfrei". [142]

1.2.4.2 Erbrecht und Erbschaftsteuergesetz

Erbschaftsrechtliche Bestimmungen im Zusammenhang mit den in Deutschland üblichen Lebensversicherungsprodukten sind für die vorliegende Untersuchung von Bedeutung, da im weiteren Verlauf unter anderem zu prüfen sein wird, ob bei einem islamkonformen Lebensversicherungsprodukt, das auf dem deutschen Markt angeboten werden soll, Bezugsberechtigungen vereinbart werden können und ob gegebene Falls auch islamisches Erbrecht zur Anwendung kommen kann. Um eine Basis für die spätere Beantwortung dieser Fragen zu schaffen, werden im Folgenden die Grundsätze der erbrechtlichen Behandlung von Vermögenswerten, die aus Lebensversicherungen stammen, dargelegt. Im Zusammenhang mit erbrechtlichen Aspekten bei Lebensversicherungen ist insbesondere die Frage danach von Bedeutung, ob das zum Zeitpunkt des Todes der versicherten Person vorhandene Vermögen aus der Lebensversicherung dessen Nachlass zuzurechnen ist. Dies hängt maßgeblich davon ab, ob im Versicherungsvertrag ein Bezugsberechtigter benannt wurde und ob dieser Bezugsberechtigte mit der Person des Versicherungsnehmers identisch ist oder ob hier eine Personenverschiedenheit vorliegt. Nach bejahender Beantwortung der Frage, ob besagtes

---

[140] Ebenda.

[141] Beck'sches Steuer- und Bilanzlexikon:2005, Nachgelagerte Besteuerung, Randnummer 5.

[142] Beck'sches Steuer- und Bilanzlexikon:2005, Nachgelagerte Besteuerung, Randnummer 2. Siehe auch http://wirtschaftslexikon.gabler.de/Definition/nachgelagerte-besteuerung.html, zuletzt aufgerufen am 28.08.2011.

Vermögen als dem Nachlass zugehörig anzusehen ist, steht die erbschaftsteuerrechtliche Behandlung zur Diskussion. Laut Andres machen gerade
„bei geringwertigen Nachlässen(...) Lebensversicherungen oft den wesentlichen Teil des hinterlassenen Vermögens aus" – eine steuergünstige Vertragsgestaltung ist hier also von Bedeutung.[143]

Hinsichtlich der Frage, ob das Vermögen aus einer Lebensversicherung zum
Nachlass gehört, gibt es insbesondere im Falle der Lebensversicherung auf
den Todesfall unterschiedliche Interpretationsmöglichkeiten: „Das hinterlas-
sene Vermögen aus einer Lebensversicherung kann der schuldrechtlichen
oder der erbrechtlichen Rechtsnachfolge unterstellt werden. Die Zuwendung
bedarf im Valutaverhältnis zwischen Erblasser bzw. seinen Erben und dem
Dritten eines Rechtsgrundes. Andernfalls müsste der Dritte die Versicherungssumme nach § 812 Abs. 1 BGB an den Nachlass herausgeben. Nach
herrschender Meinung liegt der Zuwendung an den Bezugsberechtigten bei
einer Lebensversicherung auf den Todesfall stets eine schenkungsrechtliche
causa zugrunde."[144] Im Folgenden wird dieser herrschenden Meinung gefolgt. Wie bereits erwähnt wurde, regelt § 159 VVG die Bezugsberechtigung.
Sofern bei einer Lebensversicherung auf den Todesfall ein Bezugsberechtigter benannt wird, handelt es sich zivilrechtlich um einen Vertrag zu Gunsten
Dritter.[145] „In diesem Fall entsteht der Anspruch auf die Versicherungssumme ohne Durchgang durch das Vermögen des Versicherungsnehmers unmittelbar in der Person des Bezugsberechtigten."[146] Da der Versicherungsnehmer den Anspruch auf die Versicherungssumme auf den Bezugsberechtigten
mit dessen Benennung übertragen hat, befindet sich dieser Anspruch zum
Zeitpunkt des Todes nicht im Eigentum des Versicherungsnehmers und ist
somit nicht dem Nachlass zuzurechnen.[147] Die Bezugsberechtigung ist unter
Bezugnahme auf § 328 Abs. 2 BGB sowie § 160 VVG zu ermitteln. Gemäß der
„Auslegungsregel bei Leibrentenvertrag" des § 330 BGB erwirbt der Bezugsberechtigte als Dritter einen Leistungsanspruch gegen den Versicherer.

---

[143] Andres:2010³, § 47, Randnummer 7.
[144] Derselbe, Randnummer 36. Vergleiche auch die Angaben unter http://www.erbrecht-
heute.de/Lebensversicherung-Erbrecht.html, zuletzt aufgerufen am 25.08.2011:
„Legt der Versicherungsnehmer fest, dass im Falle einer Kapitalversicherung nicht er
selbst sondern eine dritte Person bezugsberechtigt sein soll handelt es sich bei diesem Vertrag um eine Lebensversicherung zu Gunsten Dritter (§ 328 Abs.1 BGB)".
[145] Andres:2010³, § 47, Randnummer 5. Siehe auch § 328 BGB.
[146] Andres:2010³, § 47, Randnummer 14.
[147] Ebenda: „Ansprüche aus einem Lebensversicherungsvertrag, die mit dem Tod der
versicherten Person fällig werden, gehören nicht zum Nachlass, sobald der Erblasser
einen Bezugsberechtigten widerruflich oder unwiderruflich im Wege des Vertrages
zugunsten Dritter benannt hat".

Wenn im Lebensversicherungsvertrag der Vermerk „Zahlung an die Erben" steht, sind gemäß § 160 Abs. 2, S. 2 VVG „diejenigen bezugsberechtigt, die im Falle des Todes zu Erben berufen sind, selbst wenn sie die Erbschaft ausschlagen".[148] Es ist darauf hinzuweisen, dass dieser Anspruch nicht kraft Erbrechts, sondern kraft Vertragsrecht erworben wird. (…) fasst dies folgendermaßen zusammen: „Die Versicherungsleistung fällt also selbst dann nicht in den Nachlass des Versicherungsnehmers, wenn dieser dem Versicherer als Bezugsberechtigte ‚die Erben' benannt hat. Die Testamentsanordnung hat auf die versicherungsvertragsmäßig getroffene Regelung keinen Einfluss".[149] Da also das Vermögen aus einer Lebensversicherung nicht in den Nachlass fällt, sofern ein Bezugsberechtigter benannt wurde, muss dieses Vermögen auch nicht bei der Berechnung der gesetzlichen Erbquoten und der Pflichtteilsansprüche einbezogen werden.[150] Auf die steuerliche Behandlung des Vermögens aus einer Lebensversicherung mit Bezugsberechtigung wird im weiteren Verlauf dieses Abschnittes eingegangen.

Wurde jedoch kein Bezugsberechtigter benannt, so ist der Anspruch auf Auszahlung der Versicherungssumme einer Lebensversicherung als Teil des Nachlasses anzusehen.[151] Die Benennung eines Bezugsberechtigten wird etwa dann unterlassen, wenn die Versicherung nicht auf das Leben des Versicherungsnehmers, sondern auf die Person eines anderen abgeschlossen ist und dieser im Versicherungsfall die Versicherungsleistung erhalten soll. In einem solchen Fall erhöht sich der Wert des Nachlasses - dies wirkt sich auf die Berechnung des Pflichtteils gemäß § 2311 BGB aus.[152] Sofern die Versicherungssumme zum Nachlass gehört, handelt es sich um einen „Erwerb durch Erbanfall nach § 3 Abs. 1 Nr. 1 ErbStG (Erwerb von Todes wegen)".[153]

Im Falle des vorzeitigen Todes der versicherten Person in einer Lebensversicherung auf den Erlebensfall ist die Beantwortung der Frage, ob das bis zum

---

[148] Derselbe, Randnummer 15.
[149] Ebenda. In diesem Fall entsteht ein Anspruch auf Ausbezahlung der Versicherungssumme direkt an die Person des Berechtigten. Die Ausbezahlung der Versicherungssumme fällt somit zu Gunsten des Dritten (§§ 328, 331 BGB) an und wird somit nicht Teil des Nachlasses. Vergleiche auch die Angaben auf http://www.erbrecht-heute.de/Lebensversicherung-Erbrecht.html, zuletzt aufgerufen am 25.08.2011.
[150] Derselbe, Randnummer 20. Auch der dritte Bezugsberechtigte einer Lebensversicherung muss beim Ableben des Versicherungsnehmers Erbschaftssteuer lt. § 3 Abs.1 Nr. 4 bezahlen. Siehe auch http://www.erbrecht-heute.de/Lebensversicherung-Erbrecht.html, zuletzt aufgerufen am 25.08.2011. ebenda, S.12.
[151] Derselbe, Randnummer 16.
[152] Derselbe, Randnummer 20. Der aufgrund des Lebensversicherungsvertrages ausgezahlte Betrag setzt sich aus Lebensversicherungssumme zuzüglich Gewinnanteil und Bonus zusammen, ebenda.
[153] Derselbe, Randnummer 51.

Zeitpunkt des Todes angesammelte Vermögen aus der Lebensversicherung dem Nachlass des Verstorbenen zuzurechnen ist, ebenfalls davon abhängig, ob die versicherte Person gleichzeitig Versicherungsnehmer ist und ob eine Bezugsberechtigung im Vertrag festgelegt wurde: Sofern die versicherte Person gleichzeitig Versicherungsnehmer und Bezugsberechtigter ist, ist im Falle seines Todes vor dem vertraglich vereinbarten Zeitpunkt der Anspruch auf die Versicherungssumme Teil seines Nachlasses, weil sich eben dieser Anspruch zum Todeszeitpunkt in seinem Eigentum befand.[154]

Im Zusammenhang mit der erbschaftsteuerrechtlichen Behandlung von Erträgen aus Lebensversicherungen ist zunächst festzuhalten, dass es grundsätzlich „steuergünstig [ist], wenn die Person, die wirtschaftlich abgesichert werden soll, selbst Versicherungsnehmer ist, während derjenige, dessen Einkommenswegfall kompensiert werden soll, versicherte Person wird".[155] Dies ist zunächst dadurch zu begründen, dass im Falle der Benennung eines Bezugsberechtigten bei der Lebensversicherung auf den Todesfall ein Erwerb von Todes wegen im Sinne des § 3 Abs. 1 Nr. 4 ErbStG vorliegt und dieser Erwerb somit der Erbschaftssteuer unterliegt.[156] Im Erbfall löst die Lebensversicherung auf den Todesfall nach § 1 Abs. 1 Nr. 1 ErbStG i. V. m. § 3 Abs. 1 Nr. 4 ErbSt eine Erbschaftsteuerpflicht aus, auch wenn sie nicht Teil des Nachlasses ist und aufgrund eines „vom Erblasser geschlossenen Vertrages bei dessen Tode von einem Dritten unmittelbar erworben wird."[157] Sofern im Lebensversicherungsvertrag ein Bezugsberechtigter benannt ist, ist dessen Rechtsstellung gemäß § 328 Abs. 2 BGB durch Auslegung zu ermitteln. Bei Eintritt des Versicherungsfalles erwirbt der Bezugsberechtigte als Dritter gemäß § 330 BGB S. 1 das Recht, die Leistung zu fordern. Sofern die Lebensversicherung als Teil des Nachlasses anzusehen ist, ergibt sich die Erbschaftssteuer aus § 3 Abs. 1 Nr. 1 ErbStG.

Bei einer Lebensversicherung auf den Erlebensfall, bei der nicht der Versicherte, sondern eine andere Person als bezugsberechtigt benannt ist, ergibt sich die Steuerpflicht für die Auszahlung der Versicherungssumme auf den Erlebensfall aus § 7 Abs. 1 Nr. 1 ErbStG, „sofern Freigebigkeit die causa ist".[158] Soweit nicht § 7 ErbStG eingreift, bleibt die Lebensversicherung also steuerfrei.

---

[154] Siehe u. a. www.erbrecht-heute.de/Bezugeberechtigung.html; zuletzt aufgerufen am 25.08.2011.
[155] Andres:2010³, § 47, Randnummer 52.
[156] Ebenda.
[157] Derselbe, § 47, Randnummer 62.
[158] Derselbe, § 47, Randnummer 60.

Es liegt also kein erbschaftsteuerpflichtiger Erwerb vor, wenn der Versicherungsnehmer im Erlebensfall die Versicherungsleistung bezieht. Um der Erbschaftsteuer zu entgehen, muss folglich der Bezugsberechtigte auch der Versicherungsnehmer sein.[159] Ist der Versicherungsnehmer nicht die versicherte Person und hat keinen Bezugsberechtigten benannt, fällt ihm demnach im Versicherungsfall (beispielsweise der Tod der versicherten Person) die Versicherungssumme zu – ohne dass diese Form des Erwerbs der Erbschaftsteuer unterliegt.

Die Ausführlichkeit dieses Abschnittes ist dem Umstand geschuldet, erbrechtliche und erbschaftsteuerrechtliche Möglichkeiten und Bedingungen zu den maßgeblichen Gestaltungs-Kriterien und Vorüberlegungen eines jeden Lebensversicherungsvertrages gehören. Diese stehen in Abhängigkeit vom jeweils zugrunde liegenden Ziel des Versicherungsnehmers. Die Beantwortung der Fragen danach, ob islamisches Erbrecht angewandt werden kann, ob deutsches Erbrecht zur Anwendung kommen muss oder umgangen werden kann und inwiefern im takaful-Modell die Möglichkeit einer Bezugsberechtigung besteht, durch die verhindert werden könnte, dass das Vermögen aus einer Lebensversicherung in den Nachlass geht, können zur Glaubwürdigkeit des takaful-Produkts beitragen und werden im vierten Teil der vorliegenden Untersuchung erläutert.

1.3 Zusammenfassung

In den vorangegangenen Abschnitten wurde deutlich, dass das Prinzip der konventionellen Versicherung vor allem auf dem Element des Risikotransformation basiert: Sowohl bei der Schadensversicherung als auch bei der Lebensversicherung wird versucht, auf Grundlage der Berechnung des jeweils kollektiven Risikos das individuelle Risiko insoweit zu minimieren, dass der Versicherer, der das entsprechende Risiko übernimmt, im Versicherungsfall seinen vertraglich vereinbarten Verpflichtungen nachkommen kann. Zudem ist der Versicherer gesetzlich dazu verpflichtet, stets genügend Mittel zu Verfügung zu haben, um seiner Leistungspflicht nachzukommen. Der Versicherungsvertrag ist ein entgeltlicher Vertrag zwischen zwei Parteien, bei dem eine Zahlung – die Prämie – gegen eine Leistung – die Zahlung der Versicherungssumme – ausgetauscht wird. Während über die Höhe der Prämie Klarheit herrscht, besteht hinsichtlich der genauen Höhe sowie des Zeitpunktes der Auszahlung der Versicherungssumme im Zeitpunkt des Vertragsabschlusses keine Gewissheit. Bei Schadensversicherungen und Risiko-Lebensversicherungen ist zudem nicht gewiss, ob die Versicherungssumme

---

[159] Derselbe, § 47, Randnummer 123.

überhaupt gezahlt werden muss. Der Versicherungsvertrag konventioneller Prägung ist daher als aleatorischer Vertrag zu bezeichnen.[160]

In der Praxis werden zur Erzielung von Gewinnen die Prämien entweder in festverzinsliche Wertpapiere oder in Investmentfonds angelegt; bei letzteren ist im Gegensatz zu klassischen kapitalbildenden Lebensversicherungen keine Garantieverzinsung möglich. Eine gesetzliche, allgemeine Beschränkung der Branchen und Beschaffenheit der Investitionsmöglichkeiten gibt es dabei nicht – wohl aber die gesetzliche Vorgabe, dass die Anlage gestreut und gemischt zu erfolgen hat.[161] Bevor im dritten Teil der vorliegenden Untersuchung das Konzept der islamkonformen Versicherung, des takaful-Modells, und die diesem Konzept zu Grunde liegenden Quellen, Annahmen und Folgerungen dargelegt werden, soll zunächst ein Überblick über die wesentlichen Grundzüge des islamkonformen Umgangs mit Finanzen, auch mit dem Begriff Islamic Finance bezeichnet, vermittelt werden, da das Segment islamkonformer Versicherungen in diesen Bereich einzuordnen ist und nicht isoliert von diesem zu betrachtet werden sollte.

---

[160] Bälz:1997, S. 21.
[161] § 54 Abs. 1 VAG.

2. Islamkonforme Versicherungen als Segment des Islamic Finance-Marktes

Der Begriff Islamic Finance fasst die Bereiche islamkonformes Bankwesen, islamkonforme Versicherungen sowie islamische Kapitalmärkte zusammen.[162] Ausgehend von den zentralen Aussagen und Vorgaben, die in der islamischen Rechtswissenschaft, dem fiqh, und aus den Primär-Quellen des islamischen Rechts – dem Koran und der Sunna – hinsichtlich des Umgangs mit Finanzen und in Bezug auf Handelsaktivitäten gefolgt werden, sowie mit Bezug auf diesbezüglich herrschende Meinungen, die durch die Rechtsfindungsmethoden des Analogieschlusses (qiyas) und des Konsens (idjma) gefunden wurden, wird in den genannten Bereichen des Islamic Finance versucht, den Umgang mit Finanzen möglichst islamkonform zu gestalten.[163]

In den folgenden Abschnitten dieser Untersuchung soll zunächst dargelegt werden, welche Elemente und islamrechtliche Vorgaben es sind, die den Islamic Finance Markt maßgeblich prägen und die ihn vom konventionellen Umgang mit Finanzen unterscheiden. Da der Bereich des derzeit wachsenden Islamic Insurance-Sektors nicht losgelöst vom islamischen Banken-Sektor zu betrachten ist und insbesondere mit den islamischen Kapitalmärkten in enger Verbindung zu sehen ist, soll zudem ein Überblick über die Entwicklung des gesamten modernen Islamic Finance-Marktes erfolgen, bevor im anschließenden Abschnitt der Bereich islamkonformer Versicherungen eingehend erörtert wird. Mit Blick auf die dieser Untersuchung zugrunde liegenden Frage nach den Möglichkeiten der Integration eines islamkonformen Lebensversicherungsmodells in den deutschen Rechtsrahmen erfolgt zudem ein Überblick über entsprechende Maßnahmen Großbritanniens, das im europäischen Kontext den am weitesten entwickelten Islamic Finance-Markt darstellt, sowie über bisherige Erkenntnisse diesbezüglich in Deutschland.

2.1 Die Grundpfeiler des Islamic Finance

Im Folgenden wird ein kurzer Überblick über jene Elemente beziehungsweise Restriktionen dargelegt, die die Entwicklung des gesamten Islamic Finance seit seiner Entstehung bis heute maßgeblich beeinflussen, charakterisieren und deren Existenz die Grundlage für den islamkonformen Umgang mit Finanzen darstellt. Es sei an dieser Stelle darauf hingewiesen, dass im Rahmen der vorliegenden Untersuchung keine detaillierte Darlegung der jeweiligen Auseinandersetzung seitens muslimischer Gelehrter mit den einzelnen

---

[162] OICV/IOSCO:2004, S. 3, Ebert/Thießen:2010, S. 13.
[163] Siehe zur Einteilung und Hierarchie der Rechtsquellen im islamischen Recht unter anderem Krawietz:2002, S. 2 sowie Schirrmacher:2003, S.284.

Elementen bzw. Verboten, die in der Praxis des Islamic Finance zum Tragen kommen, möglich ist.[164] Vielmehr werden lediglich die grundsätzlichen Annahmen und herrschenden Meinungen zu diesen Verboten überblicksartig erläutert, die Bälz als zu den „wichtigsten Schranken der Vertragsfreiheit" gehörend bezeichnet.[165] In diesem Zusammenhang ist zu betonen, dass die im Folgenden darzulegenden Verbote und Gebote auf gegenseitige Verträge zu beziehen sind, also auf Verträge, die ein entgeltliches Austauschgeschäft zwischen zwei Vertragsparteien regeln.[166]

2.1.1 riba

Das riba-Verbot gilt als eines der wichtigsten und zugleich umstrittensten Elemente des Islamic Finance. Zu finden sind der Begriff riba und das entsprechende Verbot unter anderem im Koran 30:39 sowie in 2:275.[167] Hinsichtlich der genauen Bedeutung des Begriffes herrscht seit Beginn der Diskussionen über Möglichkeiten des islamkonformen Umgangs mit Finanzen Uneinigkeit: Der Ansicht von Gelehrten wie al-Ashmawi, Abduh und at-Tantawi, laut der das riba-Verbot tendenziell eher als Verbot des Wuchers auslegen sei[168], steht die Auffassung von al-Hatib, Matani und anderen gegenüber, die von einem generellen Zinsverbot ausgehen. Mit Bezug auf die Praxis islamkonform arbeitender Banken konstatiert Nienhaus, dass „in der Ideologie (...) islamischer Banken (...) von der ‚strengen' Version des Riba-Verbots als Verbot jeglichen Zinses bei Gelddarlehen" ausgegangen wird.[169] Für den Bereich der Versicherungen ist zudem die Begriffs-Beschreibung von Valeva von Bedeutung: „Als anerkannte Auslegung des Begriffs Riba gilt der nicht erlaubte Vorteil, der sich aus zeitlicher Verzögerung oder aus Übermaß bei einem Tauschvorgang ergibt"[170] – diese Umschreibung deckt sich im Übrigen mit den Ausführungen Bälz.[171] Während Lohlker mit Bezug auf Schacht feststellt, dass „jeder ungerechtfertigte Vermögensvorteil ohne Gegenleistung" riba darstelle[172], setzt sich Bälz unter besonderer Berücksichtigung von Versicherungs-Geschäften mit dem riba-

---

[164] Es sei an dieser Stelle auf die grundlegenden Werke von Nienhaus:1982, Tripp:2006 und Rodinson:1974 verwiesen.

[165] Bälz:1997, S.49.

[166] Bälz:1997, S.16, S. 19 sowie S. 21.

[167] Ebert nennt insgesamt acht Stellen im Koran, an denen der Begriff riba zu finden ist: Koran 2:275-280. 3:130, 4:161 und 30:39; Ebert:2010, S.48.

[168] Pfannkuch:2008, S. 20–23.

[169] Nienhaus:1982, S. 204. Siehe auch Gramlich/Manger-Nestler:2010, S. 194.

[170] Valeva:2010, S. 19.

[171] Bälz:1997, S. 19.

[172] Lohlker:1996, S.51.

Verbot auseinander. Er betont, dass das riba-Verbot nicht nur auf (Geld-) Zinsen zu beziehen sei – vielmehr handele es sich hier um „ein Prinzip, das ein Äquivalenzverhältnis beim gegenseitigen Vertrag sicherstellen soll".[173]

Festzuhalten ist also, dass das riba-Verbot im islamkonformen Bankgeschäft als Zinsverbot im engeren Sinne ausgelegt und umgesetzt wird.[174] Im Bereich der Versicherungen und mit Blick auf Islamic Finance-Geschäfte, die außerhalb des Bankgeschäfts liegen, ist das riba-Verbot insbesondere in seiner Eigenschaft als „ein Prinzip, das das Äquivalenzverhältnis beim gegenseitigen Vertrag sicherstellen soll" zu beachten.[175] Diese vertragliche Äquivalenz ist laut Bälz im formalen Sinne zu verstehen, wenn er sie mit Bezug auf Wichard auf folgende Weise zusammenfasst: „Kein Überschuss ohne Gegenleistung".[176] Zudem seien „Leistung und Gegenleistung (…) beim gegenseitigen Vertrag im Grundsatz im gleichen Zeitpunkt zu erbringen".[177] Die Bedeutung der formalistischen Auslegung des riba-Verbotes wird auch bei den Ausführungen von Nienhaus deutlich.[178] Welche Konsequenzen das riba-Verbot hinsichtlich der Bewertung konventioneller Versicherungsverträge aus islamrechtlicher Sicht bedeutet, wird im dritten Teil der vorliegenden Untersuchung erörtert.

2.1.2 maysir

Ein weiteres wesentliches Element, das den islamkonformen Umgang mit Finanzen prägt, ist das maysir-Verbot, das ebenfalls im Koran ausgesprochen wird. So heißt es beispielsweise in Koran 2:219: „Sie werden dich befragen nach dem Wein und dem Glücksspiel. Sprich: ,In beidem liegt großes Übel und Nutzen für die Menschen. Ihr Übel ist jedoch größer als ihr Nutzen' (…)".[179] Eine weitere Stelle, aus der das maysir-Verbot gefolgert wird, findet sich in Koran 5:90: „O ihr, die ihr glaubt! Siehe, Berauschendes, Glücksspiele, Opfersteine und Lospfeile sind ein Greuel, Satans Werk. Meidet sie, auf dass es euch wohlergehe". Ausgehend von diesen Aussagen wird aus islamrechtlicher Perspektive von einem Verbot jeglicher Gewinnerzielung ausgegangen, die auf Geschäften und Transaktionen beruht, die Glücksspiel- bezie-

---

[173] Bälz:1997, S. 18.
[174] Vergleiche unter anderem Nienhaus:2011, S. 26.
[175] Bälz:1997, S. 18.
[176] Derselbe, S. 19.
[177] Derselbe, S. 19.
[178] Nienhaus:2011, S. 26–27.
[179] In der Übersetzung von Henning/Hofmann:2001, die in der vorliegenden Untersuchung herangezogen wird.

hungsweise Wettcharakter beinhalten.[180] Derartige Gewinne gelten als ungerechtfertigt, da ihnen keine Leistung zu Grunde liegt.[181] Über die inhaltliche Bedeutung des Begriffes maysir als Glücksspiel und der strikten Ablehnung jeder Art von Geschäften, denen ein Wett-oder Glücksspielcharakter inne wohnt, sind sich die Rechtsgelehrten einig – der islamkonforme Umgang mit Finanzen und sämtliche Transaktionen und Vertragsmodelle im Islamic Finance sollen daher frei von maysir und aleatorischen Elementen sein.[182]

2.1.3 gharar

In enger Verbindung mit dem maysir-Verbot steht das gharar-Verbot, das – in dieser grammatikalischen Form – nicht im Koran zu finden ist, aber per Analogieschluss (qiyas) aus dem maysir- und dem riba-Verbot gefolgert wird.[183] Zudem finden sich in der Sunna einige Aussagen, aus denen die Regel abgeleitet wird, dass Geschäfte und Transaktionen zu vermeiden sind, in denen ein erhöhtes Maß an Unsicherheit über die zu erbringenden Leistungen, die Qualität oder Quantität enthalten ist.[184] So weist Ebert unter anderem auf eine Überlieferung hin, auf die sich sowohl al-Bukhari (gest.870) als auch Muslim (gest.875) beziehen und in der der Verkauf eines ungeborenen Kamels aufgrund des erhöhten Risikos und der Ungewissheit über die zu erhaltenden Gegenleistung abgelehnt wird.[185] Eine der wichtigsten Konsequenzen dieser Ablehnung von Unsicherheit und überhöhtem Risiko ist die nachdrückliche Forderung nach dem Vorhandensein eines präzise bestimmten Vertragsgegenstandes bei jedem gegenseitigen, entgeltlichen Austauschgeschäft.[186]

Auf dem gharar-Verbot beruht auch der Grundsatz, dass kein Austausch-Geschäft Gültigkeit hat, dem eine einseitige Risikoverteilung innewohnt.[187] Sowohl das riba-als auch das gharar-Verbot implizieren zudem, dass „bei einem gegenseitigen Vertrag (...) jeder Leistung der einen Seite eine Gegenleistung der anderen gegenüber stehen" muss.[188] Zudem soll das gharar-

---

[180] Valeva:2010, S.19. Siehe hierzu auch Ebert:2010, S.51, der zudem auf die Gleichsetzung von maysir mit qimar (Glücksspiel, Wette) hinweist.

[181] Valeva:2010, S.19.

[182] Ebert:2010, S. 51–52 sowie Valeva:2010, S. 19–20.

[183] Ebert:2010, S. 51–52. Siehe zum Zusammenhang von maysir und gharar auch Valeva:2010, S. 19–20.

[184] Valeva:2010, S.19–20.

[185] Ebert:2010, S. 52–53.

[186] Bälz:1997, S. 21.

[187] Valeva:2010, S. 21.

[188] Bälz, S.16.

Verbot, ähnlich wie das riba-Verbot, die Benachteiligung einer der Vertragsparteien ebenso verhindern wie die ungerechtfertigte Bereicherung einer der
Parteien.[189] Das gharar-Verbot ist für die Beschäftigung mit Versicherungs-
geschäften von besonderer Bedeutung, wie insbesondere in Abschnitt
3.1.4.1 noch eingehender zu zeigen sein wird. An dieser Stelle sei bereits angemerkt, dass das gharar-Verbot zu einer Ablehnung aller Verträge führt, die
ein aleatorisches Element enthalten.[190]

2.1.4 haram-Güter

Schließlich dürfen gemäß islamischem Recht keine Geschäfte getätigt werden, die den Handel mit oder die Investition in Produkte beinhalten, die als
haram eingestuft werden – unter diese Kategorie fallen unter anderem die
Güter Schweinefleisch, Alkohol, Tabak, pornographische Produkte, Waf-
fen.[191] Investitionen in Unternehmen, die derartige Güter produzieren oder
mit ihnen handeln, sie vermarkten oder verkaufen, sind ebenfalls untersagt.[192] Diese Selektion bestimmter Branchen weist eine weitere Parallele
zum SRI-Ansatz auf, da auch hier – dem jeweils zu Grunde liegenden
Schwerpunkt entsprechend – nur bestimmte Branchen und Unternehmen
für eine Investition in Frage kommen. Gemäß den jeweils relevanten Werten
und Normen wird ein Screening beziehungsweise Ausschlussverfahren
durchgeführt, durch das nicht geeignete Branchen und Unternehmen für
mögliche Investitionen ausgeschlossen werden. Dieser Aspekt wird in Abschnitt 2.2.3 noch verdeutlicht.

2.1.5 Scharia-Boards

Neben den in den Abschnitten 2.1.1. bis 2.1.4 bereits erläuterten Grundele-
menten, die den islamkonformen Umgang mit Finanzen maßgeblich prägen,
ist für die Praxis islamischer Banken und aller anderen Bereiche der islamkonformen Finanzindustrie die Instanz des jeweils zuständigen Scharia
Boards von wesentlicher Bedeutung. Die Aufgaben eines solchen Scharia
Boards bestehen in der Begutachtung von Finanz- und Versicherungsprodukten hinsichtlich deren Konformität mit den oben genannten Vorgaben
des Islam und der entsprechenden Zertifizierung dieser Produkte.[193] Wie
Menning zeigt, erfolgt die Meinungsbildung, auf deren Grundlage die notwendigen fatawa erstellt werden und die die Voraussetzung für die Zulas-

---

[189] Ebenda.
[190] Bälz, S.21.
[191] Siehe unter anderem Valeva:2010, S. 20.
[192] OICV/IOSCO:2004, S. 11.
[193] Menning:2010, S. 275 sowie S. 279.

sung eines Produktes darstellen, auf unterschiedlichen Wegen und – als Resultat der unterschiedlichen Rechtsumgebungen – auf Grundlage voneinander abweichender Rechtsauffassungen.[194] Während grundsätzlich Einigkeit darüber besteht, dass Scharia Boards und deren Gutachten und Beurteilung einzelner Finanzprodukte hinsichtlich ihrer Vereinbarkeit mit islamrechtlichen Vorgaben eine unerlässliche Voraussetzung für jegliche Aktivitäten islamkonform operierender Finanzdienstleister darstellen, gibt es hinsichtlich anderer Aspekte durchaus divergierende Ansichten. Diese Aspekte betreffen unter anderem den rechtlichen Status und die Zusammensetzung der einzelnen Scharia Boards.[195]

Sowohl Menning als auch Bälz weisen auf die zunehmend an Bedeutung gewinnende Marketing-Funktion der Scharia Boards hin.[196] Bedingt durch die geringe Zahl jener Rechtsgelehrter, die in gleichem Maße über islamrechtliche und finanzwirtschaftliche Kenntnisse verfügen, sei ein „exklusiver Club" von Gelehrten entstanden, deren Namen und Reputation zunehmend als Indikator für die Qualität der jeweils zertifizierten Produkte gelten beziehungsweise als solche instrumentalisiert werden.[197] Menning verweist ebenfalls auf die Bedeutung der Scharia-Gremien im Zusammenhang mit dem Kontakt zur Zielgruppe und hinsichtlich des Vertrauensaufbaus der Kunden.[198]

Für die Beschäftigung mit den Scharia Boards, ihrer Zusammensetzung, der Qualifikation ihrer Mitglieder und ihrer Funktionen sind die von der Accounting and Auditing Organization for Islamic Financial Institutions (im Folgenden: AAOIFI) und das Islamic Financial Services Board (im Folgenden: IFSB) von Bedeutung, die im Laufe der vorliegenden Untersuchung noch mehrfach Erwähnung finden werden. Die von diesen Organisationen veröffentlichten Standards sind zwar nicht rechtlich bindend sondern sind eher als freiwillig zu befolgende Richtlinien aufzufassen[199], sie sollten jedoch als Orientierung bei jeglicher Aktivität herangezogen werden, die mit dem islamkonformen Umgang mit Finanzen und mit islamkonformen Versicherungen in Zusammenhang steht. Exemplarisch seien an dieser Stelle in Anlehnung an Menning einige Aspekte angeführt, zu denen die AAOIFI Standards veröffentlicht

---

[194] Dieselbe, S. 277 sowie S. 283.
[195] Dieselbe, S. 277. So heißt es hier: „Gründe für die Unterscheidungen können in gesetzlichen Verpflichtungen liegen, in Verpflichtungen, die sich aus den Statuten der einzelnen Banken herleiten lassen, sowie in der freiwilligen Befolgung von Richtlinien, wie die der AAOIFI oder des IFSB, durch einzelne Banken".
[196] Dieselbe, S. 279 . Siehe auch Bälz :2011, S. 7.
[197] Bälz:2011, S. 7.
[198] Menning:2010, S. 277 sowie 279.
[199] Dieselbe, S.277 sowie S.291–292.

hat und die auch bei dem Vorhaben, ein islamkonformes Lebensversicherungsprodukt innerhalb der deutschen Rahmenbedingungen zu betreiben, von Relevanz sind: So gilt es, die Qualifikation der Mitglieder eines Scharia Boards dahingehend sicherzustellen, dass diese sowohl über ausreichende Kenntnisse im fiqh als auch in wirtschaftlicher Hinsicht im Allgemeinen und im Bereich des Islamic Finance im Besonderen verfügen.[200] Desweiteren muss eine Entscheidung über die Anzahl der in einem Scharia Board tätigen Mitglieder entschieden werden – den AAOIFI-Standards zu Folge sei eine Mindestanzahl von drei Mitgliedern empfehlenswert.[201] Für die Wahl der einzelnen Mitglieder sei die Hauptversammlung des jeweiligen Unternehmens zuständig, die Vergütung habe der Vorstand zu bestimmen.[202] Auch die Inhalte der Untersuchung des Scharia Boards werden in den AAOIFI-Standards behandelt. Demnach hat das Scharia Board die Statuten, die Verträge, die Konzipierung neuer Produkte, Berichten und Jahresabschlüsse zu prüfen.[203] Schließlich wird in den AAOIFI-Standards empfohlen, dass die Entscheidungen der Scharia Boards beziehungsweise die von diesen erlassenen fatawa für das jeweilige Unternehmen bindend sein sollten – Menning weist jedoch darauf hin, dass diese Empfehlung keinesfalls bei allen Unternehmen, die im Islamic Finance-Markt agieren, umgesetzt wird.[204] Auch wenn keine rechtliche Bindung an die Empfehlungen und Standards der AAOIFI besteht, sollten diese dennoch bei der konkreten Umsetzung einer islamkonformen Lebensversicherung als Orientierungshilfe berücksichtigt werden, um die Legitimität und Glaubwürdigkeit des Produkts und des anbietenden Unternehmens zu stärken.

2.2 Die Entwicklung des modernen Islamic Finance

Bedingt durch die in den vorangegangenen Abschnitten dargelegten Verbote, die sich aus den islamrechtlichen Quellen erschließen lassen, besteht aus muslimischer Perspektive der Bedarf an einer Alternative zum konventionellen Umgang mit Finanzen, der maßgeblich durch zinsbasierte und auch durch risikoreiche Praktiken geprägt ist. Aus diesem Bedarf resultiert die Entwicklung des Islamic Finance-Marktes, der im nun folgenden Abschnitt näher erläutert werden soll. Folgt man den Ausführungen Tripps, so ist Islamic Finance im 21. Jahrhundert als „integraler Bestandteil des globalen Fi-

---

[200] Menning:2010, S. 281-283 sowie Bälz:2010, S. 7.
[201] Menning:2010, S. 283.
[202] Dieselbe, S. 284
[203] Dieselbe, S. 285.
[204] Menning:2010, S. 286. Dieser Aspekt wird insbesondere in den Abschnitten 4.1.2 sowie 4.2 eingehender erörtert.

nanz-System" anzusehen.[205] An anderer Stelle wird dem Islamic Finance-Markt eine „prominente Stelle in der globalen Finanzmarktarchitektur der Zukunft eingeräumt".[206] Die Angaben über das tatsächliche weltweite Marktvolumen des Islamic Finance-Sektors weichen jedoch mitunter erheblich voneinander ab, wie unter anderem Ebert und Thießen aufzeigen.[207] Die Autoren kommen zu dem Ergebnis, dass derzeit von einem „‚eigentlichen' Markt" auszugehen sei, der auf eine Größe von etwa 200 bis 220 Milliarden US-Dollar zu schätzen sei.[208]

Bälz beschreibt den Anspruch, der dem gesamten Islamic Finance-Markt zu Grunde liegt, folgendermaßen: „Nicht das Recht soll den Erfordernissen der Wirtschaft angepasst werden, sondern die Wirtschaft soll nach Maßgabe des islamischen Rechts organisiert werden".[209] An der konkreten Umsetzung dieses Vorhabens arbeiten muslimische Gelehrte, Rechts- und Wirtschaftswissenschaftler seit der Mitte der fünfziger Jahre des 20.Jahrhunderts – mit dem Ergebnis eines Sektors, der zunehmend an Bedeutung zu gewinnen scheint, sofern man auf die angegebenen zweistelligen Wachstumsraten Bereich des Islamic Banking und Finance vertraut, die etwa Nienhaus nennt und wenn man die Zahlen von 15 bis 20% im Bereich islamkonformer Versicherungen berücksichtigt.[210] Bedingt durch das Wachstum und die Diversifizierung des gesamten Islamic Finance-Marktes entstehen nicht nur Möglichkeiten, sondern auch Herausforderungen: So besteht unter anderem ein zunehmender Bedarf an einem funktionierenden Interbankenmarkt sowie an islamkonformen Kapitalmärkten, um die Vorgaben hinsichtlich islamkonformer Investitionen langfristig und konsequent anbieten und durchführen zu können. Daher werden Stimmen laut, die eine Regulierung beziehungsweise Standardisierung der islamkonformen Kapitalmärkte sowie der Struk-

---

[205] Tripp:2006, S. 147.
[206] Layadi:2011, S. 3.
[207] Ebert/Thießen:2010, S. 28–30.
[208] Dieselben, S. 29.
[209] Bälz:1997, S. 56. Auf die historische Entwicklung des islamkonformen Umgangs mit Finanzen kann im Rahmen der vorliegenden Untersuchung nicht eingegangen werden; hier soll vor allem das moderne institutionalisierte Finanzwesen im Fokus stehen. Es sei aber auf die umfassenden Ausführungen zu den theoretischen Diskussionen sowie den politischen Motivationen, die der Entwicklung des modernen Islamic Finance zu Grunde liegen, von Tripp:2006, Rodinson:1974 und Nienhaus:1982 hingewiesen.
[210] Nienhaus:2011, S. 26; zum Wachstum des islamkonformen Versicherungsmarktes siehe OICV/IOSCO:2004, S. 26. Vergleiche auch die Ausführungen von Saggau:2010, S. 125–127 über die Schwierigkeit, den Islamic Finance und Banking Markt zu erfassen.

turen von Bank- und Versicherungsprodukten und deren Anbietern fordern.[211]

Wesentliche Institutionen in diesem Zusammenhang sind die bereits erwähnte AAOIFI, die im Jahre 1990 gegründet wurde, sowie das IFSB, das seit 2003 regelmäßig Standards für die Aufsicht über islamkonform arbeitende Banken, Finanzdienstleiter und Versicherungsunternehmen veröffentlicht.[212] Laut dem Internationalen Währungsfonds werden derzeit in mehr als 51 Ländern islamkonforme Finanz- beziehungsweise Versicherungsprodukte von mehr als 300 Finanzinstituten angeboten, zudem bestehen weltweit mehr als 250 offene Investmentfonds, die mit den islamrechtlichen Vorgaben übereinstimmen.[213] In der überwiegenden Mehrheit der Länder, in denen islamkonforme Finanzprodukte angeboten werden, geschieht dies im Rahmen von „dualen Finanzsystemen, in denen konventionelle und islamische Banken der Zentralbankaufsicht unterliegen und miteinander konkurrieren".[214] Schätzungen besagen zudem, dass etwa 40 bis 50 % des vorhandenen Vermögens der weltweiten muslimischen Bevölkerung islamkonform angelegt sind.[215] Im Folgenden werden die drei Sektoren des islamischen Finanzsystems überblicksartig dargelegt, um den im vierten Abschnitt ausführlich zu erläuternden Bereich der islamkonformen Versicherungen innerhalb des Gesamtmarktes einordnen zu können.

2.2.1 Islamkonforme Banken

Die Grundlage des modernen, institutionalisierten Islamic Finance stellt das Islamic Banking dar.[216] Als erste Bank, deren Produkte und Geschäftsaktivitäten als „islamkonform" bezeichnet werden können, gilt eine Sparkasse im

---

[211] Ibrahim/Hameed:2007, S. 5 sowie S. 8–10.
[212] Siehe hierzu
http://www.aaoifi.com/aaoifi/TheOrganization/Overview/tabid/62/language/en-US/Default.aspx, zuletzt aufgerufen am 25.08.2011; sowie
http://www.ifsb.org/background.php , zuletzt aufgerufen am 25.08.2011. Auf diese Institutionen und die von ihnen veröffentlichten Standards und Empfehlungen wird im insbesondere vierten Teil der vorliegenden Untersuchung eingegangen. In OICV/IOSCO:2004, S. 45, wird darüber hinaus auf die Institution International Islamic Financial Market (IIFM) hingewiesen; auch die International Islamic Rating Agency (II-RA) sowie das Liquidity Management Centre (LMC) werden hier genannt; OICV/IOSCO:2004, S. 46 sowie S. 44.
[213] Solé:2007, S. 5.
[214] Saggau:2010, S. 124. Saggau weist zudem darauf hin, dass Pakistan (1979), Iran und Sudan beide 1983) Systeme geschaffen hätten, in denen das jeweils gesamte Bankwesen islamkonform strukturiert sein solle. Saggau:2010, S. 124.
[215] OICV/IOSCO:2004, S. 21–22.
[216] OICV/IOSCO:2004 S. 14–15.

ägyptischen Mit-Ghamr, die bereits 1963 eröffnet wurde.[217] In größerem Umfang wurden Banken, die sich ihrer operativen Tätigkeit an den Maßgaben des islamischen Rechts orientieren, seit den 70er Jahren in der Golfregion gegründet. Diese Entwicklung ist sowohl im Zusammenhang mit dem Öl-Boom der siebziger Jahren und der erhöhten Liquidität der entsprechenden Staaten zu sehen als auch auf die politische Stimmung dieser Zeit, die mitunter auch als „Reislamisierung" bezeichnet wird, zurückzuführen.[218] Nicht primär die Errichtung islamischer Banken, sondern die Implementierung eines islamischen Wirtschaftssystems war das vorrangige Ziel dieser Bemühungen: „The ambitious task was the construction of the model of an economic order based on distinctively Islamic principles, which would also be successful materially competing with the apparently all-devouring ethos and apparatus of capitalist enterprise in twentieth century".[219] Insbesondere die zunehmend liquiden Golfstaaten sahen in der Errichtung islamischer Banken eine Möglichkeit, sich in wirtschaftlicher und politischer Hinsicht zu emanzipieren – der Banken-Sektor stellt schließlich eines der wesentlichen Ausführungsorgane einer jeden Wirtschaftsordnung dar.[220]

Vor allem die Organisation of the Islamic Conference (im Folgenden: OIC) trieb die Entwicklung islamischer Banken in den siebziger Jahren voran – einen wesentlichen Schritt in diesem Zusammenhang stellt die Gründung der Islamischen Entwicklungsbank (Islamic Development Bank; im Folgenden: IDB) im Jahre 1975 dar.[221] Die IDB verfolgt das Ziel der Förderung „der wirtschaftlichen und sozialen Entwicklung in den Mitgliedstaaten oder anderen islamischen Staaten entsprechend der Glaubensgrundsätze des Islam".[222] Mit der Gründung der IDB sollte der „Grundstein für ein neues, islamisch geprägtes Bankensystem" gelegt werden.[223] Die wesentlichen Aufgaben der IDB bestehen im Aussprechen von Empfehlungen an die 56 Mitgliedsstaaten hinsichtlich islamkonformer Anlagemöglichkeiten, in der Förderung von Forschungsinstitutionen und in der Gewährung von Darlehen für Entwicklungsprojekte.[224] Als einige der ersten modernen islamkonformen beziehungsweise zinsfrei arbeitenden Banken, die sich explizit an Privatkunden richteten und sich auch selbst als „islamische Banken" bezeichneten,

---

[217] Nienhaus:1982, S 231.
[218] Heine:o. J., S. 1–2.
[219] Tripp:2006, S. 126–127.
[220] Vergleiche die ausführlichen Darlegungen dieser Entwicklungen und der zu Grunde liegenden Motivationen bei Nienhaus:1982, Tripp:2006 sowie Rodinson:1974.
[221] Krumnow:2002, S. 745 sowie http://www.isdb.org, zuletzt aufgerufen am 26.08.2011.
[222] Ebenda.
[223] Warde:2001, S. 1–2.
[224] Warde:2001, S. 1–2, Nienhaus:1982, S. 242–243. Siehe auch Krumnow:2002, S. 437.

seien die im Jahre 1971 in Ägypten gegründete Nasser Social Bank, die 1975 gegründete Dubai Islamic Bank sowie das Kuwait Finance House, das im Jahre 1977 eröffnet wurde, genannt; allein in den folgenden 20 Jahren wurden mehr als 170 islamische Banken gegründet.[225]

Nach wie vor stellt der Bereich des Islamic Banking den größten Sektor innerhalb des Islamic Finance dar.[226] Islamkonforme Banken unterscheiden sich von ihren konventionellen Pendants vor allem dadurch, dass sie – unter Bezugnahme auf Vertragsmodelle, die dem klassischen islamischen Recht entnommen werden – sämtliche Aktivitäten unter Berücksichtigung der in den vorangegangenen Abschnitten erläuterten Restriktionen durchführen. Diese Vertragsmodelle entsprechen zum großen Teil dem Prinzip der Gewinnbeteiligung beziehungsweise der Gewinn- und Verlustbeteiligung.[227] Der Kunde einer islamkonformen Bank wird an deren Geschäftsrisiko beteiligt, daher zählt die Bank die Kundeneinlagen zum Grundkapital – „ein zentraler Unterschied zu einer konventionellen Bank, welche die Einlagen ihrer Kunden als Passivgeschäft verbucht".[228] Bei einem Sparkonto beispielsweise werden dem Kunden keine Zinsen für seine Einlage garantiert, vielmehr erhält er eine zuvor vereinbarte Gewinnbeteiligung.[229] Die Bank ihrerseits investiert die ihr anvertrauten Gelder auf islamkonforme Weise in Projekte oder Anleihen.[230]

Für die Auseinandersetzung mit islamkonformen Versicherungen ist ein Wissen über islamkonforme Banken hilfreich, da diese die institutionelle Grundlage des modernen Islamic Finance darstellen und weil sie das Image und den Bekanntheitsgrad des gesamten Islamic Finance-Sektors maßgeblich prägen. Schließlich könnte langfristig auch die Möglichkeit in Betracht gezogen werden, islamkonforme Banken als Vertriebswege entsprechender Versicherungsprodukte zu nutzen, ebenso wie es bei konventionellen Versicherern der Fall ist, die ihre Produkte teilweise über konventionelle Banken

---

[225] Tripp:2006, S. 138 sowie OICV/IOSCO:2004, S. 20.
[226] OICV/IOSCO:2004, S. 4 sowie S. 19.
[227] Siehe hierzu unter anderem Ebert/Thießen:2010, S. 22–24. Im Anhang der vorliegenden Untersuchung ist eine Übersicht über die wesentlichen Vertragsmodelle zu finden, die in der Praxis des Islamic Finance zur Anwendung kommen.
[228] Al-Fil:2005, S. 2.
[229] Al-Fil:2005; S. 3; unter anderem heißt es hier: Das Savings Account der Noor Islamic Bank in Dubai zahlt derzeit etwa 1 bis 2 Prozent Gewinn auf die Einlage. Voraussetzung ist, dass der Kunde nur einmal im Monat Geld vom Konto abhebt, ansonsten hat er eine Zusatzgebühr zu entrichten".
[230] Zu islamkonformen Investitionen und den damit verbundenen Prozessen und Strukturen siehe Abschnitt 2.2.3.

vertreiben – diese Möglichkeit ist insbesondere im Zusammenhang mit Lebensversicherungen langfristig von nicht unerheblicher Bedeutung.[231]

2.2.2 Islamkonforme Versicherungen

Ausgehend vom Erfolg der islamischen Banken wurde seit den achtziger Jahren die Entwicklung des islamkonformen Versicherungssektors begünstigt.[232] Auf die theoretischen Überlegungen und Ansätze, die dem islamkonformen Versicherungs-Modell, takaful, zu Grunde liegen, wird im vierten Teil dieser Untersuchung eingegangen.

An dieser Stelle sei jedoch bereits auf die gegenwärtigen Dimensionen des islamkonformen Versicherungs-Sektors hingewiesen: Dem „Ernst&Young World Takaful Report 2011" zu Folge beliefen sich die Prämien-Einkünfte der weltweiten takaful-Anbieter im Jahre 2009 auf 7 Milliarden US-Dollar.[233] Mittlerweile bieten mehr als 150 so genannte takaful-Operator weltweit islamkonforme Versicherungen an; regionale Schwerpunkte des takaful-Marktes stellen Malaysia sowie die Staaten des Golf-Kooperationsrates (GCV) dar.[234] Ähnlich wie bei den islamkonform arbeitenden Banken gibt es auch im Bereich der islamkonformen Versicherungen sowohl Anbieter, deren komplettes Angebot islamkonform ist, als auch Ableger und Tochtergesellschaften konventioneller Versicherungsunternehmen, die in bestimmten Zielländern ihren Kunden auch takaful-Produkte anbieten. So ist in der Golfregion und in Malaysia einer der führenden Anbieter islamkonformer Versicherungen das Münchener Unternehmen Allianz AG; auch die FWU ist in der Region aktiv.[235]

Als erster Anbieter islamkonformer Versicherungsprodukte wird in der vorliegenden Literatur die Islamic Insurance Company genannt, die 1979 im Sudan gegründet wurde; im selben Jahr folgte die Islamic-Arab Insurance Company mit Sitz in Saudi-Arabien sowie einem weiteren Sitz in den Vereinigten Arabischen Emiraten im Jahre 1980.[236] Das dritte Unternehmen, das seinen Kunden islamkonforme Versicherungen anbot, ist das im Jahre 1981 gegründete Darul Mal Al-Islamic mit Sitz in Genf; als ein weiterer takaful-

---

[231] Siehe unter anderem Jaffer:2007.
[232] Anwar:1994, S. 1320 sowie Bälz:1997, S. 66.
[233] Ernst&Young:2011, S. 9. Vergleiche auch die Angaben in OICV/IOSCO:2004, S. 28.
[234] Ernst&Young:2010, S. 19 sowie Ernst&Young:2011, S. 18–19.
[235] Siehe unter anderem www.allianz.co.id/ sowie
       http://www.adcb.com/islamicbanking/home/index.asp beide zuletzt aufgerufen am
       26.08.2011; Zur den Aktivitäten der FWU in Verbindung mit den Meethaq-Produkten
       siehe auch Mahlknecht:2010, S. 68–70.
[236] OICV/IOSCO:2004, S. 24.

Versicherer mit Sitz in Europa kann die Islamic Takaful Company Luxembourg, die seit 1983 besteht, genannt werden.[237] Die takaful-Branche wird in einschlägigen Publikationen zunehmend als ein Segment des Islamic Finance bezeichnet, dem mitunter ein enormes Wachstumspotential von bis zu 30% zugesprochen wird.[238] Die Gründe für dieses hohe und schnelle Wachstum liegen zum Einen in der erfolgreichen Implementierung islamkonform arbeitender Banken, die die Grundlage für ein äquivalentes Versicherungswesen darstellen – unter anderem, da einige der den islamkonformen Versicherungsverträgen zu Grunde liegenden Vertragsmodelle bereits im Bankensektor erprobt werden konnten.[239] Vor allem aber wird das schnelle Wachstum der takaful-Branche auf die bisherige Unterpenetration der muslimisch geprägten Märkte zurück geführt.[240] Laut Gassner und Wackerbeck lag im Jahre 2007 beispielsweise in den Staaten des Nahen Ostens die generelle Versicherungsdurchdringung, also der „Anteil an Erstversicherungsprämien (...) am Bruttoinlandsprodukt" bei 0,5% im Bereich der Lebensversicherungen und bei 1,2% im Bereich anderer privater Versicherungen.[241] Diese niedrige Versicherungsdichte ist in den Sozialstrukturen der entsprechenden Regionen begründet, in denen andere Formen der Absicherung und der Risikoverteilung vorherrschen: „Die Familie, der Clan und andere Gemeinschaften tragen individuelle Gefahren eher im Kollektiv als das westliche Gesellschaften der Fall ist".[242] Hinzu kommt die grundsätzlich ablehnende Haltung gegenüber konventionellen Versicherungsprodukten, die als unvereinbar mit dem Islam angesehen werden.[243]

Doch nicht nur islamisch geprägte Regionen sind in den vergangenen Jahren in den Fokus der Anbieter islamkonformer Versicherungen gerückt. So heißt es unter anderem in einer Broschüre der Kanzlei Oliver Wyman: „Takaful is not a small niche best dealt with by country operations in traditional Islamic countries. Rather, it is a broad and exciting global growth opportunitiy, offering a way to capture a huge and currently underserved customer base inside

---

[237] Ebenda, S. 24–26.
[238] Vergleiche hierzu unter anderem die Aussagen von El-Mogaddedi in Köppen:2011, S. 37, der das islamkonforme Versicherungswesen als „nächsten Hot Spot" bezeichnet, sowie die Angaben von Abbas:2009, S. 60.
[239] Siehe hierzu im Anhang die Übersicht über die Vertragsmodelle, die im Islamic Finance zur Anwendung kommen.
[240] Stiftl:2011, S. 30.
[241] Gassner/Wackerbeck:2007, S. 144, mit Bezug auf Untersuchungen der Swiss Re. Die Autoren nennen zum Vergleich die Versicherungsdurchdringung in den westlichen Industriestaaten, die sich auf durchschnittlich 5,1% bzw. 3,9% belaufe; ebenda.
[242] Gassner/Wackerbeck:2007, S. 144.
[243] Dieselben, S. 144 sowie Stiftl:2011, S.30.

the major Western markets".[244] Gerade aufgrund der hoch entwickelten Infrastruktur der Versicherungsmärkte und der grundsätzlichen Aufgeschlossenheit der Kunden gegenüber Versicherungsprodukten, die auf der langjährigen Tradition der Versicherung in den westlichen Industriestaaten und insbesondere in Europa basiert, gelten Länder wie Frankreich, Großbritannien und Deutschland als potentielle Zielmärkte.[245] Befördert wird diese Einschätzung durch das generelle Bemühen der genannten Staaten hinsichtlich der Schaffung von rechtlichen Rahmenbedingungen für die Aktivitäten islamkonformer Finanz- und Versicherungsdienstleister.[246] Insbesondere mit Blick auf die europäischen Märkte, wo die Kunden mit dem Prinzip der Versicherung äußerst vertraut sind, wird islamkonformen Versicherung eine ergänzende Funktion im Zusammenhang mit Bankprodukten zugesprochen: „For instance, a Shariah-compliant home financing programme would derive better value should homeowners' takaful be available".[247] Diese Bemühungen und bereits geschaffene Möglichkeiten werden in Abschnitt 2.3 eingehender erläutert. Die Strukturen islamkonformer Versicherungen weisen Ähnlichkeiten mit den in Europa weit verbreiteten Versicherungen auf Gegenseitigkeit auf – diese Parallelen können sowohl hinsichtlich der Produktgestaltung als auch der Vermarktung islamkonformer Finanz- und Versicherungsprodukte in europäischen Märkten hilfreich sein. Diese Ähnlichkeiten werden im vierten Teil dieser Untersuchung ausführlich erörtert.[248]

2.2.3 Islamkonforme Kapitalmärkte

Das in den vorangegangenen Abschnitten dargelegte Wachstum des Islamic Finance-Sektors und die zunehmende Komplexität der in diesem Sektor angebotenen Produkte führt zu einem zunehmenden Bedarf an islamkonformen Kapitalmarktinstrumenten. So entstanden bei vielen islamkonform arbeitenden Banken und Versicherungsunternehmen in der Frühzeit des Islamic Finance mitunter enorme Überschüsse, da nicht genügend Anlagemöglichkeiten für die Einlagen und Prämien zur Verfügung standen, insbesondere für langfristige Investitionen.[249] Insofern stellt die bewusst voran getriebene Entstehung eine nahezu logische Konsequenz dar: „It was clear that Islamic banking and takaful could not exist in isolation without the support of an Islamic capital market (...) The emergence of a distinct Islamic ca-

---

[244] Wyman:2007, S. 2.
[245] Siehe hierzu Jaffer:2010, Jaffer: 2011, Abbas:2009, Amin/Kahn:2008.
[246] Siehe hierzu exemplarisch die Ausführungen über Großbritannien in Abschnitt 2.2.4.1.
[247] Abbas:2009, S. 61.
[248] Siehe hierzu auch Takaful Guide 2007, S.17, Abbas:2009, S. 61.
[249] OICV/IOSCO:2004, S. 17.

pital market (...) is therefore the outcome of a natural progression in the growth of the Islamic financial services industry". [250]

Die erste islamkonformen Anleihe, die von einer Regierung aufgelegt wurde, stellt das Government Investment Issue (GII) der malaysischen Regierung aus dem Jahre 1983 dar, es folgten ähnlichen Anleihen der Zentralbank von Kuwait und der sudanesischen Regierung.[251] Ziel der Emittierung dieser Anleihen war es, die Verwaltung von Vermögenswerten islamkonform arbeitender Finanzdienstleister zu erleichtern.[252] Bei islamkonformen Anleihen, die als sukuk bezeichnet werden, werden den Inhabern unter Bezugnahme auf das riba-Verbot keine Zinsen gezahlt; stattdessen erfolgt eine Beteiligung an dem jeweils zu Grunde liegenden Vermögenswert – oftmals handelt es sich hierbei um Immobilien; hier werden die sukuk-Inhaber beispielsweise an Mieteinnahmen beteiligt.[253]

Schließlich wurden auch islamkonforme Indizes eingeführt – wie bereits bei den islamkonformen Anleihen war auch hier Malaysia führend und legte 1996 den ersten Islamic equity index auf, den RHB Unit Trust Management Bhd.[254] Im Jahr 1999 wurde der Dow Jones Islamic Market Index gegründet, seit dem selben Jahr gibt es den Kuala Lumpur Sharia Index (KLSI) der Börse von Malaysia und die FTSE Global Islamic Index Series der FTSE Group.[255] Anleihen und Unternehmen, die in diese Indizes aufgenommen werden, werden durch ein zweistufiges Ausschlussverfahren ausgewählt: So sind zunächst Aktien von Unternehmen auszuschließen, die mit Gütern, die als haram eingestuft werden, handeln oder diese produzieren. Anschließend folgt das sogenannte Financial Screening: Hier werden sowohl Unternehmen ausgeschlossen, deren Gesamtverbindlichkeiten, geteilt durch die Marktkapitalisierung, mehr als 33% betragen als auch solche, deren Zinseinkommen gemessen am Gesamtumsatz mehr als 5% beträgt. Zudem ist die Investition in Unternehmen zu vermeiden, deren ausstehende Einkünfte, gemessen an den Unternehmensanlagen, mehr als 45% betragen.[256] Diese Ausschlusskriterien verdeutlichen die praktische Umsetzung der in den Abschnitten 2.1.1 bis 2.1.4 dargelegten Restriktionen des Islamic Finance, wie auch Bälz feststellt, der in diesem Zusammenhang von einer „Screening Procedure" spricht, in deren Laufe „die zunächst eher vagen ‚islamischen Prinzipien', denen die Anlagepolitik verpflichtet ist, in einer objektiv nachvollziehbaren

---

[250] Ebenda.
[251] Ebenda, S. 29.
[252] OICV/IOSCO:2004, S. 29.
[253] Bergermann:2006, S.1–2.
[254] OICV/IOSCO:2004, S. 30.
[255] Ebenda.
[256] Al-Fil:2005, S. 2.

Weise konkretisiert" werden.[257] Heute umfassen die internationalen islam-konformen Kapitalmärkte unter anderem islamkonforme Wertpapiere, An-leihen, sowie islamkonforme Fonds.[258] Die islamkonformen Kapitalmärkte sind für die Beschäftigung mit takaful-Produkten insofern von Bedeutung, als die Investitionen der eingezahlten Prämien islamkonform durchgeführt werden sollen – hierfür bieten die entsprechenden Kapitalmärkte sowie die Empfehlungen der AAOIFI und des IFSB in maßgeblicher Weise die notwen-dige Orientierung.[259]

2.2.4 Islamic Finance in Europa

Mit etwa 32 Millionen Muslimen, die in Europa leben und die als mögliche Zielgruppe für islamkonforme Finanz- und Versicherungsprodukte gesehen werden, scheint auch diese Region zunehmend lukrative Absatzmärkte für entsprechende Produkte darzustellen.[260] Aufgrund der großen Heterogeni-tät der Gesellschaftsstrukturen in den europäischen Staaten kann in diesem Zusammenhang jedoch nicht von einem Gesamt-Zielmarkt gesprochen werden – zu groß sind die Unterschiede hinsichtlich der jeweiligen Zusam-mensetzung der muslimischen Bevölkerungsgruppen, ihrer jeweiligen sozia-len Stellung in der „Aufnahmegesellschaft" sowie der Herkunftsländer. Aus diesem Grunde sollen in den folgenden Abschnitten die jeweiligen Entwick-lungen und Maßnahmen in Großbritannien sowie in Deutschland im Zu-sammenhang mit der Einführung islamkonformer Finanzprodukte in den je-weils eigenen Rechtsrahmen läutert werden.

2.2.4.1 Islamic Finance in Europa: Das Beispiel Großbritannien

In Großbritannien, jenem europäischen Staat, in dem Islamic Finance am weitesten entwickelt ist, leben vorrangig Muslime pakistanischer Herkunft, die mit islamkonformen Finanzierungsmodellen auch aus ihrer Heimat ver-traut sind.[261] Obwohl Muslime in Großbritannien jene Bevölkerungsgruppe

---

[257] Bälz:2002, S. 450
[258] Siehe hierzu die ausführliche Darstellung bei OICV/IOSCO:2004 S. 31.
[259] Vergleiche Abschnitt 2.2 dieser Untersuchung sowie die Angaben unter
http://www.djindexes.com/islamicmarket/ und
http://www.ftse.com/japanese/Indices/FTSE_Global_Islamic_Index_Series/index.jsp,
beide zuletzt aufgerufen am 26.08.2011.
[260] Bergermann:2006, S.1.
[261] Siehe zum Islam in Europa und in Großbritannien unter anderem
http://www.orientdienst.de/muslime/muslimeeuropa.shtml ; zuletzt aufgerufen am
25.08.2011. Zur gesetzlichen Verankerung des islamkonformen Umgangs mit Finan-zen siehe unter anderem Saggau:2010, S. 124 sowie die Angaben auf http://www.cii.
gov.pk, zuletzt aufgerufen am 26.08.2011.

darstellen, die am meisten von Arbeitslosigkeit betroffen sind, gibt es – gerade im Vergleich mit anderen europäischen Staaten – eine relativ große gutsituierte muslimische Schicht: So wurde im Jahr 2004 von etwa 5000 muslimischen Millionären, die in Großbritannienleben leben, ausgegangen; zudem befinden sich etwa 20% der Grundstücks- und Wohnungswirtschaft in London in muslimischem Besitz.[262] Die in Großbritannien lebenden Muslime stellen also eine interessante Zielgruppe für Anbieter islamkonformer Finanzprodukte dar – diese Produkte stoßen wiederum auf Interesse bei der Zielgruppe.[263]

Im Jahre 2004 erhielt mit der Islamic Bank of Britain die erste vollständig islamkonform arbeitende Bank eine Lizenz der Financial Services Authority (im Folgenden: FSA) in Großbritannien und ist somit die erste vollständig islamkonforme Bank Europas, die bereits drei Jahre nach ihrer Gründung 64.000 Konten verwaltete.[264] Seitdem hat sich der Islamic Finance-Sektor in Großbritannien stetig entwickelt: Auf der Grundlage der Ergebnisse einer Arbeitsgruppe der Bank of England, die im Jahre 2001 ihre Arbeit aufnahm und sich mit zentralen rechtlichen Fragen auseinandersetzt, die im Zusammenhang mit der Einführung islamkonformer Finanzierungsprodukte stehen, wurde 2007 unter der Regierung Gordon Browns eine Anpassung der Rechtslage beschlossen. Ein wesentlicher Punkt war hierbei die Streichung der doppelten Besteuerung, die beim Vertragsmodell der murabaha anfällt, das vor allem bei der Baufinanzierung Verwendung findet. Darüber hinaus wurde im Zuge dieser Gesetzesänderung beschlossen, dass Kunden islamkonformer Banken beispielsweise im Zusammenhang mit Sparkonten auf die staatliche Einlagensicherung verzichten können.[265]

Obwohl diese Beispiele aus dem Bereich des Islamic Banking stammen, scheinen sie dennoch geeignet, die grundsätzliche Flexibilität einer Jurisdiktion im Zusammenhang mit islamkonformen Finanzdienstleistungen zu demonstrieren. Solé beschreibt die Haltung der britischen Aufsichtsbehörde FSA mit folgenden Worten: „no obstacles, no special favours" und passt damit die aufsichtsrechtliche Behandlung islamkonformer Banken in Großbritannien prägnant zusammen.[266] Wie Casper zeigt, verzichtet das britische Aufsichtsrecht auf jegliche Nachweise darüber, ob sich die in Großbritannien aktiven islamkonformen Banken tatsächlich islamkonform verhalten und ob

---

[262] http://www.orientdienst.de/muslime/muslimeeuropa.shtml, zuletzt aufgerufen am 26.08.2011.
[263] Wie bereits erwähnt wurde, ist Islamic Finance auch in den Herkunftsländern weit verbreitet beziehungsweise in Pakistan gesetzlich verankert.
[264] Bergermann: 2006, S. 3.
[265] Ainley et al.: 2007, S. 8, Mac Farlane:2007, S.18 sowie Caspar:2010.
[266] Solé:2007, S. 17.

diese Banken über ein Scharia-Gremium verfügen: „Das englische Recht gewährt Gestaltungsfreiheit und kümmert sich nicht um die Existenz eines religiösen Wächterrats. Im Gegenteil, die FSA verlangt von islamischen Institutionen den Nachweis, dass ein eventueller Scharia Board nur eine beratende Funktion wahrnimmt und nicht in die Geschäftsführung eingreift".[267] Hier zeigt sich, dass das islamkonforme Modell mit einer gewissen Flexibilität aufgefasst werden muss, um es in einen Rechtsrahmen zu integrieren, der üblicherweise keine religiös begründeten Maßgaben aufweist: Laut den in Abschnitt 2.1.5 erwähnten Standards der AAOIFI für Scharia Boards sollen die fatawa eines Scharia Boards eine bindende Wirkung für das jeweilige Unternehmen haben – dies wäre der Auffassung der FAS zu Folge nicht zulässig.[268]

Der neutralen Herangehensweise der FSA entsprechend werden zunächst alle Praktiken zugelassen, die nicht im Widerspruch zu den aufsichtsrechtlichen Regeln stehen - auf diese Weise wird auch mit islamkonformen Versicherungen umgegangen, solange diese ein ausreichendes Maß an Parallelen zu konventionellen Versicherungsprodukten aufweisen. Hierzu heißt es in einer Studie der FSA: „From a regulatory perspective, FSA would treat a Takaful provider as it would any other insurance provider, assuming there was enough similarity in function and form. Given the parallels between Takaful providers and conventional insurers, particularly mutual insurers, rating agencies are also assessing them using the same method".[269]

2.2.4.2 Islamic Finance in Europa: Die Situation in Deutschland

Vergleichbare Angaben gibt es seitens der zuständigen deutschen Institution, der bereits erwähnten BaFin, bisher nicht. Dies kann auf mehrere Faktoren zurück geführt werden: So gehen zunächst die Meinungen darüber

---

[267] Casper:2010, S. 348.

[268] Auf diese Problematik wird im Zusammenhang mit dem deutschen Aufsichtsrecht in Abschnitt 4.1.2 eingegangen.

[269] Ainley et al.:2007, S. 24. Siehe auch den UK Treasury Budget Report 2009, in dem darauf hingewiesen wird, dass Steuererleichterungen für Kapitalerträge aus islamkonformen Anleihen angestrebt werden; House of Commitees:2009, S. 117. Vergleiche auch die Angaben in Islamic Finance News:2007, S.18: „In the 2007 budget, the then UK Chancellor Gordon Brown introduced two key measures to encourage growth in Islamic finance, namely a new regime for sukuk giving comparable tax treatment to conventional securizations, and guidance clarifying the treatment of dimishing and takaful products. (...) Even though takaful involves the payment of a donation rather than a premium, and investment of the donations has to be sharia compliant, the takaful agreement will be caught by the regulation of insurance and investment products in the normal way. Any takaful operation must therefore operate in compliance with the Financial Services and Markets Act (FSMA)".

auseinander, ob auf dem deutschen Markt überhaupt ein Bedarf an islamkonformen Finanzdienstleistungen besteht. Während die Befürworter der
Einführung islamkonformer Finanzprodukte von der hohen Anzahl in
Deutschland lebender Muslimen auf einen großen potentiellen Absatzmarkt
schließen[270], lehnen Skeptiker diese Vermutung unter anderem mit der Begründung ab, dass die Mehrheit dieser Muslime türkischer Herkunft ist und
aufgrund des konventionell geprägten Finanzwesens, das in der säkularen
Türkei herrsche, kein gesteigertes Interesse an derartigen Produkten hätten.[271] Auf diese Aspekte, die das Marktpotential islamkonformer Bank- und
Versicherungsprodukte sowie mögliche Vertriebswege und Marketingmög-
lichkeiten betreffen, wird in Abschnitt 4. erneut näher eingegangen. Es sei
jedoch bereits festgehalten, dass trotz der noch vorhandenen Unsicherheit
auf Seiten der deutschen Anbieter durchaus an der Aufnahme islamkonformer Finanzprodukte in das eigene Produktportfolio auch für den deutschen
Markt gearbeitet wird: So legte das Commerzbank-Tochterunternehmen
Cominvest im Jahre 2000 den islamkonformen Aktienfonds „Al-Sukoor" auf.
Dieser wurde aufgrund mangelnden Erfolges zwar fünf Jahre später wieder
eingestellt, doch diese Erfahrung hält andere konventionelle Wettbewerber
nicht davon ab, ähnliche Produkte einzuführen. Die Landesbank Berlin AG
(im Folgenden: LBB) hat im Frühjahr 2011 die „QES Islamic Finance Wertpapiere" emittiert. Bei der Entwicklung dieser islamkonformen Inhaberschuldverschreibung wurde die LBB vom Zentralrat der Muslime in Deutschland e.V. (im Folgenden: ZMD) unterstützt.[272] Ziel dieses Produktes ist es,
eine Möglichkeit zu schaffen „über eine technische Analyse risikooptimiert
und Scharia-konform in Aktien weltweit zu investieren".[273] Das Angebot der
LBB ist auf mittel- bis langfristige Investitionen ausgerichtet, bei denen an
den Wertentwicklungen des Dow Jones Islamic Market Emerging Markets

---

[270]   Siehe unter anderem Von Pock/Röckemann:2004; Wackerbeck:2006. Berger-
        mann:2006 weist auf die Erfahrungen mit der Yimpas Group AG hin, aus denen sich
        folgern lässt, dass ein islamkonformes Finanzprodukt durchaus auch in Deutschland
        auf Nachfrage stoßen würde – die Yimpas AG Group sammelte Anlagen im Wert von
        150 Millionen Euro von ihren Kunden ein. Obwohl dieses Projekt scheiterte und zahl-
        reiche Kunden ihre Gelder zurück forderten, zeigt sich hier dennoch ein gewisses
        Marktpotenzial.
[271]   Siehe unter anderem Ebert/Thießen:2010 sowie Dohms:2011.
[272]   Siehe hierzu die ausführlichen Angaben in der Werbemitteilung „QES Islamic Finan-
        ce – Eine Inhaberschuldverschreibung der LBB AG", zu beziehen über
        http://www.zertifikate.lbb.de/Produktdatenbank/Anlageprodukte/Strategie/LBB07A/
        LBB07A_FL_QES_Islamic_Finance.pdf, zuletzt aufgerufen am 26.08.2011, im Fol-
        genden zitiert als LBB:2011.
[273]   LBB:2011, S. 2.

Index sowie jener des Dow Jones Islamic Market Titans 100 partizipiert werden kann.[274]

Unsicherheit scheint jedoch auch im Zusammenhang mit diesem Angebot bei der Vermarktung zu bestehen: So bewirbt die LBB ihr Produkt laut eigenen Angaben bewusst nicht in einem größeren Rahmen - diese Zurückhaltung kann im Zusammenhang mit der Unsicherheit konventioneller Anbieter gesehen werden, die Unverständnis seitens ihrer (nicht-muslimischen) Stammkundschaft befürchten.[275] Die Zurückhaltung könnte jedoch auch darin begründet liegen, dass es „nach den überkommenen Grundsätzen unlauter im Sinne von § 1 UWG ist, wenn pauschal an ‚den guten Muslim' appelliert wird", wie Bälz darlegt.[276] Weiter führt er aus: „Um dem Vorwurf der irreführenden Werbung nach § 3 UWG zu begegnen, ist zudem erforderlich, dass die Konformität des Fonds mit den Bestimmungen der Scharia objektiv nachvollziehbar ist. Das ist mit Blick auf die durchaus unterschiedlichen Auslegungen des islamischen Rechts schwierig, und es wird kaum gelingen, einen allgemein gültigen Kriterienkatalog zu entwickeln, den eine Kapitalanlage erfüllen muss, um als „islamisch erlaubt" zu gelten".[277] Auf diese Aspekte wird ebenfalls im vierten Teil dieser Untersuchung erneut eingegangen.

Bei den genannten Beispielen bisheriger Aktivitäten im Bereich des Islamic Finance in Deutschland handelt es sich um einzelne Investment-Produkte, die von konventionellen Finanzdienstleistern angeboten werden. Bisher gibt es weder eine vollständig islamkonform arbeitende Bank noch einen islamkonformen Versicherer auf dem deutschen Markt – hinsichtlich der Banken ist dies vor allem mit der noch nicht abschließend geklärten Frage nach der Vereinbarkeit der Arbeitsweise islamkonformer Banken mit dem Kreditwesengesetz (im Folgenden: KWG) in Verbindung zu sehen.[278] Das KWG führt in Form eines „enumerativen Katalogs"[279] jene Aktivitäten auf, die unter die

---

[274] Ebenda, S. 2–3.

[275] Diese Vermutung wurde in einem Gespräch mit einem der Akteure, die eine Betätigung im Bereich der islamkonformen Versicherungen in Deutschland in Erwägung ziehen, geäußert (18.03.2011). Bergermann:2006, S. 2, weist darauf hin, dass Anbieter wie die Credit Suisse zwar islamkonforme Private Equity-Investitionen und Vermögensverwaltung anbietet, sich mit diesem Angebot aber lediglich an „betuchte" Kunden richten.

[276] Bälz:2002, S. 5. Unter dem UWG ist das Gesetz gegen den unlauteren Wettbewerb zu verstehen.

[277] Ebenda.

[278] Die Kuveyt Türk Beteiligungsbank in Mannheim leitet im Rahmen einer Teillizenz die Einlagen der Kunden an ausländische Finanzdienstleister weiter. Siehe hierzu http://www.kuveytturk.com.tr/pages/default-en.aspx, zuletzt aufgerufen am 26.08.2011, sowie Caspar:2010, S.345–346 .

[279] Caspar:2010, S.346

aufsichtspflichtigen Bankgeschäfte fallen, hierzu zählen beispielsweise das Einlagen- sowie das Kredit- und Depotgeschäft.[280] Diese Auflistung möglicher Geschäftsaktivitäten ist als abgeschlossen aufzufassen; eine Erweiterung dieses Katalogs oder eine freiwillige Unterwerfung von Finanzdienstleistern, deren Produkte nicht unter die genannten Geschäfte fallen, sind nicht vorgesehen.[281] Caspar spricht in diesem Zusammenhang von der „Krux des deutschen Aufsichtsrechts mit ihm unbekannten Finanzgeschäften" und von der daraus resultierenden „Gretchenfrage für die Subsumtion von islamischen Finanzprodukten" nach der Möglichkeit einer funktionellen Auslegung der KWG-Angaben.[282]

Diese Möglichkeit sieht Engels durchaus gegeben: „Islamic banks can perform at least four of the nine banking transactions listed in § 1 KWG. Therefore, they could be credit institutions according to German Banking Law as well as to European law, and – once they have been licensed – could use the term 'bank' in their firm name".[283] Engels kommt zu dem Schluss, dass islamkonforme Finanzinstitutionen trotz der rechtlichen und wirtschaftlichen Abweichungen von ihren konventionellen Pendants eine Erlaubnis der BaFin beziehungsweise die entsprechenden Banklizenz erhalten können.[284] Dies entspricht der vielzitierten Aussage, die der Präsidenten der BaFin, Jochen Sanio, im Rahmen der im Jahre 2009 von der BaFin veranstalteten Konferenz zum Thema Islamic Finance tätigte: „Ich sehe keinen Grund, warum Anbieter dieser Finanzprodukte keine Banklizenz von der BaFin bekommen sollten".[285]

Caspar weist jedoch darauf hin, dass eine pauschale Antwort auf die Frage, ob islamkonforme Banken mit den im KWG festgehaltenen Normen übereinstimmen, nicht möglich sei, sondern dass es „einer sorgfältigen Prüfung im Einzelfall" bedürfe, um eben diese Frage jeweils konkret beantworten zu können.[286] Die Ergebnisse von Gramlich und Manger-Nestler gehen in eine ähnliche Richtung, hier wird der Fokus aber noch stärker auf die laut Ansicht

---

[280] Caspar:2010, S.345. Siehe auch Engels:2010, S. 181.
[281] Caspar :2010, S. 347.
[282] Derselbe, S.348.
[283] Engels:2010, S. 185.
[284] Derselbe, S.188. Caspar verweist auf ähnliche Vorgänge mit anderen Produkten hin, in denen keine Vereinbarkeit festgestellt werden konnte; Caspar:2010, S. 349. Der Autor weist aber auch darauf hin, dass in Erwägung zu ziehen sei, dass gemäß BVerwG „eine funktionelle, normzweckorientierte Auslegung auch im Bereich der Kataloggeschäfte des § 1 Abs.1 KWG möglich sein muss", Caspar:2010, S. 349.
[285] Siehe unter anderem http://www.openpr.de/news/372111/Islamic-Finance-Wege-aus-der-Finanzkrise.html, zuletzt aufgerufen am 26.08.2011 sowie BaFin Journal 11/09, S. 6–7.
[286] Caspar:2010, S. 359.

der Autoren noch mangelnde Begriffsbestimmung der Bezeichnung „Islamic Finance" als Basis für die weiterführende Beschäftigung mit der Frage nach der Vereinbarkeit islamkonformer Finanzprodukte mit dem KWG gelegt.[287] Ebert und Thießen weisen ihrerseits auf die Abweichungen von Geschäften hin, die auf dem murabaha, musharaka, idjara, istisna' oder dem salam-Modell beruhen und stellen fest, „dass sich keines davon als ‚Bankgeschäft' (§ 1 Abs.1 Satz 2 KWG) bzw. ‚Finanzdienstleistung' (§ 1a Abs.1 Satz 2 KWG) qualifizieren lässt".[288] Die Autoren kommen zu dem Schluss, dass „nur ein Teil der Geschäfte islamgerecht arbeitender Banken dem KWG unterliegen".[289] Die Aussagen der BaFin weichen also bedingt von jenen, die in der vorliegenden Literatur zu finden sind, ab.

Während also bereits hinsichtlich islamkonformer Banken, deren Tätigkeit in Deutschland und der hier zu beachtenden rechtlichen Rahmenbedingungen eine sehr überschaubare Anzahl an Quellen vorliegt und die Ergebnisse hinsichtlich der Zulässigkeit der von diesen Banken durchgeführten Geschäfte als nicht eindeutig bezeichnet werden können, ist die Zahl von entsprechenden Arbeiten zum Thema islamkonformer Versicherungen noch geringer. So setzt sich zwar Peisker auch mit versicherungsaufsichtsrechtlichen Aspekten im Zusammenhang mit islamkonformen Versicherungen in Deutschland auseinander, doch konzentriert er sich dabei auf spezielle Aspekte wie die Prämienkalkulation[290] und das Asset Management.[291] Es fällt auf, dass allen bisher verfügbaren Arbeiten, die sich mit den Möglichkeiten der Einführung islamkonformer Versicherungsprodukte in Deutschland eine Herangehensweise zu Grunde liegt, die das wirtschaftliche Potential eines solchen Produkts betont.[292] Eine grundsätzliche Prüfung der Vereinbarkeit einzelner takaful-Modelle mit den Vorgaben des VAG liegt bisher nicht vor; auch die BaFin verfügt laut eigenen Angaben über keine derartige grundlegende Analyse.[293] In der vorliegenden Untersuchung wird – insbesondere im vierten Teil – versucht, einen Beitrag dazu zu leisten, diese Lücke zu schließen.

---

[287] Gramlich/Manger-Nester:2010, S. 210–211.

[288] Ebert/Thießen:2010, S. 39.

[289] Ebenda.

[290] Peisker:2010, S. 238

[291] Peisker:2010 S. 239.

[292] Wackerbeck:2006, Peisker:2010, Mahlknecht:2010.

[293] Diese Information konnte aus einem Gespräch mit Mitarbeitern der BaFin am 10.März 2011 gezogen werden.

2.3 Zusammenfassung

In diesem Teil der Untersuchung wurde der Bereich islamkonformer Versicherungen in den Rahmen des Islamic Finance eingeordnet, um die Zusammenhänge zwischen den drei Sektoren dieses Marktes aufzuzeigen. Grundlage und Legitimation für die Existenz des Islamic Finance stellen die erläuterten Restriktionen dar, die aus dem Koran und der Sunna erschlossen sowie per Analogieschluss gefolgert werden. Diese Restriktionen – das riba-Verbot, das maysir- und das gharar-Verbot sowie das der Investition in haram-Güter und solche produzierende und vertreibende Unternehmen – führen in ihrer Gesamtheit dazu, dass eine Alternative zum konventionellen, auf Zinsen basierenden Finanzwesen geschaffen werden musste – das so genannte Islamic Banking und Finance.

Der anschließende Überblick über die Entwicklung des islamkonformen Finanzwesens diente der Veranschaulichung der gegenseitigen Abhängigkeit, in der die Markt-Segmente zueinander stehen: So stellen die islamkonformen Banken zwar die Grundlage für das moderne, institutionalisierte islamkonforme Finanzwesen dar, stehen aber mit zunehmendem Wachstum auch in zunehmender Abhängigkeit islamkonformer Kapitalmärkte. Ebenso verhält es sich mit den Anbietern islamkonformer Versicherungen. Um die von den Kunden eingezahlten Prämien islamkonform anlegen zu können, bedarf es entsprechender Investitionsmöglichkeiten – diese bieten ebenfalls jene Kapitalmärkte, die islamkonforme Anlagemöglichkeiten subsumieren. Die islamkonformen Kapitalmärkte ihrerseits stehen in wechselseitiger Abhängigkeit zu den entsprechenden Banken und den takaful-Anbietern. Die einzelnen Segmente des Islamic Finance können also nicht isoliert voneinander betrachtet werden.

Schließlich wurde anhand des Beispiels Großbritanniens dargestellt, wie eine europäische, religiös und weltanschaulich neutrale Jurisdiktion in aufsichtsrechtlicher Hinsicht mit jenen Abweichungen vom konventionellen Finanzwesen umgeht, die der islamkonforme Umgang mit Finanzen aufweist. Sowohl hinsichtlich islamkonformer Bankprodukte als auch entsprechender Versicherungsprodukte verfährt die FSA nach einem Prinzip, bei dem die formalen und funktionalen Ähnlichkeiten zwischen konventionellen und islamkonformen Produkten zur maßgeblich zur Beantwortung der Frage der Zulassung dienen.

Der Überblick über die bisherigen Erkenntnisse über den aufsichtsrechtlichen Umgang mit Islamic Finance-Produkten und -Anbietern im Allgemeinen und mit islamkonformen Versicherungen im Besonderen im deutschen Rechtsrahmen verdeutlicht, dass in diesem Bereich noch viel Unklarheit besteht, insbesondere hinsichtlich der Vereinbarkeit von VAG und takaful-

Produkten beziehungsweise takaful-Anbietern. Bevor diese Aspekte im vierten Abschnitt der vorliegenden Untersuchung dargelegt werden und der Versuch unternommen wird, praktikable Vorschläge für die Umsetzung eines takaful-Produktes in Deutschland zu unterbreiten, sollen zunächst im dritten Teil das islamische Versicherungsprinzip, die zu Grunde liegenden Quellen und Theorien sowie die Entwicklung und die praktische Umsetzung des takaful--Modells erläutert werden.

3. Islamkonforme Versicherungen

Wie im ersten Teil dieser Untersuchung erläutert wurde, stellt der konventionelle Versicherungsvertrag einen aleatorischen Vertrag dar. Der Auffassung des BVerwG zu Folge liegt ein Versicherungsgeschäft dann vor, „wenn gegen Entgelt für den Fall eines ungewissen Ereignisses bestimmte Leistungen versprochen werden, wobei das übernommene Risiko auf eine Vielzahl durch die gleiche Gefahr bedrohter Menschen verteilt wird und der Risikoübernahme eine auf dem Gesetz der großen Zahlen beruhende Kalkulation zugrunde liegt".[294] Betrachtet man diese Begriffsbestimmung vor dem Hintergrund der im zweiten Teil der Untersuchung dargelegten Restriktionen, die den gesamten Bereich des Islamic Finance charakterisieren, scheint es offensichtlich, dass die Vereinbarung des konventionellen Versicherungsvertrages mit den islamrechtlichen Ansätzen nicht unproblematisch ist, da erster einen gegenseitigen Vertrag darstellt, laut dem gegen die Zahlung eines Entgeltes das Versprechen gegeben wird, im Falle eines ungewissen Ereignisses eine Leistung zu erbringen – dies verstößt gegen das gharar-, das maysir- und das riba-Verbot.

3.1 Die islamrechtliche Auseinandersetzung mit der konventionellen Versicherung

Im Rahmen der vorliegenden Untersuchung kann keine detaillierte Widergabe der sämtlicher theoretischer Auseinandersetzungen mit der Idee des „weltlichen Versicherungsvertrages"[295] seitens muslimischer Gelehrter erfolgen, die laut Bälz „zu einer kaum übersehbaren Flut in der islamischen Rechtsliteratur geführt" habe[296] – vielmehr sei auf die Darlegungen von Lohlker und insbesondere auf jene von Bälz verwiesen.[297] In den folgenden Abschnitten sollen lediglich die zentralen Thesen und Positionen dieser Beschäftigung mit dem Versicherungsprinzip und der Erarbeitung einer islamkonformen Perspektive überblicksartig zusammengefasst werden. In dieser Darstellung dient jene Einteilung als Orientierung, die Bälz in seiner Abhandlung eingeführt hat. Darauf aufbauend wird anschließend die praktische Umsetzung des islamkonformen Versicherungsmodells anschaulich dargelegt. Unter Berücksichtigung des Vorhabens dieser Untersuchung wird diese Umsetzung zudem am Beispiel von existierenden islamkonformen Lebensversicherungsprodukten erläutert.

---

[294] Siehe Abschnitt 1.1.
[295] Lohlker:1996, S. 47.
[296] Bälz:1997, S. 10.
[297] Lohlker:1996, S.47–102; Bälz:1997, S.11–69.

3.1.1 Die Anfänge der Beschäftigung mit dem europäischen Versicherungsbegriff

Wie Bälz und Lohlker und weitere Autoren übereinstimmend feststellen, stellt die erste schriftliche Auseinandersetzung seitens muslimischer Gelehrter mit der europäischen Idee der Versicherung jene des Syrers Muhammad Amin Abidin b. Umar Abidin b. Abdalaziz Abidin (1783/84-1836) dar, der in einem Kapitel seines Werkes „radd al-muhtar ala durr al-muhtar" der Frage nachgeht, ob die im Zuge des Mittelmeerhandels des 16. Jahrhunderts auch in der Levante zunehmend verbreitete Seeversicherung mit dem islamischen Recht vereinbar sei.[298] Bei seiner Beschäftigung mit dem Versicherungsvertrag geht Ibn Abidin derart vor, dass er untersucht, ob dieser neuartige Vertrag „exogenen Ursprungs"[299] in eine der im islamischen Recht vorhandenen Vertragsmodelle einzufügen sei.[300] Nachdem Ibn Abidin ausführt, weshalb die zur Debatte stehende Art der Versicherung keiner der bekannten Vertragsformen des islamischen Rechts entspreche, folgt die Ablehnung dieses Vertragstyps.[301] Die im zweiten Teil der vorliegenden Untersuchung dargelegten Restriktionen – das riba-Verbot sowie das Verbot von gharar und maysir – werden von Ibn Abidin nicht explizit als Argumente gegen das konventionelle Versicherungsvertrags angeführt.[302] Der Ablehnung liegt viel-

---

[298] Lohlker:1996, S. 53–54 sowie Bälz:1997, S. 12–13, Billah:2007, S. 5. In der vorliegenden Literatur wird auch darauf hingewiesen, dass das Prinzip der Versicherung in muslimisch geprägten Gesellschaften bereits in der Frühzeit im Rahmen des System der aqila (Zahlung von Entschädigungen beziehungsweise von Blutgeld im Falle des Todes eines Angehörigen einer Sippe durch einen Angehörigen einer anderen) angewendet worden sei. Aufgrund des begrenzten Rahmens der vorliegenden Untersuchung kann diese Entwicklung hier nicht nachvollzogen werden, stattdessen wird der Fokus auf die Entwicklung der institutionalisierten Versicherung seit dem ausgehenden 18. Jahrhundert gelegt. Zu dieser frühislamischen Entwicklung siehe unter anderem Billah:2007, S. 5–6 .

[299] Bälz:1997, S. 13.

[300] Derselbe, S. 14.

[301] Derselbe, S. 14, siehe hier die ausführliche Darlegung der Argumente Ibn Abidins gegen eine Versicherung. Bälz vermutet, dass auch andere Gründe für die Ablehnung der Versicherung vorhanden sind, die aber von Ibn Abidin „nicht unmittelbar angesprochen werden", Bälz:1997, S. 16. Diese angenommenen Gründe sollen hier nicht im Fokus stehen. Bälz weist zudem auf die Zulässigkeit der Versicherung hin, die Ibn Abidin unter kollisionsrechtlichen Aspekten erkennt. Die fallspezifische Auseinandersetzung mit der Seeversicherung und die von Ibn Abidin ausgesprochene partielle Zulässigkeit werde dabei unterschlagen: „Die Passage im ‚Radd al-muhtar' hat sich dadurch zur klassischen Autorität gegen die Zulässigkeit des Versicherungsvertrages entwickelt". Bälz:1997, S. 24–25. Vergleiche zu Ibn Abidin auch Lohlker:1996 S. 54–55.

[302] Bälz:1997, S. 15–16.

mehr die in dieser Zeit übliche Annahme zu Grunde, dass „ein Vertrag nur dann wirksam ist, wenn er zu den im fiqh anerkannten Typenverträgen gehört".[303] Von dieser Übereinstimmung hing die Wirksamkeit und Zulässigkeit jedes Vertrags ab: „Die sich aus dem Vertrag ergebenden Rechte und Pflichten selbst standen im Grundsatz nicht zur Disposition" – Bälz spricht in diesem Zusammenhang von einem „Recht der Verträge", das keine abstrakten Normen beinhalte, die auf ein jeweils zu Grunde liegende Schuld- bzw. Vertragsverhältnis angewendet werden könnten.[304] In dieses islamische Recht der Verträge konnte die Versicherung in ihrer konventionellen Form den Ausführungen Ibn Abidin zu Folge nicht vollständig integriert werden.

3.1.2 Konventionelle Versicherungen in der Kolonialzeit und fatawa als Quelle

Wie unter anderem Lohlker anführt, hatte das ägyptische Zivilgesetzbuch über einen langen Zeitraum eine ausstrahlende Wirkung hinsichtlich der Entwicklung des Rechts in den arabisch-muslimischen Staaten – diese wirkte sich auch auf die Perzeption des Versicherungsbegriffs aus.[305] Daher sei im Folgenden seinem Beispiel und jenem von Bälz gefolgt, die die Entwicklung der Auseinandersetzung mit dem „westlichen" bzw. weltlichen Versicherungsbegriff mit Fokus auf die ägyptische Entwicklung untersuchen.[306]

Bedingt durch den zunehmenden Einfluss europäischer Mächte, unter dem Ägypten seit dem 19. Jahrhundert stand, wurde das dort herrschende islamische Vermögensrecht im Zuge der Reform der Gerichtsverfassung im Jahre 1876 durch Normen ersetzt, die nach dem Vorbild französischer Kodifikationen gestaltet wurden.[307] Ähnlich wie es im deutschen Recht der Fall ist, gab es in den entstandenen vermögensrechtlichen Normen keine nähere Bestimmung des Versicherungsbegriffs; das Versicherungsvertragsrecht „beruhte auf an Hand von allgemeinen Versicherungsbedingungen entwickeltem Richterrecht".[308] Aufgrund der enormen Präsenz europäischer Handelsunternehmen und deren Beschäftigten in der Region konnte auch das konventionelle Versicherungswesen zunehmend Fuß in den islamisch geprägten Staaten fassen: So wurde bereits im Jahre 1893 in Konstantinopel die erste einheimische Versicherung gegründet, in Ägypten geschah dies im Jahre

---

[303] Derselbe, S. 15.
[304] Derselbe, S. 16.
[305] Lohlker:1996, S. 47.
[306] Lohlker: 1996, S. 47 sowie Bälz:1997, S. 25 ff.
[307] Bälz:1997, S. 26. Siehe zum Rechtstransfer auch Ebert:2010, S. 62–65.
[308] Bälz:1997, S. 27.

1900 mit der Sharikat at-ta'min al-ahliya (National Insurance Company).[309] Ähnlich, wie es im Falle des islamkonformen Bankwesens der Fall war, wurde jedoch trotz der zunehmenden Implementierung des konventionellen Versicherungs-Modells im Laufe des 19. Jahrhunderts die Auseinandersetzung mit möglichen islamkonformen Alternativen seitens muslimischer Gelehrter weiter verfolgt.[310]

Im Zusammenhang mit der Versicherung ist diese Auseinandersetzung seit der ersten Hälfte des 20.Jahrhunderts vor allem in Form von fatawa nachzuvollziehen.[311] Bereits in der zweiten Hälfte des 19. Jahrhunderts hatte die fatwa-Erteilung insbesondere in Ägypten den Status einer staatlichen Institution erlangt – dies verdeutlicht die Einführung des Amtes des staatlichen Groß-Mufti.[312] Bälz betont zudem die in dieser Zeit du Rechtsumgebung zu beobachtende Entwicklung der fatwa vom Rechtsgutachten hin zu einer „religiösen Handlungsanweisung".[313] Eine der wesentlichen Fragen, die in den fatawa erörtert wurden, sei jene nach der Zulässigkeit der konventionellen Lebensversicherung für Muslime – eine Frage, die aus dem zunehmenden „Eindringen der Versicherung in die verschiedenen gesellschaftlichen Bereiche".[314] Insbesondere jene fatawa dieser Zeit, deren Thema die konventionelle Lebensversicherung und deren Zulässigkeit für Muslime darstellt, wurden laut Bälz oftmals von ausländischen, konventionellen Versicherern eingeholt, um die Ergebnisse anschließend zu Werbezwecken nutzen zu können: „Eine 'passende' fatwa sollte die Zweifel potentieller Kunden an der Erlaubtheit der ihnen angebotenen Finanzdienstleistung zerstreuen".[315]

In allen zum Thema vorliegenden Quellen wird auf die fatawa von Muhammad Abduh hingewiesen, der das Amt des Groß-Muftis in Ägypten von 1899 bis 1905 inne hatte.[316] Entsprechend seiner liberalen Auffassungen und Ansätze hinsichtlich des konventionellen Bankwesens weisen auch die Rechtsgutachten von Abduh hinsichtlich der Versicherung eine äußerst flexible Herangehensweise beziehungsweise „vergleichsweise freie Interpretation" der Vertragsmodelle des klassischen fiqh auf: So versuchte Abduh ebenso wie Ibn Abidin, den Versicherungsvertrag in eine der bekannten Vertragsstrukturen einzufügen und kam hinsichtlich der Lebensversicherung (in diesem konkreten Falle handelt es sich um eine gemischte Kapitallebensversiche-

[309] Lohlker:1996, S. 49 sowie Bälz:1997, S. 26.
[310] Bälz:1997, S. 28. Siehe auch Lohlker:1996, S. 55.
[311] Zur Natur der fatwa siehe unter anderem Bälz:1997, S. 28.
[312] Bälz:1997, S. 28.
[313] Derselbe, S. 28–29.
[314] Derselbe, S. 29.
[315] Derselbe, S. 29.
[316] Pfannkuch:2008, S. 22.

rung) zu dem Ergebnis, dass diese dem muadaraba-Modell entspräche, da der Versicherungsnehmer als rabb al-mal dem Geschäftsführer (mudarib) sein Kapital überlasse, damit letzterer es investiere; der erwirtschaftete Gewinn schließlich werde nach Ablauf der Vertragsdauer gemäß einer vorherigen Vereinbarung zwischen rabb al-mal und mudarib aufgeteilt.[317]

Muhammad Bahit, der das Amt des Groß- Mufti als einer der Nachfolger Muhammad Abduhs von 1914-1922 bekleidete, sprach sich bereits im Jahre 1906 gegen diese Ansicht aus, da in der Gleichsetzung des Lebensversicherungsvertrages mit der mudaraba-Vertragsform das aleatorische Element ausgeblendet werde: die Verpflichtung des Versicherers, die Versicherungsleistung zu erbringen, sei von einem ungewissen Ereignis abhängig und somit in die Nähe des Glücksspiels (hier als qimar bezeichnet) zu rücken.[318] Aus diesem Grunde lehnt er die konventionelle Lebensversicherung als unvereinbar mit dem islamischen Recht ab.[319] Mit Bahit setzt also die Betonung des riba-und insbesondere des gharar- und des maysir-Verbotes innerhalb der Auseinandersetzung mit dem (Lebens-) Versicherungsvertrag ein, auch wenn er sich, der Tradition Ibn Abidins folgend, vor allem auf die Vereinbarkeit dieses neuartigen Vertragstyps mit jenen Vertragsformen, die laut islamischem Recht als zulässig gelten, konzentriert.

Bereits bei diesen ersten Versuchen, den Versicherungsvertrag in einen der bekannten Vertragstypen einzuordnen, wird die zentrale Problematik deutlich, die die Diskussion um die Zulässigkeit von Versicherungsverträgen aus muslimischer Sicht bis heute prägt: Es ist das Verhältnis zwischen Versicherungsnehmer und Versicherer, das nicht in Einklang mit dem islamischen Recht und den ihm innewohnenden Restriktionen zu bringen ist. Während Muhammad Abduh versucht, dieses Verhältnis im Rahmen des mudaraba-Vertrages in eine zulässige, anerkannte Vertragsform zu bringen, verneint Bahit eben diesen Ansatz mit der Begründung, dass diesem Verhältnis Glücksspielcharakter inne wohne. Es sei an dieser Stelle betont, dass in den besagten fatawa Einzelfälle erörtert und begutachtet wurden; eine systematische, abstrakte Auseinandersetzung mit dem Versicherungsvertrag gab es zu dieser Zeit, in der ersten Hälfte des zwanzigsten Jahrhunderts, noch nicht.[320]

---

[317] Bälz, S.30–31. Anwar spricht im Zusammenhang mit Muhammad Abduh von der „ersten Phase der Akzeptanz der Versicherung", Anwar, S. 1316. Siehe auch Rodinson:1974, S. 148 und Tripp:2006, S.127.

[318] Lohlker:1996, S. 55 und Bälz:1997, S. 32–33.

[319] Ähnlich wie Ibn Abidin hält Bahit die Versicherung unter kollisionsrechtlichen Umständen jedoch für zulässig, Bälz:1997, 32–33.

[320] Bälz: 1997, S. 40.

3.1.3 Der Wandel der Methodik als Voraussetzung für das takaful-Modell

Diese Herangehensweise ändert sich ab der zweiten Hälfte desselben Jahrhunderts im Zusammenhang mit der Reform des ägyptischen Vermögensrechts seit 1948, sowohl hinsichtlich ihrer Rahmenbedingungen als auch mit Bezug auf die Methodik: So stellen nicht mehr fatawa zu einzelnen, die Versicherung betreffenden Fragen den Rahmen für die Diskussion dar, sondern es werden zunehmend Konferenzen zu diesem Thema abgehalten.[321] Dies begünstigte eine systematische Auseinandersetzung mit der Versicherung und ihrer Zulässigkeit gemäß islamrechtlicher Auffassung; Bälz spricht in diesem Zusammenhang von „der Entstehung neuer Formen des juristischen Diskurses".[322] Statt der Erstellung von Rechtsgutachten für Einzelfälle wurde nun die Ableitung abstrakter und allgemeiner Regeln möglich.[323]

Wie Bälz darlegt, verlagert sich der inhaltliche Fokus der Beschäftigung im Zuge dieser methodischen Verschiebung: „Es kommt nicht mehr darauf an, ob der Versicherungsvertrag einem der anerkannten Typenverträge zugeordnet werden kann, ausschlaggebend ist vielmehr, ob dieser den traditionellen fiqh unbekannte Vertrag die vom fiqh aufgestellten, allgemeinen Wirkungsvoraussetzungen erfüllt."[324] Das riba-und das gharar-Verbot werden zu den zentralen Aspekten der Diskussion um die Möglichkeiten der Konzipierung eines islamkonformen Versicherungs-Modells – die entscheidende Frage lautet Bälz zu Folge: „Können diese Verbote eingeschränkt werden, um den Anforderungen sich wandelnder wirtschaftlicher Realitäten Rechnung zu tragen?"[325]

Es wird deutlich, dass das riba-Verbot und das Verbot von gharar nicht von Anfang an der zentrale Gegenstand der Auseinandersetzung über die Zulässigkeit der Versicherung waren. Dennoch ist festzuhalten, dass das im Folgenden zu erläuternde takaful-Prinzip erst auf der Basis dieser methodischen Herangehensweise entwickelt werden konnte, die maßgeblich von as-Sanhuri (gest.1971) und az-Zarqa (gest.1999) in der zweiten Hälfte des zwanzigsten Jahrhunderts geprägt wurde.[326] Darüber hinaus rückt die Methode der Versicherung zunehmend in den Mittelpunkt, da nun nicht mehr nur die grundsätzliche Übereinstimmung des Versicherungsvertrages mit bekannten islamkonformen Vertragsformen als beachtenswert angesehen

---

[321] Bälz: 1997, S. 43–44.
[322] Ebenda.
[323] Bälz: 1997, S. 46–47.
[324] Derselbe, S. 50.
[325] Ebenda.
[326] Ebenda.

wird, was die ökonomische Funktion dieses Rechtsinstituts verstärkt zum Thema werden lässt und auch der Beurteilung des Verhältnisses zwischen den Vertragsparteien neue Perspektiven öffnet.[327] Diese Differenzierung stellt eine wesentliche Grundlage für die Entwicklung des takaful-Modells dar, wie in den folgenden Abschnitten zu erläutern sein wird.

3.1.4 Die Entwicklung des takaful-Modells

Mit az-Zarqa und insbesondere mit as-Sanhuri verändert sich also die Herangehensweise an die Beschäftigung mit der Versicherung insofern, als auch deren ökonomische Funktionsweise berücksichtigt wird. Laut Bälz führt die „Unterscheidung zwischen Versicherung im Rechtssinn und im wirtschaftlichen Sinn" zu der starken Betonung des riba- und des gharar-Verbots[328], die bis heute als wesentliche Elemente jeglicher Auseinandersetzung mit dem islamkonformen Umgang mit Finanzen anzusehen sind und die der Abgrenzung vom jeweiligen konventionellen Pendant dienen.

Die Bedeutung, die in dieser Phase der Auseinandersetzung mit der Versicherung den genannten Restriktionen zukommt, resultiert aus eben dieser der genaueren Beleuchtung der ökonomischen Funktionsweise des Versicherungsvertrags: So tritt das aus islamrechtlicher Sicht problematische Verhältnis zwischen Versicherungsnehmer und Versicherer in der konventionellen Versicherung in den Vordergrund. In diesem Verhältnis bestehen aus islamrechtlicher Perspektive Verstöße gegen das gharar- und das riba-Verbot, die in den folgenden Abschnitten näher erläutert werden.[329]

3.1.4.1 gharar im Versicherungsvertrag

Im konventionellen Versicherungsvertrag steht der festgelegten Prämie, die der Versicherungsnehmer zu zahlen hat, eine Leistung seitens des Versicherers gegenüber, deren Fälligkeit von einem ungewissen Ereignis abhängig ist.[330] Das Verhältnis zwischen Versicherungsnehmer und Versicherer scheint also von gharar, von einem überhöhten Maß an Unsicherheit, geprägt zu sein. Az-Zarqa hält diesem Vorwurf entgegen, dass aufgrund der statistischen Berechnungen, mittels derer die Versicherer die Prämien für die zu versichernden Risiken berechnen, das gharar-Element sich aus dem Vertrag

---

[327] Derselbe, S. 45. Die konventionelle Versicherung wird im Arabischen als ta'min bezeichnet; siehe unter anderem Bälz:1997, S.26.

[328] Bälz:1997, S. 45.

[329] Im Folgenden wird die herrschende Meinung dargelegt, die sich teilweise auch erst nach as-Sanhuri und az-Zarqa als solche durchgesetzt und etabliert hat.

[330] Vergleiche unter anderem Abschnitt 1.1.

verflüchtige.[331] Zudem könne statt der „Geldleistung im Versicherungsfall"
die „Gewährung von Sicherheit" als zu erbringende Leistung angesehen
werden, die unabhängig vom Eintreten des Versicherungsfalles erbracht
werde – auch dies spreche gegen das Vorhandensein von gharar.[332] Diese
Position bezüglich des gharar, das nur auf der individuellen Ebene auftrete,
aber an Intensität verliere, sofern man das kollektive Risiko berücksichtige,
welches durchaus berechnet werden könne, nimmt in den achtziger Jahren
des zwanzigsten Jahrhunderts auch Siddiqi ein.[333] Diese Auffassung konnte
und kann jedoch die Mehrheit der Rechtsgelehrten nicht überzeugen: Ein
gegenseitiger Vertrag, der in so hohem Maße aleatorisch sei wie der Versicherungsvertrag, wird, wie bereits in Teil 3 dieser Untersuchung erläutert
wurde, der herrschenden Meinung nach als nicht zulässig gemäß islamischem Recht angesehen.[334]

Im Falle der Lebensversicherung mit Sparkomponente hatte auch Ibn Abidin
versucht, das aleatorische Element zu verneinen und die Überlassung von
Kapital zur Investition als Entsprechung des mudaraba-Vertrages in den
Vordergrund gerückt – seine Kritiker wiesen jedoch darauf hin, dass die Auszahlung des erwirtschafteten Gewinns, der Versicherungsleistung, auch in
dieser Vertragsform von einem Ereignis anhängig sei, über dessen Eintritt
und Zeitpunkt dieses Eintritts Ungewissheit bestehe.[335] Im Falle einer Lebensversicherung auf den Erlebensfall beispielsweise ist nicht gesichert, dass
der Versicherungsnehmer den vertraglich vereinbarten Zeitpunkt tatsächlich
erlebt, aber genau davon hängt ab, ob er die vereinbarte Versicherungssumme erhält. Zudem ist die auszuzahlende Versicherungsleistung in ihrer
Höhe und Zusammensetzung oftmals auch abhängig davon, ob der Versicherungsnehmer zum vereinbarten Zeitpunkt noch am Leben ist – es sind
also nicht alle Leistungen der Vertragsparteien in diesem gegenseitigen Geschäft zum Zeitpunkt des Vertragsschlusses genau bestimmt.[336] Dies stellt
aber eine der Voraussetzungen dafür da, dass ein gegenseitiger Vertrag gemäß islamrechtlicher Auffassung als wirksam anzusehen ist.[337] Die Vertrags-
struktur des konventionellen Versicherungsvertrags beinhaltet zudem laut
herrschender Meinung einen Wettcharakter, da der Versicherungsnehmer
darauf hofft, zum vereinbarten Zeitpunkt noch am Leben zu sein – dies kann

---

[331] Bälz:1997, S. 50–51.
[332] Bälz,:1997, S. 51.
[333] Anwar:1994, S. 1317.
[334] Siehe hierzu auch Bälz:1997, S. 51–56, der auch auf as-Sanhuris Ansatz hinweist, laut
       dem zwischen „erheblichem" und „unerheblichem gharar" zu unterscheiden sei.
[335] Vergleiche insbesondere Abschnitt 3.1.1.
[336] Bälz:1997, S. 21–22.
[337] Derselbe, S. 21, mit Bezug auf al-Attar.

als ein Verstoß gegen das in engem Zusammenhang mit dem gharar-Verbot stehende maysir-Verbot angesehen werden.[338]

3.1.4.2 riba im Versicherungsvertrag

Die Beantwortung der Frage, ob der konventionelle Versicherungsvertrag riba enthält, hängt davon ab, was in diesem Vertrag als das Austauschverhältnis angesehen wird: Laut Bälz wird laut herrschender Meinung dieses Austauschverhältnis „zwischen der Prämienzahlung des Versicherungsnehmers und der Zahlung durch den Versicherer im Versicherungsfall gesehen".[339] Bedingt durch den im ersten Teil dieser Untersuchung dargelegten aleatorischen Charakter sowie die Mechanismen des Versicherungsvertrages, die dazu führen, dass die Leistung des Versicherers stets in Abhängigkeit von einem ungewissen Ereignis steht, könne bei Vertragsschluss nicht sichergestellt werden, dass bei diesem Austausch ein Äquivalenzverhältnis zwischen den auszutauschenden Gütern (in diesem Falle Geld) bestehe.[340] So kann die auszuzahlende Versicherungssumme die Höhe der zum Zeitpunkt der Fälligkeit eingezahlten Prämien übersteigen; ebenso ist es aber auch denkbar, dass die Höhe der eingezahlten Prämien die Versicherungssumme übersteigt.[341] Eine sehr klare Position bezieht hier Anwar: „In fact, money paid in premiums, never equals the money received in indemnity (...) therefore insurance contract, interpreted as exchange of money, cannot be free from riba".[342]

Im Zusammenhang mit riba vertritt as-Sanhuri eine von dieser herrschenden Meinung abweichende Position, indem er das riba-Verbot ausschließlich als ein Verbot von Wucher auffasst.[343] Einen Verstoß gegen ein solches Wucherverbot sieht as-Sanhuri im Versicherungsvertrag nicht.[344] Auch Siddiqi steht in der zweiten Hälfte des zwanzigsten Jahrhunderts dem Vorwurf des riba im Versicherungsvertrag skeptisch gegenüber: Da die Prämie kein Darlehen sei und die Versicherungssumme somit auch nicht als die Rückzahlung eines Darlehens anzusehen sei, müsse ein Übersteigen entweder der Versicherungssumme oder der Höhe der eingezahlten Prämien nicht als riba angesehen werden.[345] Diese Ansätze konnten sich jedoch nicht gegen die herrschende Meinung durchsetzen, laut der der konventionelle Versicherungs-

---

[338] Anwar:1994, S. 1318.
[339] Bälz:1997, S. 19.
[340] Derselbe, S. 20 sowie Anwar:1994, S. 1318.
[341] Bälz:1997, S. 20.
[342] Anwar:1994, S. 1318.
[343] Bälz,:1997, S. 53.
[344] Ebenda.
[345] Anwar:1994, S. 1318.

vertrag, wie oben erläutert, die verbotenen Elemente des gharar, des maysir und des riba enthalte und somit nicht mit den Grundsätzen des islamkonformen Umgangs mit Finanzen, die im zweiten Teil der vorliegenden Untersuchung dargelegt wurden vereinbar sei.

Zudem setzt auch die gängige Praxis von konventionellen Versicherungsunternehmen, die eingezahlten Beiträge der Versicherungsnehmer in zinsbasierte Kapitalanlagen zu investieren, den Versicherungsvertrag dem Vorwurf aus, gegen das riba-Verbot zu verstoßen.[346] So weist unter anderem Geilfuß darauf hin, dass insbesondere bei kapitalbildenden Lebensversicherungen auf eine möglichst hohe Verzinsung der Spaanteile der Prämie Wert gelegt werde.[347] Aus dieser Unvereinbarkeit des konventionellen Versicherungsvertrages resultiert der Bedarf an einer Alternative, die nicht mit den besagten Verboten, die seit der zweiten Hälfte des zwanzigsten Jahrhunderts zu den „materiellen Schranken der Vertragsfreiheit" geworden waren, kollidiert.[348] Diese Alternative soll in den nun folgenden Abschnitten dargelegt werden.

3.2 Theoretische Konzepte und praktische Umsetzung des takaful-Modells

Wie im zweiten Teil der vorliegenden Untersuchung bereits erwähnt wurde, wurde an den Konzeptionen für das islamkonforme Bankwesen und das Versicherungswesen mit dem Ziel gearbeitet, eine „islamische Ökonomie" zu entwickeln.[349] Um dieses Ziel zu erreichen, wurden seit den siebziger Jahren des zwanzigsten Jahrhunderts zahlreiche Konferenzen abgehalten, auf denen Möglichkeiten und Notwendigkeiten erörtert wurden, die eine solche islamische Ökonomie erfordere – hier waren auch Versicherungen Gegenstand der Diskussionen. Unter anderem wurden auf der First Conference for Islamic Economy im Jahre 1976 eine Resolution erlassen, in der sich die teilnehmenden Rechtsgelehrten gegen konventionelle Versicherungen aussprachen[350]; es folgten die Resolutionen des Fiqh Council of the Muslim World League (1978), des Fiqh Council of the Islamic Conference (1985), in denen ebenfalls konventionelle Versicherungen für unzulässig erklärt wurden.[351] Als Alternative zu den für unzulässig erklärten konventionellen Versicherungen wurde in diesem Zusammenhang das takaful-Prinzip empfoh-

---

[346] Bälz:1997, S. 52 sowie Anwar:1994, S. 1318.
[347] Geilfuß:2009, S. 29.
[348] Bälz:1997, S. 54.
[349] Lohlker:1996, S. 50.
[350] Anwar:1994, S. 1319.
[351] Visser:2009, S.102 sowie S.104

len.[352] Der Begriff takaful stammt von der Wurzel *k-f-l* und ist in etwa als „geteilte Verantwortung, gegenseitige Garantie" zu übersetzen.[353] Dieses Prinzip betont einen Aspekt, den insbesondere as-Sanhuri in seiner Auseinandersetzung mit den Möglichkeiten einer Umsetzung des Versicherungsvertrages, die den islamrechtlichen Maßgaben nicht zuwiderläuft, als beachtenswert herausstellt – es handelt sich hier um das Verhältnis der Versicherungsnehmer untereinander:

„Das Verharren bei einem der beiden Aspekte des Versicherungsvertrages, nämlich dem unmittelbaren Verhältnis zwischen Versicherer und Versicherungsnehmer, ohne den anderen Aspekt zu berücksichtigen, nämlich das Verhältnis zwischen Versicherungsnehmer und der Gesamtheit der Versicherungsnehmer ... ist der Grund, der viele...dazu bewogen hat zu sagen, sie sei unzulässig ... Aber gerade der andere Aspekt des Versicherungsvertrages ... lässt die Versicherung in ihrem wahren Gewand erscheinen und macht deutlich, dass sie nichts als eine Form der planmäßig organisierten gegenseitigen Unterstützung...zwischen einer großen Zahl von Personen ist, die alle einem gleichartigen Risiko ausgesetzt sind".[354]

Auch wenn as-Sanhuri sich, wie in den vorangegangenen Abschnitten dargelegt wurde, nicht gänzlich seinen jeweiligen Ansätzen gegen die herrschende Meinung durchsetzen konnte, bilden Elemente seiner methodischen Herangehensweise Ausgangspunkte für die heute vorhandene takaful-Versicherung. Insbesondere der Perspektivwechsel, den as-Sanhuri vollzog, scheint die Entwicklung der Alternative zum konventionellen Versicherungsvertrag begünstigt zu haben. Aus der Betonung des Verhältnisses der Versicherungsnehmer resultiert die Reduzierung der Rolle des Versicherers: Dieser sei nicht als Vertragspartei in einem gegenseitigen Geschäft anzusehen, das den Verboten von riba, gharar und maysir zu unterwerfen sein – vielmehr agiere der Versicherer als Organisator, als Mittler, der die „gegenseitige Unterstützung auf der Basis einer ordnungsgemäßen Grundlage organisiert".[355] Der eigentliche Versicherungs-Vertrag werde also zwischen den Versicherungsnehmern geschlossen, während zwischen das Versicherungsunternehmen den einzelnen Versicherungsnehmern gegenüber als Mittler dient – ein Aspekt, der für die Anwendung der Verbote von gharar und riba von besonderer Bedeutung ist. Wie mehrfach in der vorliegenden Untersu-

---

[352] Ebenda.
[353] Billah:2007, S. 18, weiter heißt es hier: „Technically, from the economic point of view, takaful means, mutual guarantee provided by group of people living in the same society against a defined risk or catastrophe befalling one's life, property or any form of valuable things. Hence, takaful is better known as co-operative insurance".
[354] As-Sanhuri nach Bälz:1997, S. 45.
[355] Ebenda.

chung erwähnt wurde, beziehen sich die genannten Verbote des riba, des gharar und des maysir auf gegenseitige Verträge, also auf entgeltliche Austauschgeschäfte zwischen zwei Parteien. Die Beziehung zwischen den an einen Austauschgeschäft beteiligten Vertragsparteien soll durch diese „Schranken der Vertragsparteien" vor überhöhter Unsicherheit, ungleichmäßig verteiltem Risiko und einseitiger, ungerechtfertigter Bereicherung geschützt werden.

Das Verhältnis der Versicherungsnehmer untereinander jedoch ist laut as-Sanhuri nicht als Beziehung zwischen Parteien eines entgeltlichen Austauschgeschäfts zu sehen, sondern als ein Verhältnis gegenseitiger Unterstützung: Eine große Anzahl von Personen, die alle ein ähnliches individuelles Risiko absichern möchten, schließt sich zusammen, um einander finanziell unterstützen zu können, sobald bei einer der beteiligten Personen der Versicherungsfall eintritt.[356] Ein auf einem solchen Verhältnis beruhendes Versprechen sei als unentgeltliches Geschäft einzustufen, auf das die Verbote von riba und gharar keine Anwendung finden.[357] Dies bedeutet jedoch nicht, dass etwa die Unsicherheit (gharar) nicht mehr vorhanden sei, vielmehr wird das Vorhandensein von gharar innerhalb des Verhältnisses der Versicherungsnehmer untereinander als zulässig qualifiziert: „Uncertainty (gharar) in Takaful remains but it is among only the participants whose interests are the same and hence permitted, whereas in conventional insurance, it is between the insurer and insured, whose interests are different".[358]

Zu gegenseitiger Unterstützung (ta'awun) wird zudem im Koran aufgerufen – so heißt es in Koran 5:2: „Helft einander zu Rechtschaffenheit und Gottesfurcht und nicht zu Sünde".[359] In der Konsequenz werden die Beiträge, die die Versicherungsnehmer in einen gemeinsamen Fonds einzahlen und aus dem die Versicherungsleistungen bestritten werden, als „unentgeltliche Zuwendungen" oder auch als Spende (tabarru') qualifiziert.[360] Dieses Verhältnis der Versicherungsnehmer untereinander, in dem tabarru'at entrichtet werden, sei demnach als kooperativer Vertrag zu qualifizieren.[361] Eine solche Spende werde zum Wohle anderer entrichtet und sei nicht durch einen mög-

---

[356] Geilfuß:2009, S. 29.

[357] Bälz:1997, S. 61 sowie Jaffer:2010, S. 30. Auf die Investition der eingezahlten Beiträge sind das gharar- und das riba-Verbot aber wieder anzuwenden, denn die Investitionstätigkeit stellt einen gegenseitigen Vertrag dar.

[358] Hamid:o. J., S. 20–21.

[359] Koran 5:2 in der Übersetzung von Henning/Hofmann.

[360] Bälz:1997, S. 60; dieser Fonds wird auch als takaful-Fonds oder als Solidaritätsfonds bezeichnet.

[361] Derselbe, S. 60–61. Auch der Begriff der gegenseitigen Versicherung wird hier genannt: at-ta'min at-ta'awuni, Bälz:1997, S. 60.

lichen persönlichen Vorteil in der Zukunft motiviert.[362] Hamid betont die theoretische Bedeutung der Idee der Spende für das takaful-Konzept: „Without the concept of donation, the transaction would be that of a buying and selling of insurance".[363] Billah stellt den Begriff tabarru' im Sinne einer unentgeltlichen Spende dem Terminus musahama gegenüber, den er als Beitrag im Sinne einer Prämie auffasst.[364] Nicht nur sei eine solche musahama mit einem Anspruch desjenigen verbunden, der ihn leiste, er werde auch mit einer bestimmten Motivation geleistet: „...the proposer [der Antragsteller, der eine Versicherungsvertrag abschließen möchte] will pay the agreed contribution to the operator in consideration of a future cover with reasonable compensation against the risk if it occurs to the subject matter within the policy period".[365] Zwar geht im Zeitpunkt der Spende der jeweils geleistete Betrag aus dem persönlichen Eigentum des Versicherungsnehmers heraus, die eingezahlten Prämien gehen jedoch zu keinem Zeitpunkt in das Eigentum des Versicherers (takaful-Operator) über: „It is important to state here that, the tabarru' fund...is not the asset oft he company, rather it belongs to the participants".[366] Wie diese Aspekte der Prämie in die Praxis umgesetzt werden können, wird am Beispiel der islamkonformen Lebensversicherung in den Abschnitten 3.3 sowie 3.3.1 der vorliegenden Untersuchung näher erläutert.

Hinsichtlich der Prämienberechnung im islamkonformen Lebensversicherungsvertrag weist Billah darauf hin, dass nach islamrechtlicher Auffassung eine Tarifierung, die in Abhängigkeit zum Geschlecht der zu versichernden Person steht, nicht unzulässig sei und verweist auf Koran 3:145: „Und niemand stirbt ohne Allahs Erlaubnis, zu einem im Buch festgesetzten Termine". Billah zu Folge sei es unzulässig, die Prämien für Frauen und Männer aufgrund ihrer unterschiedlichen durchschnittlichen Lebenserwartung in unterschiedlicher Höhe anzusetzen – in der Praxis jedoch werde eine solche

---

[362] Billah:2007, S. 265.
[363] Hamid:o. J., S. 20.
[364] Billah:2007, S. 255.
[365] Derselbe, S.257.
[366] Hamid,:o. J., S. 21. Siehe auch Jaffer:2010, S. 30. Bälz fasst diese Herangehensweise mit Blick auf andere Islamic Finance-Produkte folgendermaßen zusammen: „Ähnlich den islamischen Kapitalanlagemodellen, bei denen konventionelle Anlagemodelle durch Formen gesellschaftsrechtlicher Beteiligung ersetzt werden, wird die vertragliche Beziehung zwischen Versicherer und Versicherungsnehmer durch eine neue Organisationsform anders definiert"; Bälz:1997, S.60.Vergleiche auch Billah:2007, S. 254, sowie Ali:o. J., S. 50.

Vorgehensweise durchaus von takaful-Anbietern umgesetzt.[367] Dieser Aspekt wird im vierten Teil der Untersuchung erneut aufgegriffen.

In Abgrenzung zum konventionellen Versicherungsvertrag erfolgt im takaful-Konzept die Risikotransformation, die die „Kernleistung" eines konventionellen Versicherers darstellt[368], also nicht vom Versicherungsnehmer auf den Versicherer, vielmehr verbleibt das Risiko im takaful-Fonds.[369] Übersteigen die eingezahlten Beiträge (tabarru'at) die tatsächlich eingetretenen Versicherungsfälle, so kann der Überschuss entweder in Rücklagen verschoben werden oder an die Mitglieder des Fonds ausgezahlt werden.[370] Die eingezahlten Prämien dürfen in Scharia-konforme Geschäfte investiert und so im Laufe der Vertragslaufzeit vermehrt werden – Überschüsse, die aus dieser Investitionstätigkeit erwirtschaftet werden, werden ebenfalls an die Versicherungsnehmer ausgezahlt.[371] Die Investition der Sparanteile muss gemäß der islamrechtlichen Maßgaben erfolgen, als Orientierung können hier etwa die Standards der AAOIFI herangezogen werden.[372] Die wesentlichen Maßgaben für islamkonformes Investment wurden in Abschnitt 2.2.3 bereits erläutert; im vierten Teil wird auf diese Maßgaben erneut eingegangen.

Ökonomisch und – bedingt – auch inhaltlich betrachtet kann das takaful-Modell relativ nahe am konventionellen Versicherungsmodell angesiedelt werden: So geht es in beiden Modellen um die Versicherung eines Risikos, das basierend auf dem Gesetz der großen Zahlen eingeschätzt und abgesichert werden kann. Auch besteht in beiden Modellen ein hohes Maß an individueller Unsicherheit, da die jeweilige Versicherungsleitung stets in Abhängigkeit zu einem Ereignis (dem Versicherungsfall) steht, dessen Eintritt während der Vertragslaufzeit nicht gewiss ist. Wie verdeutlicht wurde, besteht auch in einem takaful-Vertrag die Möglichkeit, dass die Höhe der eingezahlten Prämien die Höhe der Versicherungssumme im Zeitpunkt der Auszahlung derselben übersteigt.[373] Bezeichnenderweise umschreibt auch das Unternehmen Alpen Capital in einer Broschüre die islamkonforme Versicherung mit folgenden Worten: „Takaful is the Islamic version of conventional

---

[367] Billah bezieht sich hier auf das Beispiel von takaful-Anbietern in Malaysia, Billah:2007, S. 295.
[368] Gassner/Wackerbeck:2007 S. 146 sowie Stiftl:2011, S. 30.
[369] Geilfuß:2009, S.29 sowie Lienemann/Pfeil:2006, S. 8.
[370] Engels:2009, S. 3 sowie Geilfuß:2009, S. 29. Die Beteiligung des takaful-Operators an diesen Überschüssen steht in Abhängigkeit vom jeweils zugrunde liegenden Vertragsmodell, siehe hierzu 3.2.1 und 3.2.2.
[371] Engels:2009, S. 3.
[372] Klöwer:2009, S.1902 sowie Visser:2009, S.104–105.
[373] Gassner/Wackerbeck:2007, S. 144–145. Siehe zur Ähnlichkeit in islamkonformer Vertragsmodelle auch Nienhaus :2010, S. 26–27.

insurance".[374] Ali begründet die funktionale Ähnlichkeit zwischen dem konventionellen Versicherungsprinzip und dem takaful-Konzept damit, dass aus muslimischer Sicht nicht die Idee der Versicherung abgelehnt werde, sondern die Art, in der konventionelle Versicherungen in der Praxis betrieben werden.[375]

Die wesentlichen Unterschiede zum konventionellen Versicherungsvertrag sind also vor allem formaler Natur: So verbleiben der takaful-Fonds und die in diesen eingezahlten Beiträge während der gesamten Vertragslaufzeit im Eigentum des takaful-Fonds und werden nicht vom takaful-Operator beziehungsweise dem Versicherungsunternehmen vereinnahmt.[376] Auch bei der Risikotransformation sind Unterschiede festzuhalten: Diese erfolgt nicht in Form der Übertragung des individuellen Risikos auf den Versicherers, sondern verbleibt unter den Versicherten und wird gemeinsam getragen.[377] In den folgenden Abschnitten soll die Umsetzung dieses Versicherungsmodells anhand der Beispiele der in der Praxis relevanten Modelle veranschaulicht werden.[378]

3.2.1 takaful auf mudaraba-Basis

In der Praxis wird das takaful-Modell unter Rückgriff auf Vertragsmodelle aus dem fiqh umgesetzt, so wie es auch bei Bank- und anderen Kapitalanlageprodukten geschieht. Eines dieser Vertragsmodelle ist der mudaraba-Vertrag, der bereits in Abschnitt 2.2.1 im Zusammenhang mit islamkonformen Bankprodukten erwähnt wurde und das im Anhang (Abschnitt 6.1) der vorliegenden Untersuchung erläutert wird.

Der Versicherungsnehmer übernimmt hier die Rolle des rabb al-mal, des Kapitalgebers, der sein Kapital dem Versicherungsunternehmen beziehungswiese dem takaful-Operator überlässt, der als mudarib, also als Manager, agiert.[379] In einer Schadensversicherung (general takaful) wird das Kapital aller Versicherungsnehmer in Form unentgeltlicher Zuwendungen (tabar-

---

[374] Siehe unter anderem Alpen Capital:2010, S.22.
[375] Vergleiche hierzu auch die Aussage von Ali:o. J., S. S. 35: „What is unacceptable to Muslims is the conventional insurance as being practiced and not the idea of insurance."
[376] Siehe auch Alpen Capital:2010, S. 23: „All Takaful models involve a clear segregation of assets and liabilities of shareholders and participants respectively. Unlike conventional insurance, the shareholders are not liable for any deficits in the participants' fund – this is the sole responsibilityof the participants".
[377] Siehe hierzu die vergleichende Tabelle im Anhang unter Abschnitt 6.2.
[378] Das Non Profit-takaful-Modell soll im Folgenden nicht weiter untersucht werden, siehe hierzu unter anderem Mahlknecht:2010, S. 63.
[379] Gassner/Wackerbeck:2007, S. 147.

ru'at) in den takaful-Fonds, der auch als Solidaritätsfonds bezeichnet wird, eingezahlt, um vom mudarib auf islamkonforme Weise investiert zu werden.[380] Zudem werden aus dem takaful-Fonds Schadensleistungen, Retakaful-Prämien und die Vertriebskosten bestritten.[381] Entsteht am Ende des Versicherungsjahres ein Überschuss aus günstigen Schadensverläufen und aus der Kapitalanlagetätigkeit, so wird dieser – wie es bei einem mudaraba-Vertrag üblich ist – einem vertraglich vereinbarten Satz entsprechend zwischen den Versicherungsnehmern und dem takaful-Operator aufgeteilt.[382] Dies stellt für den takaful-Operator einen Anreiz dar, die Beiträge möglichst ertragreich zu investieren, was wiederum auch im Interesse der Versicherten ist.[383] Der takaful-Operator wird in seiner Funktion als rabb al-mal in diesem Modell nicht nur an den Überschüssen aus der Kapitalanlagetätigkeit beteiligt, sondern auch an den versicherungstechnischen Überschüssen.[384] Die entsprechende Verfahrensweise innerhalb einer islamkonformen Lebensversicherung (family takaful) wird in Abschnitt 3.3 dargelegt.

Peisker wertet die Gewinnbeteiligung, die sowohl für die Kapitalanlagetätigkeit als auch für die versicherungstechnischen Ergebnisse im mudaraba-Modell gilt, insofern als Vorteil, als in diesem Modell Anreize für den Versicherer bestehen, seine versicherungstechnischen Ergebnisse sowie die Investmentergebnisse stetig zu verbessern.[385] Jedoch sieht er auch Nachteile in einem auf dem mudaraba-Modell basierenden takaful-Vertrag: „Für den Versicherer jedoch birgt die Anwendung des Modells durch dessen starke Abhängigkeit vom Kapitalanlageerfolg und von einem positiven Risikoüberschuss die Gefahr der hohen Volatilität des eigenen wirtschaftlichen Erfolges. Verstärkt wird diese Gefahr zudem durch die Ausgleichspflicht versicherungstechnischer Defizite durch zinslose Darlehen".[386]

In dem Falle, dass die Schadensansprüche die Höhe der eingezahlten Beiträge im takaful-Fonds übersteigen, ist es die Pflicht des takaful-Operators,

---

[380] Siehe zu den Rahmenbedingungen der islamkonformen Kapitalanlagetätigkeit Abschnitt 2.2.3.

[381] Gassner/Wackerbeck,:2007, S. 147. Der Bereich der Rückversicherung kann im Rahmen der vorliegenden Untersuchung nicht berücksichtigt werden, siehe hierzu bitte Pesiker:2010, S. 241–242 sowie Amin/Kahn:2008, S. 61.

[382] Gassner/Wackerbeck:2007, S. 147 sowie Alpen Capital:2010, S. 23: „mudaraba is a profit sharing model wherein the takaful operator (mudarib or entrepreneur) receives a percentage of the underwriting surplus and investment profits for managing the underwriting and investment activities of the takaful operations on behalf of the participants (rabb al-mal or capital providers)".

[383] Peisker:2010, S. 229 sowie Wackerbeck/Gassner:2007, S. 148.

[384] Peisker:2010, S. 229.

[385] Ebenda. Siehe auch Gassner/Wackerbeck.:2007, S. 147–148.

[386] Ebenda.

dem takaful-Fonds das fehlende Kapital mittels eines zinslosen Kredits, eines qard hasan, zur Zahlung der angefallenen Schäden zu Verfügung zu stellen.[387] Dieser zinslose Kredit muss dann aus den Überschüssen der Folgejahre vom Fonds an den Operator beziehungsweise – sofern vorhanden – an dessen Aktionäre zurückgezahlt werden".[388] Wackerbeck und Gassner erwähnen in diesem Zusammenhang zudem die Möglichkeit externer Aktionäre, die besagten qard hasan zur Verfügung stellen – dieser Aspekt wird in Abschnitt 4.1.1 eingehend erläutert.[389]

Entsprechend der Aussage von as-Sanhuri, der Versicherer sei lediglich als Organisator des Versicherungsverhältnisses der Versicherungsnehmer untereinander zu sehen, besteht dessen Aufgabe im mudaraba-basierten takaful-Modell also in der Verwaltung des takaful-Fonds und der Investitionstätigkeit; für die Erfüllung dieser Aufgabe wird er gemäß der üblichen Gewinn-Beteiligung mit einem Anteil aus den erwirtschafteten versicherungstechnischen Gewinnen und den Gewinnen aus der Kapitalanlagetätigkeit beteiligt. Verluste durch Kapitalanlagetätigkeit haben – gemäß der Struktur des mudaraba-Modells – die Versicherungsnehmer in ihrer Funktion als rabb al-mal zu tragen.[390] Abgesehen von der formalen Definition des Verhältnisses zwischen Versicherungsnehmer und Versicherer bestehen also durchaus Ähnlichkeiten zu konventionellen Versicherungsmodellen.[391] Diese Nähe zum konventionellen Modell führt auch zu Kritik seitens einiger Rechtsgelehrter am mudaraba-Modell, denen zu Folge für den takaful-Operator durch die Gewinnbeteiligung ein so hohes Maß an Abhängigkeit von der Underwriting-Performance entstehe, dass er im Grunde das zu versichernde Risiko doch übernehme.[392]

3.2.2 takaful auf wakala-Basis

Während der takaful-Operator also beim mudaraba-Modell über eine Gewinnbeteiligung an den erwirtschafteten Gewinnen aus der Kapitalanlagetätigkeit und an den versicherungstechnischen Ergebnissen beteiligt wird, erhält er beim wakala-Modell eine festgelegte Gebühr für die Erfüllung seiner

---

[387] Das fehlende Kapital kann auch aus Schwankungsreserven bereit gestellt werden, siehe Peisker:2010, S. 229 sowie Alpen Capital:2010, S. 23.

[388] Gassner/Wackerbeck:2007, S. 149; auch Reserven aus Überschüssen können hier verwendet werden.

[389] Gassner/Wackerbeck:2007, S. 146. sowie Wackerbeck:2006, S. 2.

[390] Bälz:1997, S. 63 sowie Billah:2007, S. 261. Zum mudaraba-Modell siehe auch Ebert:2010, S.76–77.

[391] Auf diese Ähnlichkeiten wird insbesondere in Abschnitt 4.1.2. und 4.1.3.3 eingegangen.

[392] Alpen Capital:2010, S. 23.

Aufgabe als Agent (wakil), die in der Verwaltung des takaful-Fonds sowie in der Kapitalanlagetätigkeit besteht. Peisker bezeichnet das wakala-Modell unter Bezugnahme auf Billah als „Agenturvertrag".[393] Die wakala-Gebühr wird aus dem takaful-Fonds bestritten: Sie wird jenem Teil der Prämie entnommen, der in den takaful-Fonds eingeht.[394] Im Falle des Anbieters Noor Takaful wird beispielsweise ein Satz von 0,5 bis 2% des Nettovermögenswertes des einzelnen Versicherungsnehmers berechnet, die genaue Höhe richtet sich dabei nach der „Natur und Komplexität" der entsprechenden Fonds und hängt zudem davon ab, ob noch weitere, externe Fonds-Manager agieren.[395] Eine Beteiligung des takaful-Operators an den Gewinnen oder gegebenen Falls an den Verlusten aus der Investitionstätigkeit ist im wakala-Modell nicht vorgesehen, ebenso wie keine Beteiligung an den versicherungstechnischen Überschüssen erfolgt.[396] Gassner und Wackerbeck ergänzen, dass das Versicherungsunternehmen in seiner Eigenschaft als wakil „neben der wakala-Gebühr (...) auch eine Gebühr für das Management der Kapitalanlagen (Management-Gebühr) sowie die sog. Performance Incentive Fees dem Fonds in Rechnung stellen [kann], wobei Letztere quasi als Anreiz dienen soll, möglichst hohe Kapitalerträge für den Fonds zu erzielen".[397] Im Falle eines Defizits im takaful-Fonds ist der wakil – ebenso wie im mudaraba-Modell – dazu verpflichtet, ein zinsfreies Darlehen (qard hasan) bereitzustellen, beziehungsweise externe Aktionäre um ein solches Darlehen zu bitten.[398] Dieses Darlehen kann entweder im Rahmen zukünftiger Prämien oder durch eine entsprechende Reduzierung der Gewinnausschüttungen an die Versicherungsnehmer zurückgezahlt werden.[399] Peisker betont, dass aufgrund der „wakala-Gebühr als singuläre Einnahmequelle...der Versicherer zur Generierung von Gewinnen zu einer Prozess- und Kostenoptimierung gezwungen" sei[400] während an anderer Stelle darauf hingewiesen wird, dass insbesondere das wakala-Modell der konventionellen Versicherung auf

---

393 Peisker:2010, S. 230.
394 Gassner/Wackerbeck:2007, S. 149, sowie Alpen Capital:2010, S. 22 und Peisker:2010, S. 230.
395 Siehe hierzu die Informationen auf der Internetseite der Noor Takaful: http://noortakaful.com/individualfamily/smart_save.aspx, zuletzt aufgerufen am 12.07.2011.
396 Peisker:2010, S. 231.
397 Gassner/Wackerbeck:2007, S. 149. Siehe hierzu auch Peisker:2010, S. 230-231, der hier bezüglich der Incentive Fees auch Kritik muslimischer Gelehrter erwähnt: „Letzteres wird jedoch aus islamrechtlicher Sicht aufgrund des Verstoßes gegen das Konzept der gegenseitigen Hilfe als kritisch angesehen".
398 Gassner/Wackerbeck:2007, S. 148–149.
399 Alpen Capital:2010, S. 22.
400 Peisker:2010, S. 231.

Gegenseitigkeit ähnlich sei.[401] Dieser Aspekt wird in Abschnitt 4.1.2 erneut aufgegriffen.

3.2.3 takaful auf Basis des Hybrid-Modells

Eine dritte Variante der islamkonformen Versicherung, die in der Praxis noch wenig erprobt ist, stellt das so genannte Hybrid-Modell dar, in dem sowohl Elemente des mudaraba-Modells als auch des wakala-Modells enthalten sind.[402] So erhält der takaful-Operator entsprechend dem wakala-Modell eine feste Gebühr für seine Tätigkeit; er wird aber auch gemäß einer mudaraba-Vereinbarung an den Gewinnen aus der Kapitalanlagetätigkeit beteiligt.[403] Im Gegensatz zum „reinen" mudaraba-Modell bezieht der takaful-Operator im Hybrid-Modell jedoch keine Beteiligung aus dem versicherungstechnischen Ergebnis.[404] Das gesamte Underwriting wird in diesem Modell nach dem wakala-Prinzip organisiert, während für die Kapitalanlagetätigkeit Bezug auf das mudaraba-Modell genommen wird.[405] Die im Zuge des Underwriting anfallenden Kosten werden dabei durch die wakala-Gebühr bestritten, die zumeist „als Prozentsatz des Beitrags der Versicherungsnehmer ausgedrückt [wird] und ... vom Scharia Board zu genehmigen sowie den Versicherungsnehmern transparent zu machen [ist]".[406] Die für die Verwaltung der Investmenttätigkeit entstehenden Kosten werden aus den Einnahmen durch die Gewinnbeteiligung an eben dieser Investmenttätigkeit beglichen.[407] Peisker geht davon aus, dass das Hybrid-Modell insbesondere in noch unerschlossenen „Märkten in der westlichen Welt" zur Anwendung kommen könnte, da es die jeweiligen Vorteile des mudaraba- und des takaful-Modells vereinbare und darüber hinaus auf Grund des geringen Bekanntheitsgrades der gängigen takaful-Modelle in diesen Märkten nicht mit einem bereits bekannten takaful-Modell konkurrieren müsse.[408]

---

[401] Wyman: 2007, S. 6.

[402] Peisker:2010, S. 231–233.

[403] Alpen Capital:2010, S. 23.

[404] Peisker:2010, S. 232.

[405] Gassner/Wackerbeck:2007, S. 149. Unter Underwriting ist die „Zeichnungsentscheidung im Erst- und Rückversicherungsgeschäft" zu verstehen: „Dazu gehört die Prüfung und Einschätzung von (Rück-) Versicherungsrisiken zur Festsetzung einer angemessenen Prämie. (...)Der Zweck des Underwriting besteht darin, das Versicherungsrisiko so zu steuern, dass es einerseits für den (Rück-) Versicherten recht und billig, andererseits für den (Rück-)Versicherer profitabel ist", http://wirtschaftslexikon.gabler.de/Definition/underwriting.html, zuletzt aufgerufen am 27.08.2011.

[406] Gassner/Wackerbeck:2007,S. 149.

[407] Ebenda.

[408] Peisker:2010, S. 233, dieser Aspekt wird in Abschnitt 4.2 wieder aufgegriffen.

3.3 Islamkonforme Lebensversicherungen

Auch innerhalb des Bereiches der islamkonformen Versicherungen wird zwischen privaten Schadens- und Lebensversicherungen unterschieden. Bei islamkonformen Lebensversicherungen, die zumeist als „family takaful" bezeichnet werden, handelt es sich zumeist um Kapital-Lebensversicherungen. Die bei diesen Versicherungsmodellen wesentliche Sparkomponente[409] wird im islamkonformen Lebensversicherungs-Modell durch einen zusätzlichen Fonds ermöglicht: Dem takaful-Fonds wird ein persönlicher Investment-Fonds hinzugefügt; diese beiden Fonds sind strikt voneinander zu trennen.[410] Die Prämien des Versicherungsnehmers werden auf diese beiden Fonds verteilt: Jener Anteil der Prämie, der in den persönlichen Investmentfonds eingeht, wird unter anderem von Klöwer mit dem Sparanteil einer konventionellen Lebensversicherung verglichen, während er die Anteile, die als tabarru'at in den takaful-Fonds gehen, mit dem Risikoanteil gleichsetzt.[411] Die Einzahlung in den takaful-Fonds wird, wie oben beschrieben, als unentgeltliche Zuwendung aufgefasst – wie in Abschnitt 3.2 erläutert wurde, soll dieser Spende keine auf den eigenen Vorteil gerichtete Motivation zu Grunde liegen, vielmehr soll sie zum Wohle aller – in diesem Falle der anderen Versicherungsnehmer – entrichtet werden.[412] Die Einzahlung in den persönlichen Investment-Fonds wird als Kapitalanlage auf mudaraba-Basis qualifiziert, diesem Beitrag wird der tabarru'-Anteil, der in den takaful-Fonds geht, nachträglich entnommen.[413]

Erlebt die versicherte Person das Ende der Vertragsdauer, werden ihr entsprechend des mudaraba-Konzepts die im persönlichen Investmentfonds angesparte Summe und der ihr zustehende Anteil aus dem Gewinn durch Investitionen ausgezahlt.[414] In dem Falle, dass die versicherte Person vor Ablauf der Vertragslaufzeit verstirbt, wird die die Versicherungssumme dem

---

[409] Siehe hierzu die Abschnitte 1.2.2.1 sowie 1.2.3 und Gassner/Wackerbeck:2007, S. 144.
[410] An anderer Stelle wird der persönliche Investmentfonds auch als "personal risk account", „persönliches Konto", „persönliches Sparkonto", „participant's special account", „particpant's investment fund" etc. bezeichnet, - der Übersichtlichkeit halber wird in der vorliegenden Untersuchung vom persönlichen Investmentfonds gesprochen; vergleiche unter anderem Visser:2009, S.105; Bälz:1997 S.63 zu den unterschiedlichen Bezeichnungen.
[411] Klöwer:2009, S. 1902.
[412] Billah:2007, S. 261.
[413] Bälz:1997, S. 63 sowie Billah:2007, S. 261. Auch in einer family takaful auf wakala-Basis kommt also hinsichtlich des Sparfonds (takaful-Fonds) das mudaraba-Prinzip zum Tragen. Zur nachträglichen Entnahme des tabarru'-Anteils siehe auch Ali:o. J., S. 50.
[414] Bälz:1997, S. 64 sowie Billah:2007, S. 261.

takaful-Fonds und dem Investmentfonds entnommen und an die Hinterbliebenen ausgezahlt: Die bis zum Todeszeitpunkt in den Investment-Fonds eingezahlten Beiträge des Versicherungsnehmers werden aus dem takaful-Fonds aufgestockt, so dass die Hinterbliebenen eine Summe erhalten, die der Versicherungssumme entspricht, die im Erlebensfall aus dem Investment-Fonds gezahlt worden wäre.[415] Billah begründet die Aufstockung beziehungsweise die Entnahme aus dem takaful-Fonds im Todesfalle folgendermaßen: „...even though the participant has no right to claim any benefit over the charitable account (al-tabarru'), there is no prohibition in Islamic law to provide a donation for the needy. In this situation, the dependant beneficiaries of the participants, upon his death, are commonly regarded as needy having lost their breadwinner, the participant".[416]

Bälz sieht in der Einrichtung zweier strikt getrennter Fonds eine partielle Fortführung des Ansatzes von Muhammad Abduh, der die Lebensversicherung mit Hilfe des mudaraba-Modells für zulässig und umsetzbar hielt[417] – dieser Ansatz werde durch die Einrichtung des takaful-Fonds erweitert und berücksichtige daher auch die Versicherungskomponente: „Hierdurch wird dem zentralen Kritikpunkt an Abduhs Lösung, und zwar die mangelnde Berücksichtigung des der Lebensversicherung innewohnenden aleatorischen Elements, Rechnung getragen".[418]

3.3.1 Praxis-Beispiele: Islamkonforme Lebensversicherungen im Ausland

In den vorangegangenen Abschnitten wurden die theoretischen Grundlagen islamkonformer Lebensversicherungsprodukte und -Verträge dargelegt. Um diese Konzepte zu veranschaulichen und um eine Basis für die im folgenden Abschnitten zu erarbeitende Konzeption eines family takaful-Produkts für den deutschen Markt zu schaffen, sollen an dieser Stelle zwei Beispiele aus der Praxis erläutert werden. Bei beiden Beispielen handelt es sich um Produkte, an denen auch deutsche Anbieter beteiligt sind – diese werden auch aus dem Grunde herangezogen, dass die Expertise dieser Anbieter auch bei einer eventuellen zukünftigen Einführung vergleichbarer Produkte in den deutschen Markt von Relevanz sein könnte.

Die FWU AG bietet seit 2006 zusammen mit der Dubai Islamic Insurance and Reinsurance (AMAN) verschiedene takaful-Produkte an, die unter dem Namen Meethaq von der Abu Dhabi Commercial Bank (ADCB) in den Vereinig-

---

[415] Gassner/Wackerbeck:2007, S. 144-145 sowie Bälz:1997, S. 64.
[416] Billah:2007, S.265.
[417] Vergleiche die Angaben in Abschnitt 3.1.3.
[418] Bälz:1997, S. 64–65.

ten Arabischen Emiraten vertrieben werden.[419] Die FWU übernimmt in dieser Kooperation die Produktentwicklung und die Beratung; zudem stellt das Unternehmen sein Online Verwaltungs- und Verkaufssystem zu Verfügung und ist über die in Luxemburg ansässige Premium Select Lux S.A. auch im Rückversicherungsbereich aktiv.[420] Eines der Lebensversicherungsprodukte stellt das ADCB Meethaq Takaful & Savings Programme dar, das einer fondsgebundenen Lebensversicherung auf wakala-Basis entspricht.[421] Derzeit liegt die Mindesthöhe für monatliche Beiträge bei 1000 AED; auch Einmalzahlungen sind möglich.[422] Teilauszahlungen sind auch vor Ablauf der Vertragslaufzeit vereinbar, zudem ist die Benennung von bis zu vier Begünstigten möglich. Neben dem persönlichen Investmentfonds steht der takaful-Fonds (hier als Takaful Solidarity Fund bezeichnet), dessen jährliche Überschüsse an die Versicherungsnehmer entsprechend der Höhe ihrer Beiträge ausgeschüttet werden; hinsichtlich des Investment Fonds sind bis zu vier kostenlose Wechsel zwischen den angebotenen Anlagestrategien möglich, die dem Versicherungsnehmer Zugang zu internationalen islamkonformen Anlagemöglichkeiten eröffnen.[423] Bedingt durch die zu Grunde liegende wakala-Struktur beziehen die Anbieter hier keine Gewinnbeteiligung aus der Investitionstätigkeit, sondern entnehmen den zu leistenden Prämien der Versicherungsnehmer eine festgelegte Gebühr, die so genannte „wakala fee", deren Höhe in Relation zur Anlagesumme steht.[424] Der Internet-Auftritt der ADCB beinhaltet einen Link, der zu den entsprechenden Zertifikaten führt, die sowohl die Scharia-Konformität der Variante mit einmaliger Prämienzahlung bestätigt als auch jene mit regelmäßiger Beitragszahlung.[425] Ein exemplarisches Zertifikat sowie die entsprechende Übersetzung finden sich im Anhang dieser Untersuchung unter Abschnitt 6.3.

Auch die Allianz AG ist im muslimisch geprägten Ausland als Anbieter islamkonformer Versicherungsprodukte aktiv: So sind takaful-Produkte von der Allianz unter anderem in den Vereinigten Arabischen Emiraten, in Bahrain

---

[419] Mahlknecht:2010, S. 68.
[420] Derselbe, S. 69.
[421] Ebenda. Siehe auch die Angaben unter http://www.adcb.com/islamic banking/home, zuletzt aufgerufen am 18.08.2011.
[422] http://www.adcb.com/islamicbanking/takafulsavingsprg/regularcontribut/index.asp, zuletzt aufgerufen am 29.08.2011.
[423] Mahlknecht;2010, S. 69-70.
[424] Vergleiche die Angaben zu Noor Takaful unter Abschnitt 2.2.2.
[425] Dieses Zertifikat ist zu beziehen über http://www.adcb.com/Images/Shariah_Certificate2007-Regular_tcm20-31939.pdf, zuletzt aufgerufen am 29.08.2011.

sowie in Indonesien erhältlich.[426] Sowohl den takaful-Lebensversicherungs-
verträgen, die in Indonesien angeboten werden, als auch den entsprechenden Produkten, die in Bahrain und in den Vereinigten Arabischen Emiraten
verfügbar sind, liegt eine wakala-Struktur zu Grunde.[427] Auch in diesen Produkten werden der solidarische takaful-Fonds (hier als Participants Risk Fund
bezeichnet) und der persönliche Investment-Fonds (Participant Investment
Account) getrennt voneinander geführt.[428] Die wakala-Gebühren werden in
diesen Modellen der regulären Prämie, die in den persönlichen Investment-
Fonds eingezahlt wird, entnommen.[429] Die Zahlung des Risikoanteils der
Prämie, also jener Teil, der als tabarru' in den takaful-Fonds fließt, erfolgt
durch die monatliche Entnahme eines Anteils aus dem persönlichen Investment-Fonds.[430]

Angaben zur Kalkulation der Prämien sind bei beiden Anbietern nicht frei
zugänglich, es konnte im Zuge dieser Untersuchung lediglich in einem persönlichen Gespräch mit einem der Anbieter in Erfahrung gebracht werden,
dass dieser keine speziell auf Muslime ausgerichteten Kalkulationsgrundlagen verwendet.[431] Es sei an dieser Stelle erwähnt, dass sich während der im
Zuge der Vorbereitung der vorliegenden Untersuchung Gespräche sowohl
die Ansprechpartner der Allianz Indonesia als auch jene der Noor Islamic
Bank übereinstimmend dahingehend geäußert haben, dass seitens der Kun-

---

[426] Allianz Bahrain (http://www.allianz.com.bh), AGCS Dubai (http://www.agcs.allianz.
com/global-offices/dubai); Allianz SE (Dubai Branch), Allianz Indonesia
(http://www.allianz.co.id), alle zuletzt aufgerufen am 28.08.2011.

[427] Vergleiche die Angaben in der Broschüre der Allianz Indonesia: Allianz Brochure: „Jana Scheme – Securing the precious moments of your life", zu beziehen über
hhtp://allianz.co.id, zuletzt aufgerufen am 15.07.2011. Auch die Angeben eines Mitarbeiters der Allianz Indonesia in einer Email vom 14.07.2011 belegen dies.

[428] Vergleiche die „Jana Scheme Brochure", diese Information wurde zudem von einem
Mitarbeiter der Allianz Indonesia bestätigt.

[429] Siehe die Angaben der Allianz Bahrain unter http://www.allianz.com.bh/Jana_
scheme.htm, zuletzt aufgerufen am 28.08.2011. Unter anderem heißt es hier: „Your
regular contributions, after deduction of minimal Wakalah fees, go into your own account called the Participant Investment Account or PIA. Your accounts value is based
on one or more underlying investment fund(s) of your choice. Units to your PIA are al-
located depending on the price of units for each underlying fund. The cash value of
your policy is, therefore, the total value of units that you hold in your Participant Investment Account".

[430] Ebenda: „On a monthly basis, you donate part of your contributions to a common
takaful pool called Participants Risk Fund. This is done through cancellation of units
from your Participant Investment Account. Your selected benefits, including Life
Cover, are paid from said Participants Risk Fund. The Wakalah fees for policy admini-
stration and fund management are priced in the unit prices."

[431] Gespräch mit Mitarbeitern der Noor Islamic Bank Dubai am 09.02.2011; Email eines
Mitarbeiters der Allianz Indonesia vom 14.07.2011.

den kein Interesse an den jeweils zu Grunde liegenden islamrechtlichen Vertragsstrukturen bestehe – für die Kunden sei es unerheblich, ob es sich um eine wakala-oder eine mudaraba-Konstruktion handele beziehungsweise welche konkreten Strukturen dem jeweiligen Vertrag zu Grunde liegen; vielmehr sei es die Zertifizierung des jeweiligen Produkts als islamkonform, auf die die Kunden Wert legten.[432] Dies deutet abermals auf die relevante Rolle der in Abschnitt 2.1.5 erläuterten Scharia-Boards hin, die offensichtlich auch im Bereich der islamkonformen Versicherungen eine relevante Position innehaben.

3.4 Zusammenfassung

In diesem Teil der Untersuchung wurde die Entwicklung des takaful-Modells, der islamkonformen Alternative zur konventionellen Versicherung, aufgezeigt. Ein Abriss über die jahrhundertelange Auseinandersetzung mit dem konventionellen Versicherungsmodell verdeutlichte zunächst den Wandel der Methodik, derer sich die muslimischen Gelehrten bedienten: Während Ibn Abidin, der sich im frühen 19.Jahrhundert als erster mit der Idee der konventionellen Versicherung befasste, die Zulässigkeit des Versicherungsvertrags gemäß islamrechtlichen Vorgaben dadurch zu prüfen suchte, ob dieser Vertrag einem der bekannten Verträge des fiqh entspräche, und zu einem negativen Ergebnis kam, verlagert sich mit den Ansätzen von Muhammad Abduh und insbesondere mit jenem von Muhammad Bahit der Fokus. Zunehmend stehen die Verbote von riba und gharar im Zentrum der Diskussion, die sich in dieser Zeit – in der ersten Hälfte des zwanzigsten Jahrhunderts – laut Bälz zu den „wichtigsten Schranken der Vertragsfreiheit" entwickeln.[433] Diese beiden Restriktionen gewinnen deshalb an Bedeutung, weil aus Sicht der Gelehrten das wesentliche Hindernis für die Vereinbarkeit des konventionellen Versicherungsvertrages mit dem islamischen Recht in dem Verhältnis begründet ist, in dem Versicherungsnehmer und Versicherer zueinander stehen. Der konventionelle Versicherungsvertrag stellt demnach ein Austauschgeschäft dar, in dem in hohem Maße riba und gharar enthalten seien: So bestehe bei Vertragsabschluss Ungewissheit über die genaue Höhe der zu leistenden Versicherungssumme sowie über den Zeitpunkt dieser Auszahlung. Darüber hinaus würden in der Praxis konventioneller Versicherer die eingezahlten Prämien in zinsbasierte Anlagegeschäfte investiert.

---

[432] Diese Angaben machten Mitarbeiter der Noor Islamic Bank Dubai in einem Gespräch am 13.02.2011 sowie ein Mitarbeiter der Allianz Indonesia in einem Telefonat am 21.07.2011.

[433] Bälz:1997, S. 49.

Im Zuge einer zunehmend systematischen Auseinandersetzung, die ab der zweiten Hälfte des zwanzigsten Jahrhunderts einsetzte, wurde in mehreren Resolutionen, unter anderem in jener der First Conference for Islamic Economy (1976) und in der Resolution des Fiqh Council of the Muslim World League (1978), das konventionelle Versicherungsmodell für unzulässig erklärt und als Alternative das takaful-Modell empfohlen. In diesem Modell wird auf den Ansatz von as-Sanhuri Bezug genommen, der als einer der ersten das Verhältnis der Versicherungsnehmer untereinander in den Vordergrund rückte und die Legitimität gegenseitiger Unterstützung innerhalb einer Gruppe von Personen, die demselben Risiko ausgesetzt seien, für zulässig erklärte. Zu besagter gegenseitiger Unterstützung (ta'awun) würden die Muslime im Koran aufgerufen.[434]

Das Versicherungsunternehmen stellt in diesem Modell nur ein Medium zur Organisation der Versicherungsnehmer dar; eine Risikoübernahme gegen Prämienzahlung – und somit eine Risikotransformation – ist für das Verhältnis zwischen Versicherungsnehmer und Versicherungsunternehmen nicht mehr vorgesehen. Das Verhältnis der Versicherungsnehmer untereinander sei nicht als Verhältnis von Parteien eines Austauschgeschäftes aufzufassen, vielmehr handele es sich um ein unentgeltliches Geschäft, bei dem die Prämien als Spenden (tabarru'at) zu verstehen seien, die in einen solidarischen Gemeinschaftsfonds (takaful-Fonds) fließen. Die Prämien gehen dabei zu keinem Zeitpunkt der Vertragslaufzeit in das Eigentum des Versicherungsunternehmens über.[435]

Vor diesem Hintergrund wurden die Möglichkeiten der Umsetzung dieser Modells aufgezeigt: So kann dem takaful-Vertrag entweder eine mudaraba-Konstruktion, eine wakala-Konstruktion oder aber eine Mischform zu Grunde liegen. Auch Lebensversicherungsprodukte können auf der Basis des takaful-Modells gestaltet werden. Dies geschieht, indem dem gemeinschaftlichen takaful-Fonds ein jeweils individueller Investment-Fonds hinzugefügt wird. Die Spar- und die Versicherungskomponente werden auf diese Weise separat voneinander berücksichtigt. Die anschließenden Beispiele aus der Praxis, die Angebote islamkonformer Lebensversicherungsprodukte mit deutscher Beteiligung illustrieren, weisen viele Gemeinsamkeiten auf: So basieren unter anderem beide Produkte auf der wakala-Struktur, wobei die jeweilige Gebühr proportional zur Höhe der Einlage angesetzt wird. Die von Akteuren des Marktes gewonnenen Informationen weisen zudem deutlich

---

[434] Hier wird stets Koran 5:2 angeführt.

[435] Dieser Aspekt wird in der vorliegenden Literatur als Merkmal zur Abgrenzung vom konventionellen, kommerziellen Versicherungsmodell erwähnt, siehe unter anderem Jaffer:2011, S. 3 sowie Ali:o. J., S. 50.

auf die Relevanz der Scharia-Boards und der Etikettierung des jeweiligen Produkts als „islamkonform" hin.

Nachdem nun die wesentlichen theoretischen und praktischen Grundlagen des takaful-Prinzips dargelegt worden sind, sollen diese Informationen und Erkenntnisse im nun folgenden Teil der vorliegenden Untersuchung in Verbindung mit den rechtlichen Rahmenbedingungen für Lebensversicherungen in Deutschland und den wesentlichen Grundzügen des Islamic Finance als Basis für die Konzeption eines islamkonformen Lebensversicherungsproduktes dienen, das in den deutschen Rechtsrahmen integriert werden könnte.

4 Die islamkonforme Lebensversicherung im deutschen Rechtsrahmen

Das in den vorangegangenen Abschnitten erläuterte Konzept der islamkonformen Versicherung hat in den vergangenen vier Jahrzehnten, wie bereits im dritten Teil der vorliegenden Untersuchung erläutert wurde, eine enorme Entwicklung sowie ein hohes Wachstum zu verzeichnen.[436] Laut Peisker hat das takaful-Modell „mittlerweile sogar das Potenzial erreicht, auch die Versicherungsmärkte der traditionell nicht-muslimischen Länder des Westens als konkurrenzfähiges Absicherungsprodukt zu betreten".[437] Ebenfalls wurde bereits angedeutet, dass auch Deutschland als möglicher Absatzmarkt für islamkonforme Versicherungsprodukte zunehmend in den Fokus entsprechender Anbieter rückt: So werden in einigen der entsprechenden Publikationen sowohl die hohe Anzahl von in Deutschland lebenden Muslimen als auch die traditionell gewachsenen und weit entwickelten Strukturen des deutschen Versicherungsmarktes als Indikatoren dafür gedeutet, dass islamkonforme Versicherungsprodukte hier erfolgreich vertrieben werden könnten[438] – laut von Pock und Röckemann beispielsweise sei „zu erwarten, dass bei einem adäquaten Angebot türkische Kunden sowohl von konventionellen Versicherern abwandern als auch diejenigen Kundengruppen erreicht werden, die heute aus religiösen Gründen auf Versicherungen konventioneller Art verzichten".[439]

Bereits an diesem Zitat wird ein Phänomen deutlich, das in der überwiegenden Mehrheit der Publikationen zur möglichen Einführung von Islamic Finance-Produkten in Deutschland – seien es Bank-oder Versicherungsprodukte – zu beobachten ist: Bei der Frage nach dem möglichen Marktpotential derartiger Produkte erfolgt zumeist eine Konzentration auf die türkischen Muslime, die in Deutschland leben, beziehungsweise auf Personen türkischer Herkunft, die als Muslime oder als dem Islam verbunden eingeschätzt werden.[440] Diese „türkischen Muslime" werden von Skeptikern jedoch häufig aufgrund ihrer angenommenen säkularen Religionsauffassung und aufgrund des in der Türkei dominierenden konventionellen Banken- und Versicherungssystems skeptisch als Zielgruppe betrachtet.[441] Obwohl das Markt-

---

[436] Siehe hierzu die Angaben in Abschnitt 2.2.2.

[437] Peisker:2010, S. 226.

[438] Siehe unter anderem Abbas:2009, S. 60: „These customers [the Muslim population in the EU and the US] are already buying insurance and are obviously much more aware about protection, especially in Europe and the US, and the challenge for all of us is to make products relevant for them".

[439] Von Pock/Röckemann:2004, S. 1220.

[440] Peisker: 2010, Alexander/Blume/Braune:2010, Wackerbeck: 2006.

[441] Ebert/Thießen:2010, S. 14 sowie Dohms:2011. Mitunter wird das Argument vorgebracht, dass sich türkischstämmige Personen aufgrund der säkularen, konventionel-

potential und die Erschließung potentieller Kunden für islamkonforme Versicherungsprodukte in Deutschland nicht im Fokus der vorliegenden Untersuchung stehen, sollen doch an dieser Stelle einige kurze Anmerkungen zu diesen Aspekt erlaubt sein, die im Übrigen auch bei der später zu erörternden Prämienkalkulation eines islamkonformen Lebensversicherungsproduktes relevant sein werden.

Grundsätzlich ist es äußerst problematisch, die genaue Zahl der in Deutschland lebenden Muslime zu erfassen – Alexander, Blume und Braune sprechen daher in diesem Zusammenhang unter Bezug auf Frerk von der „potenziellen muslimischen Bevölkerung in Deutschland".[442] Die Autoren betonen, dass grundsätzlich „bei allen statistischen Daten die methodische Schwierigkeit [besteht], dass nicht linear von Merkmalen wie Staatsangehörigkeit oder Steuerpflichtigkeit auf die Religiosität des Einzelnen geschlussfolgert werden kann".[443] Auch Wackerbeck weist darauf hin, dass es seitens des Statistischen Bundesamtes keine genauen Angaben über in Deutschland lebende Muslimen gäbe.[444] Aufgrund dieser Ungewissheit wird zumeist auf Angaben über Migranten in Deutschland beziehungsweise auf Personen mit Migrationshintergrund zurückgegriffen – deren größte Gruppe jene der Türken mit rund 2,4 Millionen darstellt.[445] Das Ausweichen auf diese Gruppe wird von Wackerbeck damit begründet, dass „verlässliche Informationen zu den sozioökonomischen und soziodemografischen Merkmalen der in Deutschland lebenden Muslime ... nur für diese 2,4 Mio. Personen" vorliegen.[446] Doch ebenso stellt Wackerbeck fest, dass sich das „Nachfragepotenzial nach islamischen Versicherungsprodukten in Deutschland ... aus der Soziodemographie der hier lebenden Muslime in Verbindung mit ihren sozioökonomischen

---

len Prägung des türkischen Finanz- und Bankwesens nicht für islamkonforme interessieren würden. Diesem Argument wurde bereits in Abschnitt 2.2.4.2 jenes Interesse entgegenhalten, auf das das Investment-Angebot der Yimpas-Group stieß. Darüber hinaus vollzieht sich auch auf dem türkischen Finanzmarkt die Entwicklung hin zu mehr islamkonformen Angeboten, wie unter anderem Jaffer zeigt. Jaffer :2011, S. 4– 5. Bestünde also tatsächlich eine Orientierung der türkischstämmigen Kunden am türkischen Finanzmarkt und dessen Strukturen, so wäre die Idee des Islamic Finance also nicht unbekannt.

[442] Siehe hierzu bitte die ausführlichen Darlegungen von Alexander/Blume/Braune:2010, S. 83 sowie S. 85–87.
[443] Alexander/Blume/Braune:2010, S. 86.
[444] Wackerbeck:2006, S. 3.
[445] Ebenda sowie Alexander/Blume/Braune:2010, S. 85, hier ist auch die Definition des Begriffes „Migrationshintergrund" des Statistischen Bundesamtes zu finden.
[446] Wackerbeck :2006, S. 3.

Merkmalen, insbesondere ihren Einkommens- und Vermögensverhältnissen" ergebe.[447]

Nach Auffassung der Verfasserin der vorliegenden Untersuchung kann jedoch dieses Nachfragepotential nicht durch die Fokussierung auf die in Deutschland lebenden Personen türkischer Herkunft erfasst werden. Nicht nur, dass allen türkischstämmigen Personen in Deutschland damit – im wertfreien Sinne – unterstellt wird, muslimischen Glaubens zu sein[448], durch diese Herangehensweise werden zudem alle in Deutschland lebenden Muslime anderer Herkunft vernachlässigt. Laut dem Bundesamt für Migration und Flüchtlinge (im Folgenden: BAMF) stammen die in Deutschland lebenden Muslime „(ursprünglich) aus rund 50 Ländern".[449] So leben in Deutschland etwa 355.000 Muslime aus südosteuropäischen Staaten; weitere rund 353.000 Angehöriger muslimischer Glaubensgemeinschaften stammen ursprünglich aus „dem Iran und Ländern Süd- Südostasiens, Zentralasiens/der GUS, dem Nahen Osten, Nordafrikas oder des restlichen Afrikas".[450] Hinzu kommen noch zwischen 13.000 und 100.000 Konvertiten ohne Migrationshintergrund – bezüglich dieser Gruppe weichen die Angaben am meisten voneinander ab.[451]

Obwohl also Autoren wie Alexander, Blume und Braune sowie Wackerbeck darauf hinweisen, dass allein der Bezug auf die türkischstämmigen potentiellen Muslime in Deutschland nicht ausreicht, um den möglichen Bedarf an islamkonformen Finanzprodukten in Deutschland zu erfassen, nutzen sie und andere Autoren eben diese Angaben, um das Marktpotential von Islamic Finance in Deutschland zu untersuchen. So erwähnt Wackerbeck, dass gegenwärtige Auseinandersetzungen mit dem Marktpotential islamkonformer Finanz- und Versicherungsprodukte häufig lediglich „Ratschläge für eine Islamspezifische Konzeptionalisierung eines Ethnomarketings vor allem für die zahlreichen türkischstämmigen Muslime in Deutschland" münden[452]. Es

---

[447] Ebenda.

[448] Es ist nochmals anzumerken, dass Alexander/Blume/Braune hierauf hinweisen und daher von einer „potenziellen muslimischen Bevölkerung in Deutschland" sprechen, Alexander/Blume/Braune: 2010, S.85–87.

[449] DIK:2010, über www.integration-in-deutschland.de/nn_282926/nn_SubSites/ Integration/DE/01_Ueberblick/ThemenUndPerspektiven/Islam/Deutschland/ deutschland-node.html?__nnn=true, zuletzt aufgerufen am 28.08.2011.

[450] Ebenda.

[451] Ebenda. Siehe auch die Angaben unter http://www.badische-zeitung.de/deutschland-1/konvertiten-in-deutschland--25160149.html, zuletzt aufgerufen am 28.08.2011.

[452] Wackerbeck: 2006, S. 1. Alexander/Blume/Braune geben auch an, für ihre Untersuchungen Befragungen durchgeführt zu haben, doch erschließt sich nicht eindeutig, nach welchem Schema die Befragten ausgewählt wurden – so werden sechs Städte genannt, in denen Muslime befragt worden seien und es wird betont, dass Moschee-

scheint jedoch nicht ergebnisfördernd zu sein, sich aufgrund mangelnder anderweitiger Informationen und statistischer Grundlagen bewusst auf nicht ausreichende Angaben zu beziehen, die nur einen Teil der möglichen Zielgruppe abdecken und dies aufgrund der von den Autoren selbst in Zweifel gezogenen Annahme, dass von „Merkmalen wie Staatsangehörigkeit oder Steuerpflichtigkeit auf die Religiosität des Einzelnen geschlussfolgert werden" könne.[453] Vielmehr sollte hier eine gezielte Marktforschung betrieben werden, die sich nicht auf die bisherigen Methoden, die von den besagten Autoren selbst als unzureichend eingeschätzt werden, beschränkt, sondern auch andere Wege der Erkenntnisgewinnung einbezieht – neben großflächig und systematisch angelegten Befragungen und Erhebungen in Moscheevereinen und Verbänden sollten in diesem Zusammenhang auch die medialen Möglichkeiten der so genannten Social Networks genutzt werden.[454]

Gerade angesichts der demographischen Entwicklung Deutschlands, der zu Folge die Gruppe der Älteren immer größer wird, sollte es für Anbieter jeder Form der privaten Altersvorsorge ein Anliegen sein, jüngere Kunden zu gewinnen.[455] Diese können über Internet-Netzwerke wie facebook und xing auf die Produkte aufmerksam gemacht werden; zudem können hier bestehende Foren genutzt werden, um Informationen über das Kundenverhalten und über das mögliche Interesse an islamkonformen Produkten zu gewinnen.[456]

---

vereine ausgewählt wurden, „die einerseits arabischsprachige Muslime und andererseits türkischstämmige Muslime erreichen, ...ebenso wurden deutsche Konvertiten berücksichtigt", Alexander/Blume/Braune:2010, S. 84. Insgesamt seien 111 Fragebögen ausgewertet worden. Zum Verhältnis der Herkunftsländer, der Zugehörigkeit zur Sunna oder Schia werden keine Angaben gemacht. Zudem erscheint es nicht schlüssig, dass die Befragungen, bei denen offensichtlich Wert auf die Berücksichtigung der Heterogenität der Muslime in Deutschland gelegt wurde, in Zusammenhang mit statistischen Aussagen über das Einkommen und Sparverhalten sowie die Religiosität der muslimischen Bevölkerung in Deutschland gebracht werden, die wiederum ausschließlich auf Angaben über türkischstämmige Migranten bzw. Personen mit türkischem Migrationshintergrund gebracht werden (vergleiche hierzu Alexander/Blume/Braune:2010, S. 85–95).

[453] Alexander/Blume/Braune:2010, S. 86.

[454] Die bisher einzige verfügbare Befragung, die konkret mit islamkonformen Versicherungen zusammenhängt, wurde 2006 von Wackerbeck durchgeführt. Im Rahmen dieser Untersuchung konnten jedoch lediglich 207 Fragebögen ausgewertet werden Wackerbeck:2006, S. 3.

[455] Zur demographischen Entwicklung Deutschland siehe unter anderem die Angabe der Bundeszentrale für Politische Bildung unter http://www.bpb.de/themen/OTVK4U,0,0,Demografischer_Wandel_in_Deutschland.h tml; zuletzt aufgerufen am 28.08.2011.

[456] Siehe www.facebook.com sowie www.xing.com. Zu Marketing und Marktforschung in sozialen Netzwerken siehe unter anderem Leiseberg:2008, sowie mit explizitem Bezug auf die Aktivitäten islamkonformer Finanzdienstleister in sozialen Netzwerken

Auf diesem Wege würde zudem der Erkenntnisgewinn darüber erleichtert, ob auch Nicht-Muslime zur potentiellen Zielgruppe gerechnet werden können. Wie unter anderem das Unternehmen Oliver Wyman betont, könnten mit takaful-Produkten durchaus auch Nicht-Muslime angesprochen werden: „The distinct features of the Takaful product – such as transparency over product profitability, an element of profit share, and the limitations on acceptable investments (...) – may be attractive to the growing 'ethical investment' segment".[457] Zu potentiellen Kunden, die nicht zur primären Zielgruppe der Muslime zählen, die aber möglicherweise Interesse an alternativen Vorsorgeprodukten haben, könnte auch über die Informations-Kanäle der Social Networks Zugang geschaffen werden – bereits jetzt verfügen einschlägige Unternehmen beispielsweise über eigene Profile bei facebook.[458]

Die Aussage bei Wyman verdeutlicht zudem erneut die mögliche Bedeutung des SRI-Gedankens im Zusammenhang mit der Einführung islamkonformer Finanzprodukte im Allgemeinen und takaful-Produkte im Besonderen. An anderer Stelle wird zudem auf die Ähnlichkeiten hingewiesen, die zwischen dem takaful-Konzept und dem Prinzip der Versicherung auf Gegenseitigkeit herrschen: „Though Islamic financial services are barely understood by the Western consumer, the concept of mutuality and co-operative insurance is indeed present in many European countries ... takaful has a genuine opportunity to headway with non-Muslims compared to other offerings in the Islamic finance universe".[459] Diese Ansätze könnten von Versicherungsunternehmen, die Interesse an der Erweiterung ihres Produktportfolios um islamkonforme Produkte haben, auch in der persönlichen Kundenansprache aufgegriffen werden: Gerade im Versicherungsgeschäft stehen Kunde und Berater zumeist in persönlichem Kontakt – auf dieser Basis könnten die Kunden zu ihrer grundsätzliche Einstellung zu einem islamkonformen Versicherungsprodukt befragt werden. International agierende Unternehmen, die bereits im Ausland takaful-Produkte anbieten, sollten unbedingt die Erfahrungswerte der entsprechenden ausländischen Unternehmenszweige nut-

---

McNamara:2011, S.1 sowie S.3. Siehe auch folgende Gruppen im Netzwerk facebook: ifIS Islamic Banking, Islamic Finace.de – Islamic Banking and Takaful, The Islamic Globe, Islamic Finance Resource sowie allgemeine Gruppen mit Bezug auf muslimisches Leben, die geeignet wären wie The Muslim Network oder Muxlim. Auch das Netzwerk xing weist Gruppen mit Bezug auf Islamic Finance auf, unter anderem bestehen die Gruppen Islamische Finanzierung, sowie Islamic Real Estate Finance.

[457] Wyman, S.5, siehe hierzu auch MacFarlane:2007, S. 17.

[458] So haben unter anderem die ERGO Versicherungsgruppe, die Allianz AG, Gothaer Versicherungen eigene Profile bei facebook angelegt. Die Zulässigkeit eines takaful-Vertrags für Nicht-Muslime erläutert Billah:2007, S. 294.

[459] Abbas:2009, S. 61. Diese Ähnlichkeit zur Versicherung auf Gegenseitigkeit wird in Abschnitt 4.1.2 noch eingehender untersucht.

zen – gerade in den arabischen Golfstaaten erreichen islamkonforme Versicherungsprodukte mitunter hohe Anteile bei nicht-muslimischen Kunden.[460] Es wird deutlich, dass die Erschließung des Marktpotentials einer systematischen, professionellen Herangehensweise bedarf. Die hier gemachten Anmerkungen mögen daher auch nur als eine Anregung verstanden werden, aufgrund der erläuterten Schwierigkeit der Erfassung der Zielgruppe(n), die ein takaful-Produkt in Deutschland ansprechen könnte, neue Wege der Markterschließung zu beschreiten. Diese Anmerkungen sollten an dieser Stelle erfolgen, um zu verdeutlichen, dass bei der theoretischen Auseinandersetzung mit den rechtlichen Rahmenbedingungen und Möglichkeiten für eine islamkonforme Versicherung in Deutschland in der vorliegenden Untersuchung auch die Möglichkeiten einer konkreten Umsetzung der zu erarbeitenden Kenntnisse einbezogen werden. Die Voraussetzung für jegliche praktische Umsetzung des takaful-Modells innerhalb des deutschen Rechtsrahmens stellen aber selbstverständlich die rechtlichen Möglichkeiten dar, denen dieser Teil der Untersuchung gewidmet ist.

4.1 Bestandsaufnahme: Rechtliche und praktische Hürden für das takaful-Modell in Deutschland

Die Erläuterungen der ersten drei Teile der vorliegenden Untersuchung deuten darauf hin, dass der konventionelle Lebensversicherungsvertrag und der islamkonforme family takaful-Vertrag sowohl Ähnlichkeiten als auch Unterschiede in formaler, funktionaler und rechtlicher Hinsicht aufweisen. Angesichts der dargelegten Strukturen des takaful-Modells stellt sich die Frage, ob ein Versicherungsvertrag, der dem takaful-Modell entspricht, derart in die Praxis umgesetzt werden kann, dass er sowohl den islamrechtlichen Maßgaben entspricht als auch mit dem deutschen Rechtsrahmen vereinbar ist. Zudem ist zu untersuchen, ob – und falls ja, welche – Modifikationen am takaful-Modell vorzunehmen sind, um die besagte Übereinstimmung mit dem deutschen Recht gewährleisten zu können. So ist zunächst die grundsätzliche Frage danach zu beantworten, ob ein dem takaful-Konzept entsprechendes Versicherungs-Produkt beziehungsweise ein auf dem takaful-Konzept basierender Versicherungsvertrag dem VAG und somit der Versicherungsaufsicht unterliegt. Sofern dies bejahend beantwortet werden kann, muss geklärt werden, welche Rechtsform für den Anbieter einer islamkonformen Lebensversicherung in Frage kommt, um jenes Verhältnis zwischen Versicherungsnehmern und Versicherer, das im takaful-Konzept ge-

---

[460] Als Beispiel für islamkonform arbeitende Anbieter mit einem relativ großen nicht-muslimischen Kundenstamm wurden in Gesprächen mit Akteuren hier mehrfach die Noor Takaful sowie die HSBC Amanah genannt.

fordert wird, abbilden zu können. Auch die Wahl eines passenden Versicherungs-Typs muss erfolgen. Angesichts der speziellen Vorgaben des islamischen Erbrechts muss zudem erörtert werden, welche Vertrags-Konstruktion geeignet wäre, um die Anwendung islamischen Erbrechts gegebenen Falls zu ermöglichen. Weitere zu klärende Aspekte betreffen die Grundlagen der Prämienkalkulation, die zur Verfügung stehenden Anlagemöglichkeiten für die eingezahlten Beiträge sowie die hier greifenden gesetzlichen Vorgaben. Nachdem diese grundsätzlichen Fragen beantwortet wurden, soll abschließend ein mögliches Konzept für ein islamkonformes Lebensversicherungsprodukt erarbeitet werden, um die vorangegangenen Erkenntnisse dieser Untersuchung praxisbezogen zu veranschaulichen.

4.1.1 Die islamkonforme Lebensversicherung – ein Versicherungsgeschäft gemäß VAG?

Ob ein takaful-Lebensversicherungsprodukt, das in Deutschland angeboten werden soll, den Maßgaben des VAG unterliegt, hängt zunächst davon ab, ob das anbietende Unternehmen der Versicherungsaufsicht unterliegt. Laut § 1 Abs.1 VAG unterliegen der Aufsicht des VAG „1. Unternehmen, die den Betrieb von Versicherungsgeschäften zum Gegenstand haben und nicht Träger der Sozialversicherung sind (Versicherungsunternehmen), 2. Pensionsfonds im Sinne des § 112 Abs.1 und 3. Versicherungszweckgesellschaften im Sinne des § 121g".[461] Für das vorliegende Unterfangen, ein takaful-Produkt auf dem deutschen Markt anzubieten, wird im Folgenden auf die unter Punkt 1 genannte Form Bezug genommen. Das anbietende Unternehmen muss über eine Erlaubnis zur Geschäftstätigkeit gemäß § 5 VAG verfügen. Gemäß der Richtlinie 2002/83/EG des Europäischen Parlaments und des Rates darf ein Versicherungsunternehmen, das mit seinem Geschäftssitz in einem Mitgliedstaat der Europäischen Union niedergelassen ist, auf dem europäischen

---

[461] Unter einem Pensionsfonds ist ein „rechtlich selbstständiger Versorgungsträger in der bAV [betriebliche Altersvorsorge], der auf seine im Wege der Kapitaldeckung finanzierten Leistungen einen Rechtsanspruch gewährt" zu verstehen; „durch die einschlägigen steuerlichen Regelungen – insbesondere des §3 Nr.66 EStG – sind Pensionsfonds bes. für die Übernahmen zuvor intern finanzierter Versorgungspflichten geeignet". http://wirtschaftslexikon.gabler.de/Definition/pensionsfonds.html, zuletzt aufgerufen am 21.07.2011. Eine Versicherungszweckgesellschaft ist „eine Kapitalgesellschaft oder eine Personengesellschaft mit Sitz oder Hauptverwaltung im Inland, die kein Erst- oder Rückversicherungsunternehmen ist und Risiken von Erst- und Rückversicherern übernimmt, wobei sie die Schadensrisiken vollständig über die Emission von Schuldtiteln oder einen anderen Finanzierungsmechanismus absichert, bei dem die Rückzahlungsansprüche der Darlehensgeber oder der Finanzierungsmechanismus den Rückversicherungsverpflichtungen der Gesellschaft nachgeordnet sind (...)" § 121g Abs. 1 VAG.

Binnenmarkt das Versicherungsgeschäft betreiben; es unterliegt dabei der Aufsicht des Herkunftsmitgliedstaates, in dem sie ihre Zulassung erhalten haben.[462]

Wie bereits erwähnt wurde, beinhaltet das VAG keine Definition der Begriffe „Versicherung" und „Lebensversicherung"; in der Anlage zum VAG ist lediglich eine Einteilung der zu versichernden Risiken nach Sparten zu finden.[463] Um festzustellen, ob ein takaful-Anbieter als Unternehmen, das „den Betrieb von Versicherungsgeschäften zum Gegenstand" (§ 1 VAG) gelten kann, muss auf die ebenfalls bereits erwähnte Begriffseingrenzung des BVerwG aus dem Jahre 1992 Bezug genommen werden, auf die sich auch die BaFin bezieht und laut der ein Versicherungsgeschäft dann vorliegt, „wenn gegen ein Entgelt für den Fall eines ungewissen Ereignisses bestimmte Leistungen versprochen werden, wobei das übernommene Risiko auf eine Vielzahl durch die gleiche Gefahr bedrohter Menschen verteilt wird und der Risikoübernahme eine auf dem Gesetz der großen Zahlen beruhende Kalkulation zugrunde liegt".[464] Wie in Abschnitt 3.2 gezeigt wurde, weicht das takaful-Prinzip in funktionaler Hinsicht kaum von diesem konventionellen Versicherungsprinzip ab: Die Versicherungsnehmer zahlen einen Beitrag, um im Falle des Eintretens eines ungewissen Ereignisses wirtschaftlichen Schaden absichern zu können – diese Absicherung wird auf der Basis des Gesetzes der großen Zahl durch den Zusammenschluss einer Gruppe von Personen, die dem gleichen Risiko ausgesetzt sind, ermöglicht.

Problematisch ist im Zusammenhang mit den verwendeten Termini das Element des Entgelts zu sehen, gegen dessen Leistung - laut Definition des BVerwG – das Risiko versichert wird. Der konventionelle Versicherungsvertrag stellt der Definition des BVerwG zu Folge ein Austauschgeschäft von Leistung und Gegenleistung dar: Die Leistung besteht in der Zahlung der Prämie, die Gegenleistung ist das Versprechen, beim Eintritt des jeweils vertraglich vereinbarten Ereignisses die vereinbarte Versicherungssumme zu zahlen.[465] Dies scheint zunächst im Gegensatz mit der spezifischen Eigen-

---

[462] Siehe unter anderem Absatz 8 der Richtlinie 2002/83/EG. Allerdings können in einem anderen EU-/EWR-Mitgliedstaat ansässige VR in Deutschland auch ohne Niederlassung tätig sein (Dienstleistungsfreiheit; S. §§ 110 a, 111 VAG). Zu den weiteren Angaben für Unternehmen aus EU- und WR-Mitgliedstaaten siehe §§ 105–110 VAG. Vergleich auch die Angaben für Tochterunternehmen europäischer Unternehmen über http://ec.europa.eu/internal_market/smn/smn11/sp11_de.htm, zuletzt aufgerufen am 28.08.2011.

[463] Gemäß der Anlage zum VAG bestehen 25 Sparten der Versicherung, darunter die Sparten Unfall, Krankheit, Feuer- und Elementarschäden, Allgemeine Haftpflicht, Leben, und Fondsgebundene Lebensversicherung.

[464] Abschnitt 1.1.

[465] Vergleiche die Ausführungen in Abschnitt 1.1.

schaft des takaful-Modells zu stehen, das seine Zulässigkeit im Sinne des islamischen Rechts gerade dadurch zugesprochen bekommt, dass es sich um ein unentgeltliches Geschäft handele, also um ein Geschäft, bei dem für eine Leistung keine Gegenleistung erwartet wird.[466] Die Unentgeltlichkeit bezieht sich hier aber auf das Verhältnis der Versicherungsnehmer untereinander - diese haben von den anderen Versicherungsnehmern keine schuldrechtliche Leistung zu erwarten, sondern lediglich die Unterstützung (ta'awun) bei Eintritt des Versicherungsfalles.[467] Diese gegenseitige Unterstützung sei ein koranisches Gebot, das in Koran 5:2 ausgesprochen werde. Die Prämie wird im takaful-Modell als tabarru', also als „unentgeltliche Zuwendung", aufgefasst.

Diese theoretische Qualifizierung des Verhältnisses der Versicherungsnehmer als unentgeltlich ändert in funktionaler und praktischer Hinsicht jedoch nichts an dem Umstand, dass der Versicherungsnehmer die Prämie entrichtet, um beim Eintritt eines vertraglich vereinbarten Ereignisses die jeweils vereinbarte Versicherungs-Leistung durch Unterstützung beziehungsweise unter Beteiligung der anderen Versicherungsnehmer zu erhalten: „The participants make voluntary contributions (Tabarru) to a fund (participants' fund), which in turn provides financial aid to those that suffer a loss".[468] Auch Anwar weist darauf hin, dass das takaful-Konzept und jenes der konventionellen Versicherung in funktionaler Hinsicht ähnlich seien und begründet dies ebenfalls mit dem Prinzip der Beitragsleistung: „Takafol and insurance provide cover for defined losses only to the participants in exchange of premium payments...only the contributers to the tabarru', like the insured, are entitled to obtain indemnity benefits out of the tabarru'".[469] Die dem islamischen Recht entnommene Bezeichnung der Beiträge als tabarru' und deren Qualifizierung als „unentgeltliche Zuwendungen" muss demnach nicht im Widerspruch zur oben genannten Auffassung der BVerwG stehen, laut der ein Versicherungsgeschäft dann vorliegt, „wenn gegen ein Entgelt für den Fall eines ungewissen Ereignisses bestimmte Leistungen versprochen werden".[470]

Wie im dritten Teil dieser Untersuchung dargelegt wurde, übernimmt der takaful-Operator die Einteilung der Versicherungsnehmer in passende Risikogruppen, die Organisation des Sammelns der Prämien, ihre Verwahrung, ihre Investition und organisiert die Leistung der Versicherungssumme im Versicherungsfall.[471] Für diese organisatorischen Aufgaben, die nur den Rahmen für die Versicherung darstellen, erhält das Unternehmen eine Ge-

---

[466]   Siehe hierzu die zitierten Ausführungen von Billah:2007 in Abschnitt 3.2.
[467]   Vergleiche ebenfalls Billah:2007, S. 265.
[468]   Alpen Capital:2010, S.22.
[469]   Anwar:1994, S.1326.
[470]   Siehe Abschnitt 1.1.
[471]   Siehe die Abschnitte 3.2 bis 3.2.3.

bühr – Aufgabe und Leistung des Unternehmens bestehen also nicht in der Übernahme des versicherten Risikos, sondern in der Organisation der gemeinschaftlichen Risikoübernahme. Insbesondere der Aspekt der gemeinschaftlichen Risikoübernahme im takaful-Modell entspricht der Konzeption des Versicherungsvereins auf Gegenseitigkeit (im Folgenden: VVaG), auf die in Abschnitt 4.1.2 näher eingegangen wird.

In der vorliegenden Literatur wird erwähnt, dass bei einer auf der takaful-Struktur basierenden Versicherung die Prämien sowie die Überschüsse im Gegensatz zu einer konventionellen Versicherungs-Aktiengesellschaft (im Folgenden: Versicherungs-AG) nicht in das Eigentum beziehungsweise in die Bilanz des Versicherungsunternehmens übergehen: Im takaful-Modell werden diese Überschüsse zunächst grundsätzlich unter den Versicherungsnehmern aufgeteilt – je nachdem, welches takaful-Modell zu Grunde liegt, erhält der Versicherer dann entweder eine aus dem takaful-Fonds zu entnehmende Gebühr (wakala-Modell), eine Beteiligung an den Überschüssen, die aus der Kapitalanlagetätigkeit erwirtschaftet werden (mudaraba-Modell), oder an beiden genannten Überschussarten beteiligt (im Hybrid-Modell).[472] Dementsprechend sind mögliche Verluste im Falle der konventionellen Versicherungsgesellschaft von den Gesellschaftern mitzutragen, während im takaful-Konzept theoretisch die Versicherungsnehmer eintretende Verluste zu tragen haben.[473]

Um die Frage zu beantworten, ob dieses Verfahren vereinbar mit den Vorgaben des VAG ist, muss zunächst dargelegt werden, ob besagtes Verfahren im Rahmen einer der laut VAG zulässigen Rechtsformen umsetzbar ist, innerhalb derer Versicherungsgeschäfte in Deutschland betrieben werden dürfen. An dieser Stelle der Untersuchung kann jedoch festgehalten werden, dass ein Versicherungsgeschäft, das den takaful-Strukturen entsprechend gestaltet ist, offensichtlich als „Versicherungsgeschäft" im Sinne der Rechtsprechung des BVerwG qualifiziert werden kann – ein Unternehmen, das ein derartige Geschäft betreibt, fiele demnach unter das VAG. Bevor dies jedoch abschließend zu beantworten ist, muss geprüft werden, ob jene Maßgaben, die dem VAG hinsichtlich der Rechtsform, der Prämienberechnung und der Prämienverwendung zu entnehmen sind, mit den Strukturen des takaful-Modells vereinbar sind.

---

[472] Alpen Capital:2010, S. 22.
[473] Verluste, die aus der Kapitalanlagetätigkeit entstehen, sind aufgrund des mudaraba-Modells, dem die Kapitalanlage unterliegt, von der Versicherungsnehmern in ihrer Eigenschaft als rabb al-mal zu tragen; im Falle versicherungstechnischer Verluste stellt der takaful-Operator ein qard hasan zu Verfügung, das im Nachhinein über die Beiträge zurückgezahlt wird. Siehe hierzu unter anderem Abschnitt 3.2 sowie Mahlnkecht:2010, S. 63–64 und Alpen Capital:2010, S. 22.

4.1.2 Möglichkeiten der Umsetzung: Die Rechtsform

Wie bereits in Abschnitt 1.2.1.3 erwähnt wurde, sind laut § 7 Abs. 1 VAG folgende Rechtsformen für den Betrieb des Versicherungsgeschäftes in Deutschland zulässig: Die Aktiengesellschaft (AG), der Versicherungsverein auf Gegenseitigkeit (VVaG) sowie Körperschaften öffentlichen Rechts.[474] In der zum takaful-Prinzip vorliegenden Literatur wird oftmals auf die Ähnlichkeit der takaful-Strukturen mit jenen der Versicherung auf Gegenseitigkeit hingewiesen. So heißt es unter anderem bei Amin und Kahn: „It can be useful to think of the takaful business as a mutual insurance company with specific constraints … contained within a shareholder owned ‚wrapper'".[475] Dieser in den konsultierten Quellen gezogene Vergleich ist nicht ausschließlich auf das deutsche Modell des Versicherungsvereins auf Gegenseitigkeit (VVaG) bezogen, sondern schließt auch das angelsächsische Modell der Versicherung auf Gegenseitigkeit (mutual insurance) ein.[476] Da es in der vorliegenden Untersuchung jedoch um die Integration des takaful-Vertrages in den deutschen Rechtsrahmen geht, soll im Folgenden vorrangig geprüft werden, ob ein takaful-Lebensversicherungs-Produkt im Rahmen der Rechtsform des VVaG in Deutschland umgesetzt werden könnte. Die rechtliche Grundlage des VVaG ist in den §§ 15 bis 53b VAG festgelegt.[477] Die in der Literatur herangezogenen Vergleiche mit dem generellen Prinzip der Versicherung auf Gegenseitigkeit werden in den folgenden Ausführungen jedoch auch in begrenztem Maße berücksichtigt.

Zunächst besteht eine Ähnlichkeit zwischen dem VVaG und dem takaful-Konzept hinsichtlich des gegenseitigen, solidarischen Versicherungsprinzips. Nur wer Vereinsmitglied im VVaG ist, kann auch Versicherungsnehmer sein – da die Vereinsmitglieder den Verein tragen, stellen die Versicherungsnehmer in diesem Modell gleichzeitig die Versicherer dar; in diesem Zusammenhang wird vom „Personalitätsprinzip" gesprochen.[478] Dieser Aspekt

---

[474] Im Zusammenhang mit der AG wird auch die Europäische Gesellschaft (SE) in § 7 Abs. 1 VAG als zulässige Rechtsform genannt.

[475] Amin/Khan:2008, S. 5. Siehe auch von Pöck/Röckemann:2004, S. 2 sowie Jaffer:2010, S. 30–31.

[476] So bei Jaffer:2010, S. 30–31, Jaffer:2011, S. 3; Hamid:o.J., S. 20.

[477] Unter einem VVaG ist eine „mit eigener Rechtspersönlichkeit ausgestattete private Versicherungsgesellschaft zum Zweck der Befriedigung von Versicherungsbedürfnissen unter den Mitgliedern, die zugleich Versicherungsnehmer sind", zu verstehen, siehehttp://wirtschaftslexikon.gabler.de/Definition/versicherungsverein-auf-gegenseitigkeit-vvag.html; zuletzt aufgerufen am 28.08.2011.

[478] Siehe hierzu die Angaben der Arbeitsgemeinschaft der Versicherungsvereine auf Gegenseitigkeit e.V. (ARGE VVaG) unter http://www.arge-vvag.de/fests/fthemen. htm; zuletzt aufgerufen am 28.08.2011.

stimmt mit dem Gegenseitigkeitsprinzip des takaful-Vertrages überein – auch hier versichern sich die Versicherten gegenseitig.[479] Wie bereits erwähnt wurde, ist es charakteristisch für das takaful-Modell, dass ein Austauschgeschäft zwischen Versicherungsnehmer und Versicherungsunternehmen vermieden werden soll, weil dies einen Verstoß gegen die Verbote des riba und des gharar bedeuten würde. Wenn es in der Literatur über den VVaG heißt, dass die Mitglieder „stets…einen Versicherungsvertrag mit dem VVaG als Austauschvertrag [schließen], der auf das Prinzip der Gegenseitigkeit gerichtet ist, weil das Schadensrisiko gegen Beitrags- bzw. Prämienzahlung auf den VVaG transformiert wird"[480], dann könnte vermutet werden, dass hier ein Widerspruch zum takaful-Konzept vorliegt – dies tun etwa Gassner und Wackerbeck, denen zu Folge durch besagten Risikotransfer auf den Verein gharar entstehe und „der VVaG … demnach kein zulässiges Modell sein" könne".[481]

Zwar weisen die Autoren darauf hin, dass die Versicherungsnehmer als Träger des Vereins auch dessen Eigentümer sind, gehen jedoch auf diesen entscheidenden Aspekt nicht weiter ein.[482] Denn sofern die Vereinsmitglieder – zunächst in rein funktionaler Hinsicht – die Träger des Vereins sind, dann bieten sie einander Versicherungsschutz, es findet also kein funktionaler Risikotransfer auf ein unabhängiges Versicherungsunternehmen statt. Die Versicherungsnehmer in einem VVaG sind gleichzeitig „Mitglieder und damit Unternehmensträger des VVaG".[483] Die von den Versicherungsnehmern gezahlten Prämien und insbesondere der versicherungstechnische Überschuss gehen also nicht in das Eigentum des Versicherungsunternehmens über, wie es in einer Versicherungs-AG der Fall ist – dies geht auch aus der Tabelle im Anhang unter Abschnitt 6.2 hervor.[484] Dies stellt eine Gemeinsamkeit zwischen der Versicherung auf Gegenseitigkeit und dem takaful-Modell dar, wie unter anderem Jaffer betont: „As for mutual insurance, (…) the Takaful-fund is not owned by share-holders but by the policyholders, which eliminates the conflict of interest that can occur for conventional insurance companies. For cooperative insurance companies, the shareholder and policyholder are the one and same person".[485] In einer Publikation der Investment-Bank Alpen

---

[479]   Siehe insbesondere Abschnitt 3.2 der vorliegenden Untersuchung.
[480]   Schröder:2005, S. 450.
[481]   Gassner/Wackerbeck:2007, S. 146. Vgl. hierzu auch www.arge-vvag.de/fests/
         fthemen.htm; zuletzt aufgerufen am 28.08.2011,
[482]   Gassner/Wackerbeck:2007, S. 146.
[483]   www.arge-vvag.de/fests/fthemen.htm; zuletzt aufgerufen am 28.08.2011.
[484]   Jaffer:2010, S. 30 . Vergleiche auch die Angaben in Alpen Capital:2010, S. 22.
[485]   Jaffer:2010, S. 30. So auch Hamid: „…the tabarru' fund, or also known as Participant
         Risk Fund is not the asset of the company; rather it belongs to the participants";
         Hamid:o. J., S. 20.

Capital wird ebenfalls der Vergleich zwischen der Versicherung auf Gegenseitigkeit und dem takaful-Modell gezogen: „In countries where mutual companies or co-operatives are recognized by law, this vehicle is used to hold the policyholders' fund. This entity is separate from, but contractually linked to the takaful operator company".[486] Darüber hinaus zeichnet sich das VVaG-Modell grundsätzlich dadurch aus, dass hier „das Versicherungsgeschäft (...) nicht mit der vorrangigen Absicht der Gewinnerzielung betrieben [wird], sondern mehr zur Verschaffung von möglichst günstigem Versicherungsschutz für seine Mitglieder".[487] Klöwer setzt zudem den tabarru'-Anteil der Prämie mit der „Risikoprämie in einer genossenschaftlichen Versicherung" gleich.[488] Funktional und inhaltlich steht das VVaG-Prinzip also in Einklang mit dem takaful-Modell.

Formal betrachtet kann jedoch der Versicherungsvertrag, der als Austauschgeschäft zwischen dem Verein und dem einzelnen Mitglied geschlossen wird, aus islamrechtlicher Perspektive als ein gegenseitiges, entgeltliches Geschäft angesehen werden – auf diesen Umstand weist unter anderem auch Jaffer hin.[489] Da der Verein in diesem Modell als „versicherungsgebende, juristische Person gebildet wird und eigene Rechtsträgerschaft auch gegenüber den Mitgliedern besitzt", liegt, formal betrachtet, ein gegenseitiges Geschäft vor.[490] Um diesen Konflikt zu lösen, kann Bezug auf die im Jahre 2008 geführte Debatte über die jeweilige Bedeutung von Form und Inhalt islamkonformer Finanzprodukte genommen werden. Diese Debatte wurde insbesondere zwischen der AAOIFI und der Ratingagentur Moody's mit Blick auf die Strukturierung von sukuk geführt, kann aber auf den gesamten Islamic Finance-Bereich übertragen werden: Ausgehend von der Kritik des damaligen Vorsitzenden der AAOIF, Sheikh Muhammad Taqi Usmani, der zu Folge die Mehrheit der damals im Umlauf befindlichen sukuk nahezu alle Charakteristika konventioneller Anleihen trügen, wurde die Frage erörtert, ob es bei islamkonformen Finanzprodukten im Allgemeinen und bei sukuk im Besonderen wichtiger sei, dass das jeweilige Produkt in rein formaler Hinsicht den islamrechtlichen Vorgaben genüge oder ob die inhaltliche Entspre-

---

[486] Alpen Capital:2010, S. 23.
[487] www.arge-vvag.de/fsets/fthemen.htm; zuletzt aufgerufen am 28.08.2011.
[488] Klöwer:2009, S. 1.
[489] Jaffer vergleicht die Elemente der konventionellen Versicherung, der Versicherung auf Gegenseitigkeit und des takaful-Modells und hält unter dem Punkt „Contract forms" jeweils Folgendes fest: „Conventional Insurance – Bilateral insurance policy", „Mutual insurance – bilateral insurance", „Takaful – Wakalah/Mudharabah agreement and unilateral contracts based on principles of Tabarru", Jaffer :2011, S. 3.
[490] www.arge-vvag.de/fsets/fthemen.htm; zuletzt aufgerufen am 28.08.2011.

chung des Produkts mit eben diesen Vorgaben Vorrang haben solle.[491] Im Verlaufe dieser Debatte gewann jene Haltung an Gewicht, laut der der Inhalt eines Produktes entscheidend für die jeweilige Beurteilung der Islamkonformität sein solle.[492]

Folgte man dieser Auffassung, laut der eine inhaltliche Übereinstimmung mit den Maßgaben des islamischen Rechts wichtiger sei als eine rein formale Entsprechung, so könnte die Rechtsform des VVaG also als zulässige Organisationsform für ein takaful-Produkt zulässig sein. Letztlich müsste ein entsprechendes Konzept jedoch einem Scharia-Gremium zur Prüfung und – gegebenen Falls – zur Zertifizierung vorgelegt werden.[493] Ein in diesem Zusammenhang wesentlicher Aspekt wird von Hamid genannt: „Even though Shariah allows diversification [in opinions and interpretations], it also permitted the regulator to regulate Shariah principles to accommodate the interest of the majority people in a country".[494] Demnach könnte die Modifikation des takaful-Modells im Zuge einer Umsetzung dieses Modells im rechtlichen VVaG als regulierender Eingriff seitens der Versicherungsaufsicht aus islamrechtlicher Sich als zulässig angesehen werden.

Auf einen weiteren formalen Unterschied zwischen dem VVaG und dem takaful-Modell weisen Wackerbeck und Geilfuß hin: So bezeichnen die Autoren es als ein „zentrales Element" des takaful-Modells, dass takaful-Operator auch externe Gesellschafter haben können, also solche, die keine Versicherungsnehmer sind – dies ist im Falle des VVaG nicht möglich.[495] In Erscheinung würden diese externen Aktionäre treten, wenn der takaful-Operator sich mit Schadenszahlungen konfrontiert sieht, die nicht aus dem takaful-Fonds bestritten werden könnten – also im Falle eines versicherungstechnischen Verlustes. In einem solchen Falle könnten externe Aktionäre in Form zinsloser Darlehen (qard hasan) die fehlenden Mittel zur Verfügung stellen.[496] Dies trifft durchaus zu, doch wird von keinem der weiteren konsultierten Autoren angegeben, dass bei einem takaful-Modell externe Gesellschafter vorhanden sein müssen – die Möglichkeit besteht, jedoch ist dies nicht

---

[491] Vergleiche zu dieser Debatte die sehr anschauliche Zusammenfassung von Maurer:2010 („Form versus substance: AAOIFI projects and the Islamic fundamentals in the case of sukuk").

[492] Maurer:2010, S. 40, der unter anderem El-Gamal als Befürworter der Haltung anführt, laut der der Inhalt bedeutsamer als die Form sei; auch Moody's vertritt diese Position.

[493] Auf die Möglichkeiten der konkreten Umsetzung von Schritten wie der Zertifizierung des zu konzipierenden Versicherungsprodukts und der es umgebenden Strukturen wird in Abschnitt 4.2 eingegangen.

[494] Hamid:o. J., S. 4.

[495] Geilfuß:2009, S. 29, Wackerbeck,:2006, S. 2.

[496] Geilfuß:2009, S. 29.

verpflichtend. Vielmehr wird darauf verwiesen, dass im Verlustfalle der taka-ful-Operator selbst dem takaful-Fonds ein qard hasan zur Verfügung stellt, das im weiteren Verlauf aus eben diesem Fonds wieder zurückgezahlt wird.[497] Die Nachfrage bei einem der operierenden Akteure ergab zudem, dass gerade im Falle der Lebensversicherung die verantwortlichen Aktuare das Pricing und Underwriting so gestalten, dass die Wahrscheinlichkeit eines Verlustfalles als äußerst gering eingestuft werden kann. Trete dennoch der Verlustfall ein, so werde das Versicherungsunternehmen das entsprechende qard hasan zur Verfügung stellen.[498] Diese Informationen sowie die Angaben in der überwiegenden Mehrheit der verfügbaren Literatur weisen also darauf hin, dass auf die Möglichkeit externer Aktionäre im takaful-Modell verzichtet werden kann. Das oben erwähnte, in der Rechtsform des VVaG zu wahrende formale Personalitätsprinzip ist demnach auch mit dem takaful-Modell ver-einbar.

Schließlich ist noch auf den Aspekt des Scharia Boards hinzuweisen, das die einzelnen Versicherungsprodukte Produkte als islamkonform zertifizieren muss – hinsichtlich der formalen Struktur dieser Einrichtung innerhalb des Islamic Finance gibt es keine klaren Vorgaben, wie bereits in Abschnitt 2.1.5 dargelegt wurde. Weder gibt es genaue Regelungen, aus wie vielen Mitglie-dern ein solches Scharia Board zusammengesetzt sein muss noch existieren bindende Voraussetzungen für die Qualifikation der einzelnen Mitglieder und den Meinungsbildungsprozess innerhalb der Gremien.[499] Es bestehen auch keine einheitlichen Vorgaben darüber, auf welche Weise ein Scharia Board an die jeweiligen Versicherungs- oder Finanzdienstleistungsinstitute, deren Produkte sie zertifizieren, angebunden sein müssen oder können. Menning verweist in diesem Zusammenhang auf die Standards der AAOIFI, denen zu Folge „die Mitglieder der Sharia Boards von der Hauptversamm-lung des Finanzinstituts gewählt werden" solle.[500] Die Allianz Indonesia bei-spielsweise verfügt über ein Scharia Board, das aus zwei Mitarbeitern des Unternehmens und einem externen Mitglied besteht.[501]

Mitunter sind in der deutschsprachigen Literatur missverständliche Termini vorzufinden – so bezeichnet etwa Stiftl das Scharia Board als einen „zusätzli-chen Aufsichtsrat aus Rechtsgelehrten".[502] Dies kann insofern irreführend verstanden werden, als das Organ des Aufsichtsrates durch § 35 VAG eindeu-tig geregelt ist – so wird die Anzahl der Aufsichtsratsmitglieder auf drei Per-

---

[497] Alpen Capital:2010, S. 23 sowie Mahlknecht:2010, S. 64.
[498] Diese Informationen konnten in einem Telefonat am 21.Juli 2011 gewonnen werden.
[499] Menning:2010, S.280.
[500] Menning:2010, S. 280.
[501] Telefonat mit einem Mitarbeiter der Allianz Indonesia am 21.Juli 2011.
[502] Stiftl:2011, S. 30.

sonen festgelegt (§ 35 Abs.1 VAG), es wird bestimmt, wer die jeweiligen Mitglieder wählen darf (§ 35 Abs. 2 VAG) und auch die Rechte und Pflichten der Mitglieder sind hier festgelegt (Abs. 3) – da aber, wie bereits in Abschnitt 2.1.5 erwähnt wurde, bisher keine allgemein verbindlichen Normen für die Zusammensetzung von Scharia Boards, die Bestellung deren Mitglieder und deren Anzahl bestehen, ist die Bezeichnung „Aufsichtsrat" in diesem nicht gänzlich unproblematisch, weil sie impliziert, dass besagte Angaben vorliegen. Auch Peisker verwendet einen ähnlichen Begriff, jedoch spricht er von einem „Aufsichtsratorgan", das sowohl innerhalb eines islamkonformen Finanzinstituts als auch als Institution agieren könne.[503] Seitens der AAOIFI und der IFSB wurden bisher keine Vorgaben hinsichtlich der rechtlichen Anbindung des jeweiligen Scharia Boards an das anbietende Finanz- beziehungsweise Versicherungsunternehmen veröffentlicht.[504]

Unter Berücksichtigung versicherungsaufsichtsrechtlicher Maßgaben konnten keine rechtlichen Hindernisse für die Inanspruchnahme eines beratenden Gremiums erschlossen werden, das – versehen mit der notwendigen Qualifikation, bei der man sich an AAOIFI- und IFSB-Standards und Empfehlungen orientieren könnte – die Scharia-Kompatibilität der jeweils von einem VVaG angebotenen islamkonformen Produkte bestätigen könnte. Bälz regt unter Bezug auf die Praktiken, die sich mittlerweile im islamkonformen Investmentgeschäft durchgesetzt hätten, an, dass „die Rolle des Scharia-Boardes darauf beschränkt werden [sollte], die Anlagegrundsätze abstrakt zu definieren und die allgemeine Ausrichtung der Anlagepolitik zu überwachen. Die konkrete Investmententscheidung hingegen sollte dem Fondsmanagement vorbehalten bleiben".[505] Eine derartige Verteilung der Kompetenzen, bei der das jeweilige Scharia-Board für „die allgemeinen Leitlinien" zuständig sei, während das Fondsmanagement diese Leitlinien in konkrete Entscheidungen hinsichtlich der Investitionen umsetze. Diese Aufgabenteilung „reflektiert eine Kompetenzteilung zwischen den religiösen und säkularen, ausschließlich wirtschaftlich ausgerichteten Funktionen in der Verwaltung solcher Fonds".[506] Diese Empfehlung von Bälz könnte auch auf die Aufgaben-

---

[503] Peisker:2010, S. 233.
[504] Menning:2010 verschafft einen Überblick über jene Aspekte im Zusammenhang mit den Scharia Boards, zu denen die AAOIFI Standards veröffentlicht hat. Hierzu zählen: Die Aufgaben von Scharia Boards, die Qualifikation ihrer Mitglieder, die Zugehörigkeit einzelner Mitglieder zu unterschiedlichen Rechtsschulen, die Anzahl der Mitglieder in einem Scharia Board, die Wahl und Vergütung der Mitglieder, die Arbeitsweise sowie der Umgang mit den Entscheidungen der Scharia Boards seitens der jeweiligen Finanzinstitutionen; Menning:2010, S. 279–289. Vergleiche hierzu auch die Angaben in Abschnitt 2.1.5.
[505] Bälz:2002, S. 450.
[506] Ebenda.

verteilung in einem VVaG übertragen werden: Das entsprechende Scharia Board könnte die Leitlinien und Praxis-Grundsätze des Versicherungsunternehmens formulieren, während das jeweilige Management und – im Falle eines VVaG – die Oberste Vertretung – die konkreten Entscheidungen träfen.

Nachdem erläutert wurde, dass – basierend auf den deutschen rechtlichen Grundlagen – der VVaG als Rechtsform für einen in Deutschland agierenden takaful-Operator gewählt werden könnte, stellt sich die Frage, ob ein derartiges Produkt auch im Rahmen einer Versicherungsaktiengesellschaft (im Folgenden: Versicherungs-AG) betrieben werden könnte. Hier stellen sich die grundsätzlichen Probleme, dass im Falle einer Versicherungsgesellschaft in Form einer AG der Risikotransfer vom Versicherungsnehmer auf das Unternehmen erfolgt und dass die Prämien während der Vertragslaufzeit in das Eigentum des Versicherungsunternehmens beziehungsweise in dessen Bilanzen übergehen. Zudem ist das Element der Gegenseitigkeit, das charakteristisch für den VVaG und zwingende Voraussetzung für das takaful-Modell ist, im Rahmen einer Versicherungs-AG grundsätzlich nicht vorgesehen: „Während bei der Versicherungsaktiengesellschaft die Versicherungsnehmer keine "Mitunternehmerstellung" erlangen, öffnet sich der Versicherungsverein nicht nur den ursprünglichen Gründern, sondern auch später hinzutretenden Versicherungsnehmern, so dass es zu einer Geschäftstätigkeit auf gemeinsame Rechnung kommt".[507] Darüber hinaus agiert eine AG grundsätzlich gewinnorientiert: „Der Kapitalmarktorientierung bei Versicherungs-AGs steht beim VVaG dessen Personalitätsprinzip entgegen".[508] In der vorliegenden Literatur ist jedoch der Hinweis zu finden, dass sich große VVaG „in der Geschäftspraxis (...) nur unwesentlich von den Versicherungs-AGs und den öffentlichen Versicherungsunternehmen" unterscheiden.[509] Das Personalitätsprinzip in jener formalen Ausgeprägtheit, wie es beim VVaG der Fall ist, scheint zudem keine unabdingbare Voraussetzung für die Umsetzung des takaful-Konzepts darzustellen – dies wird an der bereits erwähnten Möglichkeit von externen Teilhabern im takaful-Modell deutlich.

---

[507] http://www.arge-vvag.de/fsets/fthemen.htm,; zuletzt aufgerufen am 28.08.2011.
[508] Ebenda. Unter http://www.compliance-net.de/node/24 , zuletzt aufgerufen am 27.08.2011, heiße es: „Eine Kapitalgesellschaft ist kapitalmarktorientiert, wenn sie einen organisierten Markt im Sinn des § 2 Abs. 5 des Wertpapierhandelsgesetzes durch von ihr ausgegebene Wertpapiere im Sinn des § 2 Abs. 1 Satz 1 des Wertpapierhandelsgesetzes in Anspruch nimmt oder die Zulassung solcher Wertpapiere zum Handel an einem organisierten Markt beantragt hat."
[509] http://wirtschaftslexikon.gabler.de/Definition/versicherungsverein-auf-gegenseitigkeit-vvag.html, zuletzt aufgerufen am 28.08.2011.

Es könnte also in Betracht gezogen werden, auch im Rahmen einer Versicherungs-AG ein islamkonformes Lebensversicherungsprodukt anzubieten. Hierfür müsste eine solidarischer takaful-Fonds eingerichtet werden, aus dem – den in den Abschnitten 3.2 bis 3.4 erläuterten Modelle folgend – die entsprechenden Versicherungsleistungen erbracht würden; dieser Fonds wäre um einen persönlichen Investment-Fonds zu ergänzen. Die Sparanteile der eingezahlten Prämien dürften jedoch nicht, wie bei der Versicherungs-AG üblich, vom anbietenden Unternehmen vereinnahmt werden, sondern müssten formal im takaful-Fonds verbleiben.[510] In der bereits zitierten Publikation der Investment Bank Alpen Capital wird erwähnt, dass bei einer islamkonforme Versicherung, die nicht im Rechts-Rahmen einer Versicherung auf Gegenseitigkeit betrieben werde, das Versicherungsunternehmen als Fonds-Manager auftreten könne: „In countries where the law does not permit the incorporation of companies without share capital, these (die Vermögenswerte des Versicherungsunternehmens und jene der Versicherungsnehmer) are treated as ‚funds under management‘ of the Takaful operator".[511]

Vor dem Hintergrund der vorangegangenen Erläuterungen zum Prinzip und zum ganzheitlichen Anspruch des takaful-Modells, der im Übrigen dem gesamten Islamic Finance-Markt zu Grunde liegt und einen wesentlichen Anteil an der jeweiligen Glaubwürdigkeit einzelner Produkte hat, erscheint es jedoch naheliegender, zunächst die Gestaltungsmöglichkeiten eines takaful-Konzepts im Rahmen der Rechtsform des VVaG näher zu untersuchen – nicht nur der grundsätzliche, funktional und formal dominierende Gedanke der Gegenseitigkeit, auch das formale Prinzip des Vorrangs des Schutzes der Mitglieder vor der Profit-Orientierung wohnt beiden Konzepten inne. Es sei an dieser Stelle auch auf die Empfehlung Alis hingewiesen, dass in einem takaful-Vertrag deutlich gemacht werden solle, dass es sich beim zu Grunde liegenden Vertrag um einen kooperativen, solidarischen Vertrag handele.[512] Auch muslimische Gelehrte seien der Auffassung, dass das takaful-Prinzip im Rahmen der Versicherung auf Gegenseitigkeit umgesetzt werden könne: „The Sharia scholars agree that the proposed co-operation may take the fea-

---

[510] Ali:o. J., S. 50: „The assets of the Takaful fund shall be kept separate from all other assets of the operator. This means the fund of the entrepreneurs of a Takaful company should not be amalgamated with the Takaful fund created by the participants of a Takaful scheme".

[511] Alpen Capital:2010, S. 23.

[512] Ali:o. J., S. 41: „…it should be stated clearly in the contract of Insurance that it is a cooperative contract and every insured pays his subscription in order to assist those who need assistance. This is the general opinion of the Sharia experts about legality of co-operative insurance".

tures of an co-operative insurance company since it is not against the Islamic Laws".[513] Darüber hinaus weisen die strukturellen und formalen Rahmenbedingungen, die unter anderem Ali für eine islamkonformen Versicherung empfiehlt, derart deutliche Parallelen zur Rechtsform des VVaG auf, dass diese im weiteren Verlauf der vorliegenden Untersuchung im Fokus stehen sollte. So weist Ali auf die mitunternehmerische Rolle der Versicherungsnehmer sowie auf deren Mitspracherecht im Aufsichtsrat hin.[514] Diese Elemente könnten nur schwerlich im Rahmen einer AG umgesetzt werden.[515] Da zudem der Rahmen der vorliegenden Untersuchung begrenzt ist, kann eine umfängliche Prüfung der Möglichkeiten für ein takaful-Lebensversicherungsprodukt im Rahmen einer Versicherungs-AG nicht erfolgen – dies muss Gegenstand zukünftiger Untersuchungen sein. Die im Zusammenhang mit der Vereinbarkeit des takaful-Konzepts mit der Rechtsform der AG getätigten Aussagen mögen daher auch lediglich als Mutmaßung aufgefasst werden.

Festzuhalten ist an dieser Stelle als Zwischenergebnis, dass aus der Perspektive des deutschen Rechts die Integration des takaful-Modells durch den VVaG möglich ist – die Vereinbarkeit mit den islamrechtliche Maßgaben müsste ein Scharia Board bestätigen. Bevor im Rahmen eines beispielhaften Konzepts konkrete Ansätze zur Gestaltung eines islamkonformen Lebensversicherungsprodukts vorgelegt werden können, muss zunächst die Frage danach beantwortet werden, welche der im ersten Teil erläuterten Typen der Lebensversicherung sich für ein takaful-Produkt eignen würde[516] und mit welchem der im dritten Teil dargelegten takaful-Modelle diese umgesetzt werden könnten.[517]

4.1.3 Möglichkeiten der Umsetzung – Der Versicherungstyp

Nachdem in den beiden vorangegangen Abschnitten dargelegt wurde, dass ein auf dem takaful-Konzept basierender Lebensversicherungsvertrag grundsätzlich als Versicherungsgeschäft gemäß der Auffassung des BVerwG zu bezeichnen ist und somit ein Unternehmen, das ein solches family takaful-Geschäft betreibt, dem VAG unterliegt, wurde erläutert, dass dieses im

---

[513] Derselbe, S. 41 sowie S. 64.
[514] Derselbe, S. 56.
[515] Siehe hierzu die Bestimmungen für die Aktiengesellschaft in §§ 1–149 AktG.
[516] Gemeint sind hier die in den Abschnitten 1.2.2.1–1.2.2.4 erläuterten Grundtypen der Lebensversicherung: Die kapitalbildende Lebensversicherung, die private Rentenversicherung, die fondsgebundene Lebensversicherung sowie die Risiko-Lebensversicherung.
[517] Es wird überprüft, ob sich zur konkreten Umsetzung das mudaraba-, das wakala- oder das Hybrid-Modell eignen.

Rahmen des VVaG, einer der laut VAG zulässigen Rechtsformen für Versicherungsunternehmen, möglich wäre. Es stellt sich nun die Frage nach der konkreten Gestaltung eines islamkonformen Lebensversicherungsproduktes – in den Abschnitten 1.2.2.1 bis 1.2.2.4 wurden jene vier Arten der Lebensversicherung erläutert, in die die gängigen Verträge eingeordnet werden können. Es wurde darauf hingewiesen, dass es sich bei dieser Einteilung nicht um vier strikt voneinander zu trennenden Kategorien handelt, sondern dass hier durchaus fließende Übergänge und Überschneidungen vorliegen können.[518] Dennoch gibt es in jeder Kategorie spezifische Charakteristika, die sich von den anderen unterscheiden. Ein Vergleich dieser Spezifika mit den grundsätzlichen Eigenschaften der takaful-Lebensversicherung zeigt, dass nicht alle vereinbar mit den Schranken der Vertragsfreiheit riba, gharar und maysir sind, da die gängigen Versicherungsverträge neben dem reinen Versicherungsschutz – der, wie gezeigt wurde, im Rahmen des VVaG möglich wäre - weitere Komponenten enthalten, deren Vereinbarkeit mit den Maßgaben des takaful-Modells im Folgenden überprüft werden soll.

4.1.3.1 takaful auf Basis der Risiko-Lebensversicherung?

Die in Abschnitt 1.2.2.4 erläuterte Risiko-Lebensversicherung unterscheidet sich insofern von den kapitalbildenden Lebensversicherungen, als sie keine Sparvariante beinhaltet: Als reine Todesfall-Versicherung geht es hier nicht um die persönliche Altersvorsorge, vielmehr besteht das wesentliche Ziel in der Versorgung der Hinterbliebenen dominiert. Erlebt die versicherte Person das Ende der Vertragslaufzeit, muss keine Versicherungssumme geleistet werden. Der Aspekt der Hinterbliebenenvorsorge und die – im Vergleich zu konventionellen kapitalbildenden Lebensversicherungen – geringe Bedeutung der Zinsüberschüsse, die aus der Kapitalanlagetätigkeit des Versicherers entstehen, lassen die Risikolebensversicherung zunächst als mit dem takaful-Konzept vereinbar erscheinen: Um die Ergebnisse der beiden vorangegangenen Abschnitte an dieser Stelle aufzugreifen, könnte man also eine Risikolebensversicherung im Rahmen eines VVaG skizzieren, in der die Versicherungsnehmer ihre Beiträge im Sinne von tabarru'at in einen gemeinsamen takaful-Fonds einzahlen.

Mit der Spende treten die Versicherungsnehmer ihre Eigentümerschaft über den gezahlten Betrag ab und stellen ihn für die gegenseitige Unterstützung der Versicherungsnehmer zur Verfügung. Stirbt einer der Versicherungsnehmer, so wird aus dem takaful-Fonds die vereinbarte Versicherungssumme entnommen, um den Hinterbliebenen die vertraglich vereinbarte Unterstützung zukommen lassen zu können. Das für die Risikolebensversicherung

---

[518] Vergleiche hierzu die Abschnitte 1.2.2 bis 1.2.2.4.

charakteristische Risiko besteht darin, dass im Erlebensfalle keine Leistung erbracht werden muss – der Versicherungsnehmer geht also nicht nur ein hohes und – aus seiner persönlichen Perspektive – nicht einzuschätzendes Risiko ein, er schließt zudem ein Geschäft mit Wettcharakter ab: Der Wetteinsatz ist die Prämie, der im Erlebensfall dem Versicherungsunternehmen, im Todesfall den eigenen Hinterbliebenen zusteht. Da aber, wie in Abschnitt 3.2 dargelegt wurde, das gharar-Verbot nicht auf kooperative Geschäfte anzuwenden ist, könnte diese Form von Risiko aus islamrechtlicher Perspektive als zulässig qualifiziert werden. Unentbehrlich für die Zulässigkeit einer islamkonformen Risikolebensversicherung wäre die Scharia-Konformität der Kapitalanlagetätigkeit des takaful-Operators: Um diese zu gewährleisten, könnten die in Abschnitt 2.2.3 vorgestellten islamkonformen Indizes zur Orientierung herangezogen werden.[519]

Es fällt jedoch auf, dass in keiner der konsultierten Quellen, in denen islamkonforme Versicherungsprodukte erörtert werden, Risikolebensversicherungen beziehungsweise ein entsprechendes islamkonformes Pendant erwähnt werden – alle beispielhaft dargelegten Modell beziehen sich auf gemischte Lebensversicherungen, also solche, bei denen sowohl im Todes- als auch im Erlebensfall eine Versicherungssumme erbracht wird und in denen eine Sparfunktion enthalten ist. Zudem konnte in keiner Quelle ein Hinweis auf die Möglichkeit einer islamkonformen Lebensversicherung gefunden werden, in der nur ein Fonds, nämlich der takaful-Fonds, besteht – dies müsste jedoch bei der Risikolebensversicherung der Fall sein, da es hier keinen Sparanteil der Prämie gibt; die Prämie besteht nur aus einem Risikoanteil.[520] Im takaful-System weisen nur Schadenversicherungen ausschließlich einen Risiko- beziehungsweise takaful-Fonds auf.[521] Die Risikolebensversicherung müsste also, um sie als takaful-Produkt strukturieren zu können, aus islamrechtlicher Sicht als Schadensversicherung qualifiziert werden, in der der Tod der Schadensfall ist – dies erscheint zu konstruiert und unglaubwürdig, insbesondere, da es sich um ein gänzlich neu auf den Markt einzuführendes Produkt handelt. Aus diesen Gründen soll von einer weiteren Betrachtung der Risikolebensversicherung und deren Vereinbarkeit mit dem takaful-Modell im Folgenden abgesehen werden.

---

[519] Siehe hierzu auch die weiteren Ausführungen in Abschnitt 4.1.6.
[520] Vergleiche Abschnitt 1.2.2.4.
[521] Siehe hierzu die Darstellungen der takaful-Schadensversicherung bei Bälz:1997, S. 60–62.

4.1.3.2 takaful im Rahmen einer kapitalbildenden Lebensversicherung?

In der vorliegenden Literatur zum takaful-Modell wird, wie im vorangegangenen Abschnitt erwähnt wurde, von Lebensversicherungen auf den Todes- und den Erlebensfall ausgegangen, bei denen neben dem solidarischen takaful-Fonds ein persönliches Sparkonto besteht. Während jener Teil der Prämie, der in den takaful-Fonds geht, mit dem Risikoanteil der konventionellen Lebensversicherung vergleichbar ist, wird der Anteil, der dem persönlichen Sparkonto zugeht, mit dem Sparbeitrag verglichen.[522] Aus islamrechtlicher Perspektive wird der Risikobeitrag beziehungsweise der Anteil der Prämie, der in den takaful-Fonds eingeht, als unentgeltliche Zuwendung, also als tabarru', qualifiziert; die Einzahlung des Sparanteils in den persönlichen Investment-Fonds gilt als Kapitalanlage auf Basis eines mudaraba-Vertrages.[523] Die Prämien des Versicherungsnehmers werden auf diese beiden Fonds verteilt, wobei die Einzahlung in den takaful-Fonds, wie oben beschrieben, als unentgeltliche Zuwendungen behandelt wird und die Einzahlung in den persönlichen Investment-Fonds als Kapitalanlage auf mudaraba-Basis angesehen wird.[524]

Dieser Sparbeitrag wird jedoch in der konventionellen Lebensversicherung grundsätzlich zinsbasiert angelegt – diese Anlagepraxis müsste, um ein dem takaful-Prinzip entsprechendes Versicherungsprodukt zu schaffen, insofern modifiziert werden, als die gesamte Kapitalanlage der Sparbeiträge nach islamrechtlichen Vorgaben zu erfolgen hätte – hier ist erneut auf die erwähnten islamkonformen Indizes hinzuweisen.[525] Da die islamkonformen Investitionsmöglichkeiten aufgrund des riba-Verbotes zinsfrei gestaltet werden müssen, könnte bei einer islamkonformen Investition folglich auch kein Garantiezins für den persönlichen Sparanteil zugesagt werden. Gerade aber jener Zins, der dem Versicherungsnehmer für die gesamte Vertragslaufzeit garantiert wird – der Rechnungszins – ist für die kapitalbildende Lebensversicherung und für die private Rentenversicherung mit Blick auf die Prämienkalkulation von maßgeblicher Bedeutung, wie insbesondere in Abschnitt 1.2.2.1 erläutert wurde: „Die Summe der in jedem Jahre fällig werdenden Versicherungsleistungen werden ... jeweils auf den Zeitpunkt des Vertragsschlusses mit einem festgelegten Rechnungszinsfuß ... diskontiert. Damit wird festgestellt, welches Kapital bei Abschluss des Lebensversicherungs-

---

[522] Klöwer:2009, S.1902.
[523] Siehe die Abschnitte 1.2, 1.2.2.1 sowie 3.3.
[524] Bälz:1997, S. 64.
[525] Es ist an dieser Stelle anzumerken, dass sämtliche Investitionstätigkeiten des anbietenden Versicherungsunternehmens gemäß der in Abschnitt 2.2.3 dargelegten Anlagegrundsätze zu erfolgen haben.

Vertrages angelegt werden muss, um die zur Auszahlung gelangenden Versicherungssummen abdecken zu können."[526]

Die verzinsliche Anlage des Sparanteils unter Bezugnahme auf einen garantierten Rechnungszins ist im Rahmen einer takaful-Lebensversicherung aufgrund des riba-Verbotes nicht möglich. Eine islamkonforme Alternative würde daher eine Zins-Rate von 0% voraussetzen. Es konnten keine rechtlichen Maßgaben gefunden werden, die ein solches Modell unterbinden würden, jedoch stellt sich die Frage, ob ein derartiges Produkt wettbewerbsfähig sein könnte. Dies ist insbesondere auf Grund der langen Vertragslaufzeiten, die bei kapitalbildenden Lebensversicherungen und bei privaten Rentenversicherungen üblich sind, äußerst fraglich. Peisker greift diese Problemstellung zwar auf, unterbreitet jedoch keinen Lösungsansatz.[527] Angesichts des Fokus der vorliegenden Untersuchung auf die rechtlichen Möglichkeiten soll die Frage nach der Rentabilität und Wettbewerbsfähigkeit eines derartig modifizierten Modells nicht tiefergehend erörtert werden. Es sei dennoch angemerkt, dass durch ein solches Modell, das mit einer Verzinsung von 0% gestaltet werden müsste, um als islamgerecht qualifiziert werden zu können, der Begriff der „kapitalbildenden" Lebensversicherung nahezu sinnfremd verwendet werden würde; vielmehr müsste bei einer gemischten Lebensversicherung mit einer Verzinsung des Sparanteils von 0% von einer „kapitalsichernden Lebensversicherung" gesprochen werden.

4.1.3.3 takaful auf Basis der fondsgebundenen Lebensversicherung

Nachdem gezeigt wurde, dass sich die kapitalbildende Lebensversicherung sowie die private Rentenversicherung nur bedingt für die Gestaltung eines islamkonformen Lebensversicherungsproduktes eignen, soll nun das Modell der fondsgebundenen Lebensversicherung hinsichtlich seiner Kompatibilität mit dem takaful-Prinzip näher untersucht werden. Eine Ähnlichkeit zwischen der konventionellen fondsgebundenen Lebensversicherung und dem takaful-Prinzip liegt zunächst in der Zusammensetzung und Höhe der im Todesfall der versicherten Person an die Hinterbliebenen auszuzahlende Versicherungssumme. In der islamkonformen Lebensversicherung erhalten die Hinterbliebenen „den vom Versicherungsnehmer in den Investmentfonds eingezahlten Betrag (...) sowie eine zusätzliche Zahlung aus dem takaful-Fond" und somit „den Betrag, den der Versicherungsnehmer im Fall des Erlebens der Vertragsdauer erhalten hätte".[528] In der konventionellen fondsgebundenen Lebensversicherung besteht der Versicherungsschutz auf den Todesfall

---

[526] Winter:1988, S. 983.
[527] Peisker:2010, S.238.
[528] Bälz:1997, S. 64.

in der Auszahlung des Deckungskapitals, das während der Laufzeit des Versicherungsvertrags angesammelt wurde und der „Differenz zwischen der zum Zeitpunkt des Todes maßgeblichen Todesfallleistung und dem Wert des Deckungskapitals, sofern dieser positiv ist".[529]

Auch hinsichtlich des Umgangs mit den eingezahlten Prämien, insbesondere mit dem Sparanteil beziehungsweise jenem Anteil, der in den persönlichen Investmentfonds eingeht, lassen sich Parallelen erkennen: Wie in Abschnitt 1.2.2.3 erläutert wurde, erfolgt bei der fondsgebundenen Lebensversicherung aufgrund der Investition des Sparanteils der Prämie in Investmentfonds im Gegensatz zur klassischen kapitalbildenden Lebensversicherung keine Garantieverzinsung.[530] Dadurch, dass keine Mindestverzinsung zugesagt wird, kann auch die Höhe der Versicherungssumme bei Vertragsabschluss nicht bestimmt werden. In Abschnitt 1.2.2.3 wurde darauf hingewiesen, dass der Versicherungsnehmer in einer fondsgebundenen Lebensversicherung insofern ein höheres Anlage-Risiko als etwa bei der kapitalbildenden Lebensversicherung eingeht, da sein Sparanteil in einen Investmentfonds angelegt wird und somit die Höhe der Versicherungssumme im Erlebensfall von der Wertentwicklung der jeweiligen Investitionen abhängt. Dies könnte zunächst als Argument gegen die Eignung dieses Lebensversicherungs-Typs für die Umsetzung des takaful-Modells angeführt werden, da eine erhöhte Form von Risiko und somit ein Verstoß gegen das gharar-Verbot vermutet werden könnte.

Folgende Aspekte können dieser Vermutung entgegen gehalten werden: Zunächst können im Rahmen einer islamkonformen Investition grundsätzlich keine Garantien ausgesprochen werden, die auf einem festgelegten Zinssatz basieren – dies verhindert das riba-Verbot.[531] Zudem entspricht es dem Konzept der islamkonformen Lebensversicherung, dass der Versicherungsnehmer hinsichtlich der Investition des Sparanteils seiner Prämie, die theoretisch im Rahmen eines mudaraba-Vertrags erfolgt, mögliche Verluste aus der Kapitalanlagetätigkeit zu tragen hat, wie mehrfach in der vorliegenden Untersuchung erwähnt wurde.[532] Es sei zudem auf die Möglichkeit hingewiesen, eine Mindestgarantie für den Todesfall in den Versicherungsvertrag einzufügen, die beispielsweise aus der unverzinsten Rückzahlung der bis zum Zeitpunkt des Todes eingezahlten Prämien bestehen kann. Darüber hinaus kann eine so genannte Übertragungsoption in den Vertrag eingefügt werden: Eine solche Option ermöglicht es dem Versicherungsnehmer,

---

[529] § 1 Abs.7 AVB für die fondsgebundene Lebensversicherung.
[530] Siehe auch http://www.kapitallebensversicherungen.eu/vergleiche/fondlv/ fondsgebundenelebensversicherung.php; zuletzt aufgerufen am 28.08.2011.
[531] Siehe hierzu Abschnitt 2.1.1.
[532] Vergleiche unter anderem die Abschnitte 2.2.1 und 3.3.

Fondsanteile auf ein eigenes, gesondertes Depot zu übertragen, sofern der Kurs des Investmentfonds, in den seine Sparanteile investiert wurden, zum Zeitpunkt des Ablaufs der Vertragslaufzeit ungünstig steht. Die Anteile aus diesem gesonderten Depot können dann zu einem günstigeren Zeitpunkt veräußert werden.[533] Im Falle einer unverzinsten Rückzahlung läge kein Verstoß gegen das riba-Verbot vor.

Ebenfalls wurde dargelegt, dass der Versicherungsschutz in der fondsgebundenen Lebensversicherung in der Versicherung auf den Todesfall besteht, für den eine Versicherungssumme festgelegt werden kann; die im Erlebensfall zu leistende Summe ist nicht bestimmbar. Die Risikoanteile der Prämien werden nachschüssig dem Fondsguthaben entnommen.[534] Diese Charakteristika der fondsgebundenen Lebensversicherung weisen Ähnlichkeiten zum takaful-Modell auf: So erfolgt in beiden Modellen keine Mindestverzinsung des Sparanteils; beide Modelle sind als gemischte Lebensversicherungen aufzufassen und in beiden Modellen wird der Risikoanteil beziehungsweise der Anteil der Prämie, der dem takaful-Fonds zugeht, dem Sparanteil beziehungsweise dem Anteil der Prämie, der in den persönlichen Investment-Fond geht, nachträglich entnommen.[535] Zudem ist beiden Modellen gemeinsam, dass Verluste, die aus der Kapitalanlagetätigkeit entstehen können, von den Versicherungsnehmern zu tragen sind – im Falle der islamkonformen Lebensversicherung wird der persönliche Sparfonds auf Basis des mudaraba-Modells durchgeführt; der Versicherungsnehmer agiert als rabb al-mal und muss daher mögliche Verluste tragen.[536] In der konventionellen fondsgebundenen Lebensversicherung tragen die Versicherungsnehmer das Risiko der Wertminderung des jeweiligen Anlagestocks.[537]

Darüber hinaus werden in der fondsgebundenen Lebensversicherung die Sparanteile als Sondervermögen qualifiziert, das nicht vom Versicherungsunternehmen vereinnahmt wird – auch dies entspricht den Maßgaben des takaful-Prinzips, laut dem die Prämien nicht in das Eigentum des takaful-

---

[533] Siehe unter anderem http://www.uni-protokolle.de/Lexikon/Lebensversicherung.html, zuletzt aufgerufen am 27.08.2011. Hier wird auch die Möglichkeit benannt, ein so genanntes Ablaufmanagement im Versicherungsvertrag zu vereinbaren. Beim Ablaufmanagement erfolgt eine Umschichtung auf risikoärmere Investmentfonds im Laufe der Vertragslaufzeit - angesichts des frühen Stadiums des Islamic Finance in Europa, dessen noch begrenzter Zugänglichkeit für europäische Anleger und der offenen Entwicklung dieses Sektors ist jedoch fraglich, ob diese Option zuverlässig angeboten werden kann.

[534] Von der Schulenburg:o. J., S. 54.
[535] Vergleiche hierzu insbesondere die Abschnitte 1.2.2.3 sowie 3.3 sowie Ali:o. J., S. 50.
[536] Hassan/Lewis:2007, S.406, zum mudaraba-Modell siehe Ebert:2010, S. 76 sowie Nienhaus: 1982, S. 257.
[537] § 1 Abs. 4 AVB für die Fondsgebundene Lebensversicherung.

Operators übergehen sollen.[538] In einer konventionellen fondsgebundenen Lebensversicherung tritt das Versicherungsunternehmen zumeist lediglich als Fonds-Manager auf und ist für die Verwaltung der eingezahlten Prämien zuständig, worin sich eine weitere Parallele zum takaful-Modell zeigt: Wie in den Abschnitten 3.2 bis 3.3 der vorliegenden Untersuchung erläutert wurde, ist einer der wesentlichen Aspekte der takaful-Idee die Beschränkung der Rolle des Versicherers auf den Manager der gegenseitigen Versicherung der Mitglieder und auf den Fondsmanager.[539] Die Vermögenswerte des takaful-Operators, also des Versicherungsunternehmens, und jene des takaful-Fonds sollen stets separiert voneinander bestehen. Diese Trennung ist im Rahmen der fondsgebundenen Lebensversicherung umsetzbar, denn „die Fondsgebundene Lebensversicherung bietet Versicherungsschutz unter unmittelbarer Beteiligung an der Wertentwicklung eines Sondervermögens (Anlagestock). Der Anlagestock wird gesondert vom sonstigen Vermögen überwiegend in Wertpapieren angelegt und in Anteileinheiten aufgeteilt".[540] Die eingezahlten Beiträge gehen in diesem Modell nicht in das Eigentum der jeweiligen AG über, diese agiert lediglich als wakil des Versicherungsnehmers.[541] Auf diese Weise können das Vermögen des Versicherungsunternehmens (im Falle des VVaG etwa der Gründungsstock[542]) und jenes der Versicherungsnehmer getrennt voneinander verwaltet werden.

Durch die Bindung an die Wertentwicklung des jeweiligen Anlagestocks entfällt zudem die als Verstoß gegen das riba-Verbot angesehene Bindung an den Rechnungszins für die Sparanteile der Prämie.[543] Von Pock und Röckemann ziehen hinsichtlich der Investition der Sparanteile in der islamkonformen Lebensversicherung eine Parallele zu dem „Prinzip der ökologischen Lebensversicherung", dem zu Folge auch ein Screening beziehungsweise ein Ausschlussverfahren durchgeführt wird, um Investitionsmöglichkeiten zu filtern, die den jeweiligen Maßgaben für die Kapitalanlagetätigkeit entsprechen.[544] Zur Orientierung können hier die bereits mehrfach erwähnten islamkonformen Indizes wie der Dow Jones Islamic Market Index sowie die Standards der AAOIFI herangezogen werden.[545] Dieses Modell der fondsgebundenen family takaful wird unter anderem unter Beteiligung der FWU in

---

[538] Ali:o. J., S. 50.
[539] Vergleiche hierzu die Abschnitte 3.1.3 und 3.1.4.
[540] § 1 Abs. 1 AVB für die Fondsgebundene Lebensversicherung.
[541] Siehe die Abschnitte 3.2–3.3.1.
[542] Der Gründungsstock eines VVaG wird in § 22 VAG geregelt.
[543] Siehe hierzu § 1 Abs. 1 AVB für die Fondsgebundene Lebensversicherung, aus dem die Bindung an die Wertentwicklung des Anlagestocks hervorgeht.
[544] Von Pock/Röckemann:2004, S. 2.
[545] Ebenda, sowie Engels:2009, S. 1 und Abschnitt 2.2.3.

den Vereinigten Arabischen Emiraten angeboten, wie bereits in Abschnitt 3.3.1 erwähnt wurde. Das ADCB Meethaq Takaful & Savings Programme, an dessen Strukturierung und Umsetzung die FWU beteiligt ist, fußt ebenfalls auf dem Modell einer fondsgebundenen Lebensversicherung auf wakala-Basis.[546]

4.1.4 Die Prämienkalkulation in einer islamkonformen Lebensversicherung

In den drei vorangegangenen Abschnitten wurde dargelegt, welche Gründe dafür sprechen, ein takaful-Lebensversicherungsprodukt in Anlehnung an das Modell der fondsgebundenen Lebensversicherung zu konzipieren. Daher soll dieser Typ der Lebensversicherung auch bei der Beschäftigung mit der Prämienkalkulation für eine islamkonforme Lebensversicherung zu Grunde gelegt werden.

Im vorangegangenen Abschnitt sowie in Abschnitt 1.2.2.3 wurde erläutert, dass bei der fondsgebundenen Lebensversicherung aufgrund der Investition des Sparanteils der Prämie in einen Investmentfonds und der Bindung an die Wertentwicklung des Anlagestocks (Sondervermögen) im Gegensatz zur klassischen kapitalbildenden Lebensversicherung keine Garantieverzinsung des Sparanteils erfolgt und dass die Risikoanteile der Prämien dem Spar-fonds-Guthaben nachschüssig entnommen werden.[547] Die Abwesenheit des Rechnungszinses in der fondsgebundenen Lebensversicherung äußert sich in der Berechnung der Versicherungssumme für den Erlebensfall insofern, als „die Versicherungssumme als Anteil der Summe aller planmäßig während der gesamten Versicherungsdauer zu zahlenden Beiträge (Beitragssumme) definiert" wird.[548] In Abschnitt 3.3 wurde dargelegt, wie mit den Prämien in der islamkonformen Lebensversicherung (family takaful) verfahren wird: Die Beiträge des Versicherungsnehmers werden auf zwei getrennt voneinander zu verwaltende Fonds verteilt – der Teil der Prämie, der auf mudaraba-Grundlage in den persönlichen Investmentfonds eingeht, ist mit dem Spar-anteil der konventionellen fondsgebundenen Lebensversicherung vergleich-bar, während der Anteil, der als tabarru' in den takaful-Fonds eingezahlt wird, mit dem Kostenanteil und Risikoanteil gleichgesetzt werden kann und sich in seiner Höhe nach dem Sterberisiko der zu versichernden Person rich-tet.[549] Dieses Sterberisiko wird – in beiden Modellen – auf der Grundlage von

---

[546] Vergleiche die Abgaben in Abschnitt 3.3.1.
[547] Von der Schulenburg:o. J., S. 54.
[548] http://www.uni-protokolle.de/Lexikon/Lebensversicherung.html; zuletzt aufgerufen am 28.08.2011.
[549] Klöwer:2009, S. 1902.

Sterbetafeln beziehungsweise mit Hilfe entsprechender Instrumente berechnet.[550]

Im Zuge seiner Auseinandersetzung mit den Herausforderungen, die sich deutschen Anbietern von family takaful-Produkten stellen würden, befasst sich Peisker auch mit der Sterbetafel als Kalkulationsgrundlage. Er verweist auf die „grundsätzliche Schwierigkeit (...), die Personengesamtheit der Muslime zu erfassen und deren Kollektives Risiko quantitativ zu bestimmen".[551] Diese Problematik wurde bereits in Abschnitt 4. dargelegt. Peisker zu Folge seien aber gerade die Erfassung der „Personengesamtheit der Muslime" und die Bestimmung des kollektiven Risikos dieser Personengruppe eine unabdingbare Voraussetzung für eine korrekte Berechnung des Sterberisikos der potentiellen Versicherungsnehmer in einer islamkonformen Lebensversicherung. Er stellt die These auf, dass „eine Sterbetafel, die die Risiken der gesamtdeutschen Bevölkerung beinhaltet (...) als kalkulatorisch nicht korrekt anzusehen" sei.[552] Dieser Feststellung lässt er jedoch keine konkrete Begründung folgen, so dass an dieser Stelle nur gemutmaßt werden kann, weshalb Peisker eine konventionelle, die gesamtdeutsche Bevölkerung erfassende Sterbetafel für die Prämienkalkulation in einer islamkonformen Lebensversicherung ablehnt: So ist anzunehmen, dass er bei der muslimischen Bevölkerung ein von der übrigen Bevölkerung abweichendes Sterberisiko vermutet, das mit der überwiegend nicht-deutschen Herkunft der in Deutschland lebenden Muslime in Zusammenhang stehen soll. Dies ist daher anzunehmen, weil der Autor einen „alternativen Kalkulationsweg über eine herkunftsabhängige Sterbetafel" in Erwägung zieht, diesen jedoch auf Grund der rechtlichen Maßgaben, die sich aus § 11 Abs.2 VAG sowie § 81 e VAG erschwert sieht.[553] Im selben Zusammenhang erwähnt Peisker „Tariffestsetzungen unter Berücksichtigung der Staatsangehörigkeit als subjektives Merkmal".[554] Den eigenen Verweis auf § 20 Abs. 2 AGG, laut dem "explizit die unterschiedliche Behandlung in privatrechtlichen Versicherungen [erlaubt ist], falls in der Religionszugehörigkeit des Versicherungsnehmers ein höheres Risiko versicherungsmathematisch belegbar" sei, entkräftet Peisker angesichts der gegenwärtigen Rechtsprechung und unter Bezug auf das VAG.[555]

---

[550] Vergleiche insbesondere die Angaben in Abschnitt 1.2.3 sowie zur Risikoeinteilung nach Alter bei Eintritt in die takaful-Versicherung Ali:o. J., S. 58.

[551] Peisker:2010, S. 238.

[552] Peisker:2010, S. 238.

[553] Ebenda.

[554] Ebenda.

[555] Ebenda.

Zur Argumentation Peiskers sind folgende Anmerkungen zu machen: Zunächst verfährt er ähnlich wie die in Anschnitt 4. der vorliegenden Untersuchung erwähnten Autoren, die sich bei der zahlenmäßigen Erfassung der potentiellen Kunden islamkonformer Finanz- und Versicherungsprodukte ausschließlich auf die Herkunftsländer der muslimischen Bevölkerung in Deutschland beziehen. Darüber hinaus geht er ungenau vor, wenn er von einer „herkunftsabhängigen Sterbetafel" Rückschlüsse auf die Religionszugehörigkeit der potentiellen Kunden ziehen möchte, die seiner Darstellung nach laut AGG eine unterschiedliche Behandlung zulasse. Zwar erlaubt § 20 AGG eine „unterschiedliche Behandlung wegen der Religion, einer Behinderung, des Alters, der sexuellen Identität oder des Geschlechts", jedoch wird hier weder die Herkunft als Kriterium genannt noch wird in besagtem Paragraphen eine unterschiedliche Behandlung aufgrund der genannten Merkmale uneingeschränkt zugelassen. So heißt es mit Bezug auf Versicherungsprämien in § 20 Abs. 2 AGG: „Eine unterschiedliche Behandlung wegen der Religion, einer Behinderung, des Alters oder der sexuellen Identität ist im Falle des § 19 Abs.1 Nr. 2 nur zulässig, wenn diese auf anerkannten Prinzipien risikoadäquater Kalkulation beruht, insbesondere auf einer versicherungsmathematisch ermittelten Risikobewertung unter Heranziehung statistischer Erhebungen". Einer unterschiedlichen Behandlung des Versicherungsnehmers im privaten Versicherungsgeschäft auf Grund der Staatsangehörigkeit oder der Zugehörigkeit zu einer ethnischen Gruppe steht zudem § 81 e VAG entgegen.[556] Um also § 20 AGG auf die Prämienkalkulation islamkonformer Lebensversicherungen anwenden zu können, bedürfte es generell zunächst einer plausiblen Auffassung darüber, auf welche Weise die Personengesamtheit der in Deutschland lebenden Muslime zu erfassen ist, ohne dabei den Fokus zu sehr auf die Herkunft oder die (gegebenen Falls auch ehemalige) Staatsangehörigkeit dieser Personengruppe zu legen.[557] Dies stellt die Voraussetzung für jene Risikobewertung dar, die im besagten Paragraphen gefordert wird.

Des Weiteren könnte auch ein bestimmter Lebenswandel dem von Peisker angenommenen potentiell abweichenden Sterberisiko zu Grunde liegen – ausgehend von der Annahme, dass sich „die Personengesamtheit der Muslime" an religiöse Maßgaben wie den Verzicht auf Alkohol, Nikotin und Schweinefleisch hält. Derartige persönliche Entscheidungen hinsichtlich des Lebenswandels treten jedoch auch bei der deutschen Gesamtbevölkerung

---

[556] § 81 e VAG: „Als Mißstand im Sinne des § 81 Abs. 2 sind auch Tarifbestimmungen und Prämienkalkulationen anzusehen, die auf die Staatsangehörigkeit des Versicherungsnehmers oder Versicherten oder auf deren Zugehörigkeit zu einer ethnischen Gruppe abstellen".

[557] Siehe hierzu auch die Anmerkungen in Abschnitt 4.

auf, deren kollektives Risiko in den Sterbetafeln erfasst wird. Derartige Aspekte erwähnt Peisker jedoch nicht explizit; diese Anmerkung ist lediglich als Mutmaßung der Verfasserin der vorliegenden Untersuchung aufzufassen. Die genannten Aspekte lassen den Schluss zu, dass für eine islamkonforme fondsgebundene Lebensversicherung, die in Deutschland betrieben werden soll, für die Kalkulation des Risikoanteils der Prämien die Sterbetafeln herangezogen werden können, die auch für vergleichbare konventionelle Produkte verwendet werden.[558]

Ein weiteres mögliches Hindernis, das der Anwendung der DAV- oder anderer konventioneller Sterbetafeln als Kalkulationsgrundlage für die Beiträge in einer islamkonformem Lebensversicherung im Wege stehen könnte, besteht in dem von Billah betonten Aspekt, dass eine ungleiche Tarifierung der Geschlechter im takaful-Modell grundsätzlich nicht zulässig sei. Billah selbst, der diese Auffassung mit der Aussage in Koran 3:145 begründet, erwähnt, dass in der takaful-Praxis aufgrund der voneinander abweichenden durchschnittlichen Sterberaten von Männern und Frauen Beiträge in unterschiedlicher Höhe erhoben werden.[559] Zudem ist im konkreten Fall abzuwarten, auf welche Weise die in Abschnitt 1.2.3 erläuterte Entscheidung des EuGH umgesetzt wird, laut der die Versicherungsunternehmen in den EU-Mitgliedstaaten ab 21. Dezember 2012 eine geschlechtsneutrale Prämienkalkulation einführen müssen. Sollte für den deutschen Versicherungsmarkt entschieden werden, dass die Prämien in der Lebensversicherung weiterhin nach Geschlecht getrennt berechnet werden[560], so könnte dies vor dem Hintergrund der bereits in Abschnitt 4.1.2 erwähnten Aussage von Hamid als zulässige Kalkulationsgrundlage angesehen werden, denn das islamische Recht „also permitted the regulator to regulate Shariah principles to accommodate the interest of the majority people in a country".[561] Als Ergebnis lässt sich also festhalten, dass für die Beitragskalkulation in einer islamkonformen Lebensversicherung, die in Deutschland betrieben wird, die gängigen Sterbetafeln verwendet werden können.

---

[558] Auch die Allianz Indonesia beruft sich laut eigener Aussage nicht auf spezielle Sterbetafeln für Muslime, wie aus einem Telefonat am 21.07.2011 hervorging.

[559] Billah:2007, S. 295.

[560] Der Richtlinie 2004/113/EG des Rates vom 13. Dezember 2004 zur Verwirklichung des Grundsatzes der Gleichbehandlung von Männern und Frauenbeim Zugang zu und bei der Versorgung mit Gütern und Dienstleistungen (ABl. L 373, S. 37) ist dies möglich; siehe http://curia.europa.eu/jcms/upload/docs/application/pdf/2011-03/cp11012de.pdf, aufgerufen am 20.08.2011.

[561] Hamid:o. J., S. 4.

4.1.5 Rechnungslegung im islamkonformen Versicherungsgeschäft in Deutschland

Wie bereits mehrfach in der vorliegenden Untersuchung erwähnt wurde, ist die separate Verwaltung der Vermögenswerte des anbietenden Unternehmens (des takaful-Operators) und jener der Versicherungsnehmer von wesentlicher Bedeutung für die Umsetzung des family takaful-Modells.[562] Diese Separierung kann im Rahmen einer fondsgebundenen Lebensversicherung, in der der Sparanteil in das Sondervermögen eingeht, abgebildet werden. Um dem takaful-Modell zu entsprechen, sollte sich diese Separierung auch in der Rechnungslegung des Versicherungsunternehmens beziehungsweise des takaful-Operators niederschlagen, wie unter anderem Ali betont: „Under Takaful operation, the accounting for Shareholders Fund is maintained separately from the respective Takaful funds. Income of Takaful operator are derived from investment return of shareholders fund and the share of profit from Family Takaful Fund. Operating expenses such as cost, establishment cost and administrative cost are met from Shareholders Fund".[563]

Üblicherweise befolgen konventionelle Finanz- und Versicherungsdienstleister in ihrer Rechnungslegung die Standards der International Financial Reporting Standards (im Folgenden: IFRS).[564] Den IFRS zu Folge würden jedoch die Vermögenswerte des takaful-Operators und jene der Versicherungsnehmer nicht getrennt voneinander in der Rechnungslegung aufgeführt werden.[565] Wie Abschnitt 2.2.4.1 erläutert wurde, werden beispielsweise in Großbritannien takaful-Anbieter jener versicherungsaufsichtsrechtliche Behandlung unterstellt, die auch bei Versicherungen auf Gegenseitigkeit greift – Amin und Kahn zu Folge kann daher die Trennung der Vermögenswerte des Versicherungsunternehmens und der Versicherungsnehmer in der Rechnungslegung nicht gewährleistet werden.[566] Im deutschen Recht sind die entsprechenden maßgeblichen Angaben für die Rechnungslegung eines VVaG in § 16 VAG zu finden. Laut Amin und Kahn berge diese Verfahrensweise sowohl Vor- als auch Nachteile für das Betreiben des takaful-Geschäfts innerhalb Europas: So sei die konventionelle Rechnungslegung vorteilhaft für den Vergleich der Performance des jeweiligen Anbieters mit jener konventioneller Anbieter; als nachteilige Konsequenz führen die Autoren den Verlust an Transparenz an, der mit dieser Art der Rechnungslegung einher-

---

[562] Abschnitte 3.3 und 4.1.3.3 der vorliegenden Untersuchung sowie Ali:o. J., S. 50.
[563] Ali:o. J., S. 62.
[564] Amin/Kahn:2008, S. 61 sowie Pfannkuch:2011, S. 17.
[565] Amin/Kahn: S. 61.
[566] Ebenda.

gehe.[567] Als mögliche Lösung dieses Konflikts schlagen die Autoren für takaful-Anbieter, die innerhalb der EU agieren, eine konventionelle Rechnungslegung nach den Standards der IFRS vor, die durch einen Appendix ergänzt
wird, in dem die entsprechenden Angaben gemäß den Standards der AAOIFI
aufgeführt werden – in diesem Rahmen wäre nicht nur die getrennte Rechnungslegung der Vermögenswerte des Versicherungsunternehmens und der
Versicherungsnehmer zu nennen, sondern auch eine Stellungnahme des jeweiligen Scharia Boards, das über seine Tätigkeit Rechenschaft ablegt.[568]
Auf diese Weise könnte zudem die Wettbewerbsfähigkeit sowohl mit konventionellen als auch mit islamkonformen Anbietern geprüft werden.[569]

Peisker, der sich ebenfalls mit dieser Problematik befasst, weist zudem auf
die Zusammenarbeit zwischen der International Association of Insurance
Supervision (IAIS) und dem IFSB hin.[570] In einer im Jahre 2006 gemeinsam
herausgegebenen Publikation verdeutlichen die beiden Organisationen den
Bedarf an einheitlichen regulatorischen Maßstäben für islamkonforme Versicherungen, insbesondere hinsichtlich jenen Rechtsumgebungen, in denen
das konventionelle Versicherungswesen vorherrscht: „...the existence of an
adequate legal framework for dealing with conventional insurance issues
does not necessarily imply that it will be equally competent to deal with Takaful contracts".[571] Auch wird auf die unterschiedliche Herangehensweise
seitens der Aufsichtsbehörden hinsichtlich islamkonformer Versicherungs-
und Finanzdienstleistungsanbieter hingewiesen. So gebe es Aufsichtsbehörden, die auch die Scharia-Kompatibilität der entsprechenden Anbieter be-
aufsichtigten, während andere sich nicht mit diesem Aspekt befassten[572] – in
Abschnitt 2.2.4.1 wurde exemplarisch die Haltung der britischen Aufsichtsbehörde (FSA) dargelegt, die islamkonforme Anbieter auf dieselbe Weise
wie konventionelle behandelt. Weitere fragliche Aspekte bestünden in darin,
ob bei der Erteilung einer Lizenz zum Betrieb des Versicherungsgeschäfts die
Scharia-Kompatibilität zum Tragen kommen sollte und wie die Qualifikation
der Geschäftsführer, Aufsichtsräte und anderer wesentlicher Positionen bei
einer islamkonformen Versicherung beurteilt werden könnte (vergleiche
hierzu auch die §§ 7 a, 11a und 64 a VAG).[573]

---

[567] Ebenda.
[568] Ebenda.
[569] Ebenda.
[570] Peisker:2010, S. 240, mit Verweis auf IFSB/IAIS:2006.
[571] IFSB/IAIS:2006, S. 11.
[572] IFSB/IAIS:2006, S. 11; hier heißt es: „There is as yet no consensus on the role of the
regulator in this area; in essence the debate is whether the regulator should be a
'Shari'a regulator' or a 'Shari'a system's regulator', or neither".
[573] IFSB/IAIS:2006, S. 12

Da diese und andere Fragen zum gegenwärtigen Zeitpunkt noch nicht beantwortet werden konnten, muss auf Grund der vorliegenden Gesetze sowie in Analogie zu der Auffassung Caspars, dass „das weltanschaulich neutrale Bankenaufsichtsrecht für alle Banken gleichermaßen adressiert", von einem ebenso neutralen Versicherungsaufsichtsrecht ausgegangen werden.[574] Wie in den Abschnitten 4.1.1 und 4.1.2 der vorliegenden Untersuchung dargelegt wurde, kann ein islamkonformes Lebensversicherungsprodukt durchaus mit den Maßgaben des VAG in Einklang gebracht werden – in den besagten Abschnitten wurde auch darauf hingewiesen, dass einige Modifikationen beim takaful-Vertrag notwendig sind, um dieses in eine rechtliche Struktur einzufügen, die mit dem VAG vereinbar ist: So wurde unter anderem aufgezeigt, dass der Versicherungsvertrag zwischen einem VVaG und dem einzelnen Mitglied aus islamrechtlicher Perspektive formal als entgeltliches Austauschgeschäft angesehen werden könnte, da der Verein in diesem Modell als eine juristische Person darstell und somit gegenüber den Mitgliedern eine eigene Rechtsträgerschaft besitzt.[575] Zur Auflösung dieses Widerspruchs wurde auf die Debatte über Form und Inhalt islamkonformer Finanzprodukte verwiesen, von deren Ergebnis ausgehend die These aufgestellt wurde, dass die inhaltliche Entsprechung des VVaG diesen formalen Widerspruch ausgleichen könnte.[576]

Hinsichtlich der Rechnungslegung sollte also der Empfehlung von Amin und Kahn gefolgt werden und der den Standards der IFRS entsprechenden Rechnungslegung ein Appendix beigefügt werden, der die Islamkonformität des Unternehmens und der angebotenen Produkte sowie der getätigten Investitionen und Ausgaben berücksichtigt. Hierbei sollten die entsprechenden Standards und Empfehlungen der AAOIFI und insbesondere der IFSB zur Orientierung dienen.

---

[574] Caspar:2010, S. 346.

[575] Vergleiche hierzu die Angaben in Abschnitt 4.1.2.

[576] Jaffer vergleicht die Elemente der konventionellen Versicherung, der Versicherung auf Gegenseitigkeit und des takaful-Modells und hält unter dem Punkt „Contract forms" jeweils Folgendes fest: „Conventional Insurance – Bilateral insurance policy", „Mutual insurance – bilateral insurance", „Takaful – Wakalah/Mudharabah agreement and unilateral contracts based on principles of Tabarru", Jaffer:2011, S. 3. Vergleiche auch www.arge-vvag.de/fsets/fthemen.htm; zuletzt aufgerufen am 28.08.2011. Zur bereits in Abschnitt 4.1.2 dargelegten Debatte über die formale und inhaltliche Übereinstimmung konventioneller und islamkonformer Finanzprodukte siehe Maurer:2010.

4.1.6 Prämieninvestition bei einer islamkonformen Lebensversicherung in Deutschland

In der vorliegenden Untersuchung wurde mehrfach erwähnt, dass im Islamic Finance Restriktionen hinsichtlich jeglicher Investitionstätigkeit bestehen. So wurde insbesondere in Abschnitt 2.2.3 dargelegt, dass sich die Verbote von riba, maysir und gharar in diesen Restriktionen niederschlagen: So dürfen dem riba-Verbot zu Folge keine zinsbasierten Anleihen erworben werden – die islamkonforme Alternative sukuk beinhaltet dadurch, dass diesen Anleihen stets ein realwirtschaftlicher Vermögensgegenstand zu Grunde liegt und dass statt einer Verzinsung eine Beteiligung an den Erträgen aus diesem Vermögensgegenstand erfolgt, formal keine Zinsgewinne.[577] Auch auf die islamkonformen Indizes wurde in Abschnitt 2.3.3 hingewiesen, in denen nur Anlagemöglichkeiten gelistet sind, die nicht im Zuge des zweistufigen Ausschlussverfahrens aussortiert werden müssen. In diesen Indizes dürfen zunächst keine Unternehmen aufgeführt sein, die mit der Produktion, dem Vertrieb oder der Vermarktung von haram-Gütern in Verbindung stehen, darüber hinaus werden durch ein Financial Screening Unternehmen ausgeschlossen, deren Gesamtverbindlichkeiten, geteilt durch die Marktkapitalisierung, mehr als 33% betragen, deren Zinseinkommen gemessen am Gesamtumsatz mehr als 5% beträgt und deren ausstehende Einkünfte, gemessen an den Unternehmensanlagen, mehr als 45% betragen.[578]

Die Begrenzung der Investitionsmöglichkeiten wirkt sich auf den Betrieb eines islamkonformen Versicherungsgeschäfts aus. Hierauf wird in der vorliegenden Literatur insbesondere im Zusammenhang mit solchen islamkonformen Versicherungen hingewiesen, die in europäischen Rechtsumgebungen angeboten werden sollen, da hier zwei Aspekte zu beachten sind: Zum Einen steht bislang innerhalb Europas nur eine begrenzte Anzahl explizit islamkonformer Anlagemöglichkeiten zu Verfügung, zum Anderen untersagt § 54 Abs.1 VAG eine zu hohe Konzentration in der Anlagepolitik der Versicherungsunternehmen. Dieses Spannungsverhältnis wird auch von Anwar als eine Herausforderung für Anbieter islamkonformer Versicherungsprodukte genannt: „The myriad of issues include investment compliance, where regulations concerning 'concentration risk' may require takaful operators to have a sufficiently diversified portfolio within and across certain asset classes. But the shortage of Shariah-compliant assets – particularly relating to sukuk within the EU – stands as a major hurdle for takaful operators, and one which Islamic market stakeholders have to address effectively".[579] Anwar

---

[577] Vergleiche Abschnitt 2.2.3.
[578] Al-Fil:2005, S. 2.
[579] Abbas:2009, S. 62.

spricht hier jene versicherungsrechtliche Maßgaben an, die auch in § 54 Abs. 1 VAG genannt werden, dem zu Folge das Sicherungsvermögen und das sonstige gebundene Vermögen eines Versicherungsunternehmens „unter Wahrung einer angemessenen Mischung und Streuung" angelegt werden müssen.

Diese Vorgaben scheinen zunächst das Vorhaben einer islamkonformen Lebensversicherung in Deutschland zu erschweren, da – wie unter anderem Anwar mit Bezug auf Europa feststellt – trotz der begrenzten vorhandenen islamkonformen Investitionsmöglichkeiten eben diese Streuung und Mischung einzuhalten sind.[580]

Da im Laufe der Abschnitte 4.1.1.1 bis 4.1.1.3 der vorliegenden Untersuchung die These erarbeitet wurde, dass sich das Prinzip der fondsgebundenen Lebensversicherung zunächst besser mit dem takaful-Prinzip vereinbaren ließe als jenes der klassischen kapitalbildenden Lebensversicherung oder der klassischen privaten Rentenversicherung soll das fondsgebundene Modell auch im Folgenden im Fokus stehen. Bezüglich der fondsgebundenen Lebensversicherung muss neben § 54 VAG insbesondere § 54 b VAG berücksichtigt werden. § 54 b VAG betrifft den Anlagestock (Sondervermögen) von Lebensversicherungsverträgen, die Versicherungsleistungen vorsehen, die aus „1. Anteilen an einem Sondervermögen, das von einer Kapitalgesellschaft verwaltet wird, 2. von einer Investmentgesellschaft ausgegebenen Anteilen oder 3. für das Sondervermögen einer Kapitalanlagegesellschaft zugelassenen Werten, ausgenommen Geld" bestehen und betrifft somit die in den Abschnitten 1.2.2.3 und 4.1.1.3 erläuterte fondsgebundene Lebensversicherung.

In § 54 b Abs. 2 VAG wird analog die indexgebundene Lebensversicherung behandelt, bevor in § 54 b Abs. 3 Satz 1 festgehalten wird, dass § 54 VAG, in dem die Forderung nach „angemessener Streuung und Mischung" der Investitionspolitik des Versicherungsunternehmens auf die in § 54 b Abs. 1 Nr. 1-3 genannten Lebensversicherungsarten keine Anwendung findet. Die Investitionen haben im Falle einer fondsgebundenen Lebensversicherung in den jeweils „betroffenen Werten" zu erfolgen, wie § 54 b Abs. 1 festlegt. Die Maßgabe der gestreuten und gemischten Anlage greift hier also nicht – zumindest greift sie nicht, sofern in der fondsgebundenen Lebensversicherung keine garantierte Mindestleistung enthalten ist, wie § 54 b Abs. 3 Satz 2 besagt. Eine solche garantierte Mindestleistung kann beispielsweise in der Rückzahlung bereits geleisteter Prämien bestehen. Ist eine garantierte Mindestleistung im Versicherungsvertrag enthalten, ist laut § 54 b Abs. 3 „auf die Anlagen, die zur Bedeckung der dafür [für die Mindestleistung] erforderli-

---

[580] Anwar:1994, S. 62. Siehe hierzu auch Peisker:2010, S. 239.

chen zusätzlichen versicherungstechnischen Rückstellungen dienen, § 54 anzuwenden".

Die Entscheidung, ob eine fondsgebundene, islamkonforme Lebensversicherung eine garantierte Mindestleistung enthalten sollte, ist vor allem eine ökonomische Entscheidung, die für die Wettbewerbsfähigkeit des jeweiligen Produkts von Bedeutung ist, im Rahmen der vorliegenden Untersuchung jedoch aufgrund des begrenzten Umfangs und der Schwerpunktsetzung auf die rechtliche Komponente eines islamkonformen Lebensversicherungsproduktes nicht tiefergehend erörtert werden kann. Festzuhalten ist in diesem Zusammenhang, dass eine garantierte Mindestleistung innerhalb einer islamkonformen Lebensversicherung aufgrund des riba-Verbotes ohne eine garantierte Verzinsung erfolgen müsste – die bereits oben erwähnte Rückbezahlung der eingezahlten Prämien ohne Verzinsung wäre daher eine denkbare Variante.

Sowohl in einer fondsgebundenen islamkonformen Lebensversicherung ohne garantierte Mindestleistung als auch einer solchen mit garantierter Mindestleistung müssen sämtliche Anlageaktivitäten islamkonform gestaltet werden – von Pock und Röckemann nennen die Möglichkeit einer fondsgebundenen Lebensversicherung, die „analog dem Prinzip der ökologischen Lebensversicherungen nur in Unternehmen investieren, die nach islamischem Recht als unbedenklich bewertet werden".[581] Peisker nennt vor diesem Hintergrund „börsennotierte Aktien und Immobilien, Einkommensfonds und Sukuk" als mögliche Investitionsinstrumente im Rahmen eines islamkonformen Lebensversicherungsproduktes.[582] Sukuk könnten in einem kapitalbildenden Lebensversicherungs-Produkt die „wenig volatilen festverzinslichen Anlagen konventioneller Versicherer" ersetzen.[583] Eine konkrete Anlagemöglichkeit auf dem deutschen Markt böten hier etwa die bereits in Abschnitt 2.2.4.2 erwähnten QES Islamic Finance Wertpapiere der LBB. Bis das Angebot deutscher Anbieter für islamkonforme Investitionen weiter entwickelt ist, müssen jene Möglichkeiten in Anspruch genommen werden, die die verschiedenen Dow Jones Islamic Market Indices sowie vergleichbare Indices wie die in Abschnitt 2.2.3 erwähnte FTSE Global Islamic Index Series der FTSE Group bieten.

---

[581] Von Pock/Röckemann:2004, S. 2.
[582] Peisker:2010, S. 239.
[583] Ebenda.

4.1.7 Möglichkeiten der Bezugsberechtigung in der islamkonformen Lebensversicherung

In Abschnitt 1.2.4.2 wurde dargelegt, unter welchen Voraussetzungen die Versicherungssumme aus einem Lebensversicherungsvertrag dem Nachlass zuzurechnen ist: Sofern im zu Grunde liegenden Versicherungsvertrag eine Bezugsberechtigung ausgesprochen wird, geht der Anspruch auf die Versicherungssumme ohne Durchgang durch den Nachlass in das Eigentum des Bezugsberechtigten über, da durch die Benennung eines Bezugsberechtigten ein Vertrag zu Gunsten Dritter abgeschlossen wurde und die Behandlung der Versicherungssumme somit nach schuldrechtlichen Regelungen zu erfolgen hat. Dies trifft auch zu, wenn im Vertrag der Verweis „zur Zahlung an die Erben" vermerkt ist: „Die Versicherungsleistung fällt (...) selbst dann nicht in den Nachlass des Versicherungsnehmers, wenn dieser dem Versicherer als Bezugsberechtigte ‚die Erben' benannt hat. Die Testamentsanordnung hat auf die Versicherungsvertragsmäßig getroffene Regelung keinen Einfluss".[584] Ist im Versicherungsvertrag kein Bezugsberechtigter benannt worden, so befindet sich der Anspruch auf die Versicherungssumme im Zeitpunkt des Todes im Besitz des Verstorbenen und stellt somit einen Bestandteil seines Nachlasses dar.[585] Sofern die Versicherungssumme zum Nachlass gehört, handelt es sich um einen „Erwerb durch Erbanfall nach § 3 Abs. 1 Nr. 1 ErbStG (Erwerb von Todes wegen)", der erbschaftsrechtlichen Bestimmungen unterliegt.[586]

Hinsichtlich des takaful-Modells werden die Funktionen und Möglichkeiten einer Bezugsberechtigung noch diskutiert. Auch unter muslimischen Rechtsgelehrten stellt dabei die wesentliche Frage jene danach dar, wer im Zeitpunkt des Todes Anspruch auf die Versicherungssumme hat, wie unter anderem Hamid erläutert: So gingen einige Gelehrte davon aus, dass der Anspruch auf die Versicherungssumme dem Nachlass des Verstorbenen zuzurechnen sei und dass folglich das islamische Erbrecht (mirath) und die entsprechende Aufteilung in die Erbteile (fara'id) anzuwenden sei.[587] Hamid erwähnt Noor und Abdullah, laut denen die Versicherungssumme im Falle des vorzeitigen Ablebenes des Versicherungsnehmers den islamrechtlichen Erben zuzusprechen sei, denn dieser Anspruch sei „the product of the decea-

---

[584] Siehe auch http://www.erbrecht-heute.de/Lebensversicherung-Erbrecht.html, zuletzt aufgerufen am 28.08.2011. In diesem Fall entsteht ein Anspruch auf die Leistung der Versicherungssumme direkt an den Bezugsberechtigten. Die Zahlung der Versicherungssumme fällt also zu Gunsten des Dritten (§§ 328, 331 BGB) an und wird daher nicht Teil des Nachlasses.

[585] Andres:2010, § 47, Randnummer 16. Siehe auch Abschnitt 1.2.4.2.

[586] Andres:2010, § 47, Randnummer 51.

[587] Hamid:o. J., S. 7.

sed's effort and hence is part of his assets. Even though the money comes into existence only after the participant's death, it is the effort of the participant by entering into the contract, which realizes the financial assistance in favour of his legal heirs upon his death."[588]

Dieser Auffassung stehe die Position anderer Gelehrter entgegen, laut der der Anspruch auf die Versicherungssumme nicht zum Eigentum des Verstorbenen gehöre und somit auch nicht gemäß der Vorgaben des islamischen Erbrechts zu behandeln sei. Vielmehr handele es sich um eine Schenkung (hiba), das hier als Pendant zur Bezugsberechtigung aufgefasst werden kann.[589] Diese Gelehrten begründen ihre Auffassung unter anderem damit, dass bereits mit der Versicherungspolice die Rechte möglicher Begünstigter gesichert werden sollten, insbesondere die Rechte der direkten Angehörigen des Verstorbenen, die vormals von dessen Erwerbstätigkeit abhängig waren. Eine strikte Einhaltung der islamrechtlichen Bestimmungen über die Erbfolge könne die Absicherung dieser direkten Angehörigen erschweren – diese Argumentation legt Hamid anhand des Beispiels eines adoptierten Sohnes dar: „Maybe the deceased has an adopted son who still depends on him, but not eligible as a heir through *faraidh*. He is the real beneficiary, compared to those who are not dependent on the deceased like his uncles and aunties".[590] Hamid kommt zu dem Ergebnis, das eine Qualifizierung des Anspruches auf die Versicherungssumme als hiba besser dafür geeignet sei, jene von der besagten Summe profitieren zu lassen, die ihrer tatsächlich bedürftig seien: „Therefore, it is better to make the sum covered as *Hibah*, so that it will benefit those who really in need and achieve the real intention of *Takaful* contribution."[591]

Ali führt die Möglichkeit der Benennung eines oder mehrerer Bezugsberechtigter im konventionellen Versicherungsvertrag zunächst als eines der grundsätzlichen Argumente muslimischer Gelehrter gegen die konventionelle Versicherungs-Praxis an – die Benennung von Bezugsberechtigten stehe demnach laut Meinung einiger Gelehrter in Widerspruch zum islamischen Erbrecht.[592] Er erwähnt jedoch auch die für die vorliegende Untersuchung

---

[588] Ebenda.
[589] Ebenda.
[590] Derselbe, S. 8. Weiter führt Hamid aus, dass in dieser Argumentation auch auf folgende Überlieferung Bezug genommen werde: „Rasulullah once said that, as reported in Sahih Muslim (hadith number 3991) as follow; '...to leave your heirs rich is better than to leave them poor, begging from people; that you would never incur an expense seeking therewith the pleasure of Allah, but you would be rewarded therefore, even for a morsel of food that you put in the mouth of your wife'."
[591] Hamid:o. J., S. 9–10.
[592] Ali:o. J., S. 36.

wesentliche Argumentation anderer Gelehrter, der zu Folge die Bezugsberechtigung gemäß den Bestimmungen des islamischen Erbrechts gestaltet werden könne und somit kein Widerspruch entstehen müsse.[593] Zudem führt Ali das Beispiel der pakistanischen Rechtsprechung an, laut der ein Bezugsberechtigter (nominee) als eine Art Verwalter agieren solle, der die Versicherungssumme gemäß des islamischen Erbrechts an die rechtlichen Erbe zu verteilen habe.[594] Des weiteren nimmt Ali unter anderem Bezug auf eine fatwa des National Council of Religious Affairs in Malaysia aus dem Jahre 1974, „which states that the nominee in a life insurance policy is a mere trustee, who is supposed to receive the benefit of the policy and distribute it among the heirs of the assured according to the Islamic law of Mirath and Wasyia".[595]

Auch Billah weist auf die unterschiedlichen Auffassungen bezüglich der Bezugsberechtigung im konventionellen Versicherungsvertrag und der Bezugsberechtigung (nomination) im takaful-Modell beziehungsweise im islamischen Recht sowie die entsprechenden Diskussionen seitens muslimischer Gelehrter und Praktiker hin. So würden einige Praktiker die Position vertreten, dass eine Bezugsberechtigung den jeweiligen Bezugsberechtigten zum Eigentümer der Versicherungspolice mache – diese Position ist mit der in diesem Abschnitt und im ersten Teil der vorliegenden Untersuchung dargelegten Auffassung der Bezugsberechtigung im deutschen Rechtsrahmen vergleichbar, da in beiden Argumentationen mit der Bezugsberechtigung der Anspruch auf die Versicherungssumme einhergeht. Ebenso wie die von Hamid erläuterten Auffassungen wird hier die Bezugsberechtigung als hiba aufgefasst.[596] Die Qualifizierung als hiba führe zu einem absoluten Anspruch auf die Versicherungssumme.[597] Billah führt drei Argumente an, die gegen die Zulässigkeit einer derartigen Qualifizierung angeführt werden: Zunächst zeichne sich die Natur einer hiba grundsätzlich dadurch aus, dass die Schenkung an keine Bedingungen geknüpft sei – die Bezugsberechtigung in einem Lebensversicherungsvertrag jedoch sei eben nicht bedingungslos, vielmehr sei die Schenkung an das Ableben des Versicherungsnehmers vor Ablauf der Vertragslaufzeit gebunden. Darüber hinaus berge eine Bezugsberechtigung einer durch den Versicherungsnehmer selbst gewählten Person eine Benachteiligung der rechtmäßigen Erben, was einen Widerspruch zum islamischen Erbrecht bedeuten würde. Schließlich werde argumentiert, dass eine Versicherungspolice grundsätzlich dem Eigentum des Versicherungsnehmers zu-

---

[593] Ebenda.
[594] Derselbe, S. 41.
[595] Derselbe, S. 42.
[596] Billah:2007, S. 127. Siehe auch Abschnitt 1.2.4.2.
[597] Billah:2007, S. 127.

zurechnen sei und dass dieser, sofern er eine bestimmte Person an diesem Eigentum teilhaben lassen möchte, ein islamrechtlich zulässiges Testament (wasiya) aufsetzen solle. Mit einem Testament könne gemäß der Bestimmungen des islamischen Erbrechts über ein Drittel der Versicherungssumme frei verfügt werden.[598]

Überträgt man die genannten Argumente und Empfehlungen auf die erläuterten Möglichkeiten der Bezugsberechtigung innerhalb des deutschen Rechtsrahmens, so sind folgende Anmerkungen zu machen: Wird in einem Lebensversicherungsvertrag, auf den das Recht der Bundesrepublik Deutschland Anwendung findet, kein Bezugsberechtigter genannt und ist auch nicht der Verweis „zur Zahlung an die Erben" im Vertrag enthalten, so findet deutsches Erbrecht Anwendung, wie in diesem Abschnitt und insbesondere in Abschnitt 1.2.4.2 gezeigt wurde. Eine Unterlassung der Benennung eines Bezugsberechtigten könnte also innerhalb des deutschen Rechtsrahmens nicht zu jener Befolgung des islamischen Erbrechts führen, die die von Hamid, Billah und Ali angeführten Gegner der Bezugsberechtigung beziehungsweise der hiba fordern. Lediglich in dem Falle, dass aufgrund eines vorliegenden Auslandsbezuges im konkreten Einzelfall das Internationale Privatrecht (im Folgenden: IPR) zur Anwendung käme und diesem Zusammenhang auf das Recht eines Staates verwiesen würde, dessen Erbrecht maßgeblich von islamrechtlichen Maßgaben dominiert wäre, könnte bei Unterlassen der Benennung eines oder mehrerer Bezugsberechtigter das islamische Erbrecht zur Anwendung kommen.[599]

Sollen die islamrechtlichen Bestimmungen des Erbrechts innerhalb einer islamkonformen Lebensversicherung berücksichtigt werden, so kann dies gerade durch eine Bezugsberechtigung erreicht werden, nämlich indem diese so gestaltet wird, dass jene Personen, die gemäß der islamrechtlichen Erbfolge begünstigt wären, entsprechend der Erbanteile (fara'id) als Bezugsberechtigte benannt werden. Diese Variante wird auch bei Ali erwähnt. Auch bei Hamid wird angesprochen, dass die Absicherung derjenigen Hinterbliebenen des Verstorbenen, von dessen Einkommen die Hinterbliebenen abhängig sind, eines der wesentlichen Prinzipien innerhalb des takaful-Konzeptes darstellt und somit die Einfügung einer Bezugsberechtigung in den jeweiligen Versicherungsvertrag der Zielsetzung des takaful-Modells keineswegs zuwiderlaufe. Sollten die Versicherungsnehmer keine derartig gestaltete Bezugsberechtigung wünschen, so könnten ihnen – entsprechend der Ausführungen in Abschnitt 1.2.4.2 – Vorschläge für eine dem jeweiligen

---

[598] Derselbe, S. 128.
[599] Siehe hierzu insbesondere Art. 5 EGBGB.

individuellen Fall adäquate Vertragsgestaltung gemacht werden.[600] Mögliche Vorschläge werden in Abschnitt 4.2 vorgelegt.

4.2 Zusammenfassung – Konzept

In den Abschnitten dieses Teils der vorliegenden Untersuchung wurde dargelegt, dass es möglich ist, eine islamkonforme Lebensversicherung in Übereinstimmung mit den deutschen rechtlichen Grundlagen und Rahmenbedingungen – dem VAG, dem VVG, den üblichen AVB sowie den erbrechtlichen Bestimmungen – in Deutschland zu betreiben. Wie in Abschnitt 4.1 erläutert wurde, ist das takaful-Prinzip mit der Begriffsbestimmung des BVerwG eines Versicherungsgeschäfts vereinbar. Mögliche Widersprüche hinsichtlich der Terminologie und der formalen Qualifizierung wurden aufgrund der funktionalen Entsprechung aufgelöst.

So konnte gezeigt werden, dass die Definition des BVerwG trotz des erwähnten Elements des „Entgelts", gegen dessen Zahlung (in Form der Prämie) Versicherungsnehmer eine Leistung, nämlich die Absicherung des jeweiligen Risikos, bezieht, auf das takaful-Prinzip übertragbar ist, dessen Legitimität unter anderem auf der Unentgeltlichkeit des Risikoanteils basiert.[601] Begründet wurde diese Annahme damit, dass die theoretische, dem islamischen Recht entnommene Bezeichnung der Beiträge als tabarru' und deren Qualifizierung als „unentgeltliche Zuwendungen" im Rahmen des takaful-Modells in funktionaler Hinsicht nichts an dem Umstand ändere, dass der einzelne Versicherungsnehmer die Prämie entrichtet, um beim Eintritt eines vertraglich vereinbarten Ereignisses die jeweils vereinbarte Versicherungs-Leistung durch Unterstützung der anderen Versicherungsnehmer zu erhalten.[602]

Daran anschließend wurde in Abschnitt 4.1.2 dargelegt, dass die Rechtsform des VVaG besonders geeignet für die Umsetzung des takaful-Modells ist: So bestehen Ähnlichkeiten sowohl in dem jeweils zu Grunde liegenden gemeinschaftlichen, solidarischen Prinzip als auch darin, dass der Versicherungs-Schutzes der Mitglieder Vorrang vor einer möglichen Gewinnerzielung hat. Die von Gassner und Wackerbeck sowie von Jaffer erwähnten problematischen Aspekte des Risikotransfers auf den Verein sowie des formalen Charakters des Vertragsverhältnisses zwischen Versicherungsnehmer und VVaG, das einem entgeltlichen Austauschgeschäft entspreche, wurden ebenfalls erörtert. Es konnte gezeigt werden, dass bedingt durch die Mitunternehmer-

---

[600] Hinsichtlich der steuerlichen Behandlung sei auf Abschnitt 1.2.4.2 verwiesen.
[601] Vergleiche insbesondere die Ausführungen in den Abschnitten 3.1.4 sowie 3.2.
[602] Alpen Capital:2010, S. 22.

Stellung und die Trägerschaft, die die Versicherungsnehmer in einem VVaG inne haben, eben kein Risikotransfer auf ein unabhängiges Versicherungs- unternehmen erfolgt sondern dass die Versicherungsnehmer in einer Form der Selbstversicherung gemeinsam das Risiko aller tragen. Es konnte der Schluss gezogen werden, dass im Sinne der Maßgabe, dass die inhaltliche Entsprechung für die islamrechtliche Zulässigkeit eines Vertrages einer ge- ringfügigen formalen Dissonanz überzuordnen sei, die Rechtsform des VVaG einen geeigneten Rahmen für ein islamkonformes Lebensversicherungspro- dukt darstellen könne.

In den Abschnitten 4.1.3.2 bis 4.1.3.3 wurde das Ergebnis erarbeitet, dass der Typ der fondsgebundenen Lebensversicherung geeignet wäre, um das taka- ful-Modell abzubilden. Die Begründung hierfür ergibt sich insbesondere aus der Abwesenheit eines Rechnungszinses, der bei klassischen kapitalbilden- den Lebensversicherungen maßgeblich zum Tragen kommt. Auch der Um- stand, dass in einer fondsgebundenen Lebensversicherung der Sparanteil in ein Sondervermögen angelegt wird und somit nicht mit den Vermögenswer- ten des Versicherungsunternehmens vermischt wird, wurde als Argument für die Umsetzung des takaful-Prinzips im Rahmen dieses Versicherungstyps angeführt. Die entsprechende Prämienkalkulation wurde in Abschnitt 4.1.4 erörtert – hierbei wurde der Auffassung Peiskers, wonach bei der Berech- nung der Beiträge in einer islamkonformen spezielle, auf die „Gesamtheit der Muslime" abstellende Sterbetafeln zu Grunde gelegt werden müssten, widersprochen. Weder das AGG noch bestehende Erfahrungswerte aus der Praxis lassen eine solche gesonderte Erfassung des Sterberisikos muslimi- scher Versicherungsnehmer möglich und sinnvoll erscheinen.

Schließlich wurden in den Abschnitten 4.1.5 und 4.1.6 die Aspekte der Rech- nungslegung und der Investition für die Sparbeiträge untersucht. Hinsicht- lich der Modalitäten der Rechnungslegung wurde die Empfehlung von Amin und Kahn aufgegriffen, der zu Folge die Rechnungslegung eines Versiche- rungs-Unternehmens, das islamkonforme Lebensversicherungen in seinem Portfolio anbietet, gemäß der konventionellen IFRS erfolgen könne und um jene Angaben ergänzt werden sollte, die signifikant für die Islamkonformität des Produktes und der zu Grunde liegenden Strukturen sind. Mit Bezug auf die Vorgaben des § 54 VAG, denen zu Folge die Investition der Sparbeiträge bei Lebensversicherungsverträgen grundsätzlich gemischt und gestreut zu erfolgen hat, wurde auf die ergänzenden Angaben in § 54 b Abs. 3 hingewie- sen, aus denen hervor geht, dass diese Streuung und Mischung im Falle einer fondsgebundenen Lebensversicherung nur auf jene Anteile anzuwenden ist, die „die zur Bedeckung der dafür [für die Mindestleistung] erforderlichen zu- sätzlichen versicherungstechnischen Rückstellungen dienen". Ausgehend von den Diskussionen, die seitens muslimischer Gelehrter über die Möglichkeiten der Benennung eines oder mehrerer Bezugsberechtigten/r im takaful-Modell geführt werden, wurde schließlich in Abschnitt 4.1.7 der Vorschlag erarbeitet, innerhalb eines islamkonformen Lebensversicherungsvertrags die Möglichkeit anzubieten, eine Bezugsberechtigung im entsprechenden Vertrag festzulegen, die den Maßgaben des islamischen Erbrechts entspricht.

Die vorangegangenen Erläuterungen und Zwischenergebnisse lassen sich zu einem Lebensversicherungs-Produkt zusammenfügen, das sich sowohl innerhalb des deutschen Rechtsrahmens bewegt als auch mit den wesentlichen Richtlinien des takaful-Modells in Einklang steht. Demnach ist eine von einem VVaG angebotene, islamkonforme fondsgebundene Lebensversicherung denkbar, bei der die Sparanteile der Prämien auf islamkonforme Weise investiert werden. Als Orientierung bei der Auswahl geeigneter Investitionsmöglichkeiten sollten Indizes wie der Dow Jones Islamic Market Index und die FTSE Global Islamic Index Series herangezogen werden. Um das Risiko für die Versicherungsnehmer zu reduzieren, könnte eine Übertragungsoption in den Vertrag eingefügt werden. Die Prämienkalkulation könnte dabei – entsprechend der Ausführungen in Abschnitt 4.1.4 – auf Grundlage jener Sterbetafeln erfolgen, die auch zur Berechnung der Beiträge in der konventionellen Lebensversicherung angewendet werden. Die den Standards der IFRS entsprechende Rechnungslegung sollte durch eine Darlegung jener Informationen ergänzt werden, die für die Überprüfung der Islamkonformität des Produktes und seiner strukturellen Umgebung von Bedeutung sind. Hinsichtlich einer möglichen Benennung Bezugsberechtigter könnte den Kunden angeboten werden, eine Bezugsberechtigungs-Struktur zu wählen, die den Bestimmungen des islamischen Erbrechts und dessen Verteilung der Pflichtteile (fara'id) entspricht, sofern dies gewünscht ist.

Die in Abschnitt 4.1.2 dargelegte Empfehlung von Bälz hinsichtlich der Aufgabenverteilung zwischen dem Scharia Board und dem Management des Versicherungsunternehmens sollte für das vorliegende Modell übernommen werden: Das Scharia Board wäre für die Formulierung der Grundsätze der Struktur, der Abläufe und der Anlagepol zuständig, während die konkreten Entscheidungen in Übereinstimmung mit den Maßgaben der §§ 76 bis 94 AktG für den Vorstand und den §§ 95 bis 116 AktG für den Aufsichtsrat des anbietenden VVaG getroffen werden. [603]

In den Abschnitten 3.2.1 bis 3.2.3 dieser Untersuchung wurden die drei gängigen Vertrags-Modelle vorgestellt, auf deren Grundlage das takaful-Prinzip umgesetzt werden kann. Demnach stehen das mudaraba-, das wakala- und das Hybrid-Modell zur Diskussion. Das mudaraba-Modell erscheint für die

---

[603] Gemäß der §§ 34–36 VAG muss ein VVaG die Organstruktur Aufsichtsrat, Vorstand und Mitgliederversammlung aufweisen.

Umsetzung des bisher erarbeiteten takaful-Produkts nicht günstig: Die grundsätzlich hohe Abhängigkeit des Versicherungsunternehmens vom Erfolg der Investitionen der Sparbeiträge, die im mudaraba-Modell aufgrund des Prinzips der Gewinnbeteiligung vorhanden ist, führt in Verbindung mit der Struktur der fondsgebundenen Lebensversicherung zu einem äußerst hohen Maß an Volatilität. Eine zusätzliche Problematik würde sich in einer auf dem mudaraba-Modell basierenden fondgebundenen Lebensversicherung daraus ergeben, dass sämtliche Investitionen gemäß der Vorgaben des islamkonformen Umgangs mit Finanzen zu erfolgen haben – diesbezüglich liegen in Deutschland noch relativ wenig Erfahrungswerte vor, so dass es fraglich ist, ob eine VVaG, der gemäß dem mudaraba-Modell agiert, effizient agieren könnte. Zum gegenwärtigen Zeitpunkt scheint es plausibler, wenn sich der Anbieter einer islamkonformen Lebensversicherung nicht in diese enorme Abhängigkeit vom Kapitalanlageerfolg begeben würde, sondern zunächst das Underwriting und die die Kapitalanlagetätigkeit innerhalb dieser im deutschen Rechtsrahmen neuartigen Struktur getrennt voneinander erprobte. Daher könnte das Hybrid-Modell herangezogen werden, dass in Abschnitt 3.2.3 dargelegt wurde – auch in dieser Variante besteht jedoch eine gewisse Abhängigkeit vom Kapitalanlageergebnis für den Versicherer, die aufgrund der geringen Erfahrungswerte mit islamkonformen Investitionsmöglichkeiten seitens deutscher Anbieter derzeit ein Risiko für den Versicherer bedeuten würde.

Aus diesen Gründen wird hier das wakala-basierte takaful-Modell für die Einführung eines islamkonformen Lebensversicherungsproduktes in den deutschen Rechtsrahmen und auf den deutschen Versicherungsmarkt empfohlen. Das Versicherungsunternehmen – in diesem Falle der VVaG – agiert als Manager des Versicherungsprozesses und der Anlagetätigkeit und bezieht für diese Tätigkeit einen festgesetzten Prozentsatz der Prämie des einzelnen Versicherungsnehmers als Gebühr. Auf diese Weise könnten zunächst beide Prozesse – der Versicherungsvorgang und die Investitionstätigkeit separat voneinander erprobt werden, bevor möglicherweise eine Erweiterung um oder Umstellung auf das Hybrid-Modell erfolgt. Ein solches Vorgehen wäre nicht nur im ökonomischen Interesse des anbietenden VVaG, es könnte auch am ehesten gewährleisten, dass die gesetzlichen Vorgaben nachvollziehbar eingehalten werden. Zudem zeichnet sich das wakala-Modell dadurch aus, dass es die reduzierte Rolle des Versicherers auf den Manager deutlich abbildet – dies entspricht sowohl dem grundsätzlichen Ansatz des takaful-Prinzips als auch der Struktur der fondsgebundenen Lebensversicherung. Ein islamkonformes Lebensversicherungsprodukt könnte durch diese Umsetzung - eine von einem VVaG angebotene fondsgebundene Lebensversicherung auf Basis der wakala-Struktur, bei der eine Bezugsberechtigung gemäß islamischem Erbrecht angeboten wird – glaubhaft vermarktet werden.

Ein derartiges Konzept müsste vor seiner Umsetzung und Einführung in den Markt von einem Scharia Board zertifiziert werden – zur Zusammensetzung und Bestellung eines solchen könnten die Kenntnisse und Kontakte von Vermittlungs-Institutionen wie etwa dem iFIS Islamic Banking[604] oder dem IFIBAF in Anspruch genommen werden; es könnte aber auch in Erwägung gezogen werden, sich – ähnlich wie die in Abschnitt 2.2.4.1 erwähnte LBB an einen der muslimischen Verbände in Deutschland zu wenden. Aufgrund der bereits vorhandenen Erfahrungswerte der FWU im Bereich der islamkonformen fondsgebundenen Lebensversicherungen könnte auch versucht werden, hier Ansprechpartner zu gewinnen.[605]

Auch wenn das Marketing eines derartigen Produktes nicht im Mittelpunkt der vorliegenden Untersuchung steht, deren Schwerpunkt in der Vereinbarkeit der Prinzipien des takaful-Modells mit den Rahmenbedingungen des deutschen (Versicherungs-)Rechts liegt, soll an dieser Stelle auf einige rechtliche Aspekte hingewiesen werden, die es hinsichtlich der Vermarktung und der Bewerbung einer islamkonformen Lebensversicherung zu beachten gilt. Wie bereits in Abschnitt 2.2.4.2 erwähnt wurde, müssen bei der Vermarktung eines islamkonformen Versicherungs- oder Finanzproduktes die Maßgaben des UWG und die entsprechende Rechtsprechung beachtet werden. Gemäß § 1 UWG widerspricht „übermäßig gefühlsbetonte Werbung', wie etwa der allgemeine Appell an „das Gute im Mensch", gegen die Generalklausel in § 1 UWG", wie Bälz darlegt: Ein derartiger Appell widerspräche dem Prinzip des Preis- und Leistungswettbewerbs' widerspricht.[606] Analog dazu sei es auch möglich, dass ein Appell an „den guten Muslim" als unlauter eingestuft werden könnte.[607]

Folglich müsste im Zuge der Vermarktung eines takaful-Lebensversicherungsproduktes ebenfalls darauf geachtet werden, dass es zu keinem Konflikt mit § 3 UWG kommt, wenn das besagte Produkt etwa mit der Scharia-Konformität der Anlagemöglichkeiten für die Sparbeiträge beworben werde: „Um dem Vorwurf der irreführenden Werbung nach § 3 UWG zu begegnen, ist zudem erforderlich, dass die Konformität des Fonds mit den Be-

---

[604] Siehe hierzu die Internet-Auftritte der genannten Institutionen unter http://www.ifis-fdl.de/#SlideFrame_1 (iFIS) sowie http://www.ifibaf.com/ (IFIBAF); zuletzt aufgerufen am 27.08.2011.
[605] Im Falle der LBB wurde der Zentralrat der Muslime als Partner gewählt, vergleiche die Angaben in Abschnitt 2.2.4.2.
[606] Bälz islamische Aktienfonds, S. 450–451.
[607] Ebenda.

stimmungen der Sharia objektiv nachvollziehbar ist".[608] Dies zu belegen sei aufgrund der voneinander abweichenden Auslegungen des islamischen Rechts nicht einfach.[609] Der von Bälz vorgeschlagenen alternativen Vorgehensweise, statt einer Bezeichnung als „islamkonform" das Verfahren darzulegen, das der jeweiligen Investmentpolitik zu Grunde liegt, entspricht auch die Präsentation der mehrfach erwähnten islamkonformen QES Wertpapiere der LBB: So werden in der entsprechenden Informationsbroschüre unter anderem die Strategie, die Umsetzung dieser Strategie sowie die möglichen Risiken ausführlich dargelegt, so dass die Islamkonformität in einem sehr sachlichen Rahmen als Argument für die Wahl dieses Produkts erscheint.[610] Diese Art der Präsentation sollte als Orientierung bei der Vermarktung eines islamkonformen Lebensversicherungsproduktes herangezogen werden.

---

[608] Bälz:2002, S. 451.

[609] Ebenda.

[610] Die Broschüre der LBB ist über http://www.zertifikate.lbb.de/Produktdatenbank/ Anlageprodukte/Strategie/LBB07A/LBB07A_FL_QES_Islamic_Finance.pdf; zuletzt aufgerufen am 29.08.2011, zu beziehen.

5 Fazit

Als Ziel der vorliegenden Untersuchung wurde eingangs das Vorhaben genannt, ausgehend von einem Überblick über die rechtlichen Rahmenbedingungen, die für den Betrieb und die Zulässigkeit des Lebensversicherungs-Geschäfts in Deutschland zu beachten sind, sowie unter Berücksichtigung der Quellen und der theoretischen Grundsätze des takaful-Prinzips, die rechtlichen Möglichkeiten der Einführung eines islamkonformen Versicherungsprodukts in Deutschland aufzuzeigen. Auf diese Weise konnten die im Titel der Untersuchung genannten konstitutiven Elemente – Quellen, Konzepte und Methoden islamischer Versicherungen – an einem konkreten Beispiel dargelegt werden.

In den ersten drei Teilen der Untersuchung wurden zunächst die zu berücksichtigenden Teilbereiche erörtert: So werden im ersten Teil die rechtlichen Rahmenbedingungen, innerhalb derer sich Lebensversicherungsprodukte in Deutschland bewegen dürfen, zusammengefasst, bevor im zweiten Teil ein Überblick über die Grundsätze und die Entwicklung des internationalen Islamic Finance-Marktes sowie die Einordnung des Segments der islamkonformen Versicherungen in diesen Markt erfolgte. Das takaful-Prinzip, dessen Grundsätze sowie dessen theoretische und praktische Entwicklung wurden im dritten Teil erörtert. Im vierten Teil schließlich wurde die Vereinbarkeit des takaful-Konzepts und der Anlageprinzipien, die im Rahmen dieses Konzepts gefordert werden, mit den im ersten Teil dargelegten rechtlichen Rahmenbedingungen, die für Versicherungen im Allgemeinen und für Lebensversicherungen im Besonderen innerhalb Deutschlands herrschen, überprüft.

Nachdem im ersten Teil der Untersuchung zunächst das generelle Prinzip der konventionellen Versicherung aufgezeigt wurde und – ausgehend von der Rechtsprechung des BVerwG – als wesentliche Charakteristika die Risikotransformation sowie die aleatorische Prägung des Versicherungsvertrages festgehalten wurden, stand fortan die Lebensversicherung im Fokus der Untersuchung. In der Lebensversicherung wird vom Versicherer das Versprechen gegebenen, das aus den Unsicherheiten des menschlichen Lebens resultierende wirtschaftliche Risiko des Versicherungsnehmers abzusichern. Für dieses Versprechen zahlt der Versicherungsnehmer die Prämie – es handelt sich um ein entgeltliches Austauschgeschäft, bei dem jedoch aufgrund der im ersten Teil ausführlich dargelegten Strukturen der Lebensversicherungsverträge keine vollständige Gewissheit über die Höhe der Versicherungssumme sowie den Zeitpunkt ihrer Auszahlung bestehen kann. Wesentliches Kriterium zur Abgrenzung von der Schadensversicherung ist hier die

Sparkomponente, die die Lebensversicherung zu einem der meistgenutzten Instrumente für die private Altersvorsorge in Deutschland macht.

Auch die gesetzlichen Grundlagen und die rechtlichen Rahmenbedingungen, innerhalb derer sich das Lebensversicherungsgeschäft in Deutschland bewegen darf, wurden im ersten Teil dargelegt. So wurden zunächst die für die Lebensversicherung relevanten Bestimmungen des VVG erörtert – insbesondere die Angaben zur Bezugsberechtigung sind hier von Relevanz, da von dieser abhängt, ob die Versicherungssumme aus einem Lebensversicherungsvertrag dem Nachlass der versicherten Person zuzurechnen ist.[611] Nachdem die AVB in ihrer die gesetzlichen Grundlagen konkretisierenden Funktion erläutert wurden, standen die wesentlichen Bestimmungen des VAG im Fokus. Vor allem die Angaben über die zulässigen Rechtsformen, in deren Rahmen das Versicherungsgeschäft und Deutschland betrieben werden darf, sind hier relevant, insbesondere jene zur Rechtsform des VVaG.[612] Desweiteren sind im VAG Angaben zu den Anlagegrundsätzen sowie Bestimmungen zur Rechnungslegung und zur Prämienkalkulation zu finden, die im vierten Teil auf das takaful-Modell übertragen wurden[613]

Aus der Erläuterung der vier gängigen Kategorien der Lebensversicherung gehen folgende unterschiedliche Merkmale hervor: Während in der klassischen kapitalbildenden Lebensversicherung und in der privaten Rentenversicherung der Sparanteil der Prämie in zinsbasierte Anlagemöglichkeiten investiert wird und sowohl die Höhe der auszuzahlenden Versicherungssumme als auch die Höhe der zu leistenden Prämie maßgeblich vom Rechnungszins abhängen, besteht diese Abhängigkeit vom Rechnungszins in der fondsgebundenen Lebensversicherung nicht. Hier erfolgt die Anlage in ein Sondervermögen, von dessen Wertschwankung die Höhe der Versicherungssumme abhängt. Die Risiko-Lebensversicherung wiederum beinhaltet keinen Sparanteil, da dieser Lebensversicherungstyp grundsätzlich eine Versicherung auf den Todesfall darstellt und der Hinterbliebenen-Absicherung dient.[614] Im Zusammenhang mit der Prämienkalkulation wurde auf die Sterbetafeln hingewiesen, auf deren Grundlage die Höhe des jeweiligen Risikoanteils der Prämie berechnet wird. Der erste Teil schließt mit der Ankündigung, diese Charakteristika des konventionellen Lebensversicherungsvertrages mit den

---

[611] In § 150 Abs. 1 VAG wird festgehalten, dass die versicherte Person nicht zwingend auch der Versicherungsnehmer sein muss; die §§ 159 und 160 VVG regeln die Möglichkeiten und die Auslegung der Bezugsberechtigung.

[612] § 7 VAG benennt die zulässigen Rechtsformen, die §§15–53 VAG regeln die Rechtsform des VVaG. In § 81 VAG sowie in den §§ 146–150 VAG sind die genauen Zuständigkeiten der Bundes- und der Landes-Aufsicht geregelt.

[613] Siehe insbesondere § 11 VAG.

[614] Vergleiche die Abschnitte 1.2.2.1–1.2.2.4.

Prinzipien des islamkonformen Konzepts der Versicherung, dem takaful-Modell, zu vergleichen beziehungsweise diese beiden Ansätze auf Abweichungen und Übereinstimmungen hin zu prüfen.

Um die Prinzipien und Strukturen des takaful-Modells nachvollziehbar darstellen zu können und um dieses alternative Versicherungsprinzip einordnen zu können, wurde im zweiten Teil ein Überblick über den gesamten Bereich des Islamic Finance und dessen Entwicklung vermittelt. Unter Bezugnahme auf die Erkenntnisse der islamischen Rechtswissenschaft (fiqh) und auf die islamrechtlichen Quellen Koran, Sunna, Konsens und Analogieschluss sowie auf moderne Interpretationen wurden in diesem Teil der Untersuchung zunächst die Verbote des riba, des gharar sowie des maysir erläutert. So wurde die zentrale Bedeutung des riba-Verbots im Islamic Finance aufgezeigt, die sich auch im Bereich der islamkonformen Versicherungen niederschlägt. Das riba-Verbot im Sinne eines Prinzips, das „ein Äquivalenzverhältnis beim gegenseitigen Vertrag sicherstellen soll"[615], wirkt sich auf die Beurteilung von Versicherungsverträgen aus. Es folgten Erläuterungen des gharar- sowie des maysir-Verbots, die eine Ablehnung von Transaktionen mit einem überhöhten Maß an Risiko sowie mit Glücksspielcharakter nach sich ziehen, bevor die Rolle der Scharia Boards als wachenden Institution über die Einhaltung der genannten Verbote dargelegt wurde. Im Zusammenhang mit den Scharia Boards und deren uneinheitlichen Strukturen wurde in Abschnitt 2.1.5 auch auf die im Islamic Finance wesentlichen Standard-setzenden Institutionen AAOIFI und IFSB hingewiesen und für den Fall der konkreten Umsetzung eines islamkonformen Versicherungs- oder Finanzproduktes die Orientierung an diesen Standards empfohlen.

Aufbauend auf diesen grundlegenden Elementen wurde ein Überblick über jene Segmente vermittelt, die das moderne Islamic Finance heute in der Praxis umfasst; es handelt sich hierbei um die seit den siebziger Jahren des zwanzigsten Jahrhunderts entwickelten islamkonformen Banken, Versicherungen und Kapitalmärkte. Diese stehen in einem wechselseitigen Abhängigkeitsverhältnis: So werden die islamkonformen Kapitalmärkte als logische Konsequenz der Entwicklung islamkonformer Banken und Versicherungen bezeichnet – schließlich müssen diese die Einlagen und Beiträge ihrer Kunden islamgerecht investieren können. In diesem Zusammenhang wurde auf das im Islamic Finance übliche Ausschlussverfahren beziehungsweise Screening hingewiesen, durch das jene Branchen, Unternehmen und Investitionsmöglichkeiten herausgefiltert werden können, die nicht mit den Grundsätzen des Islamic Finance vereinbar sind. Demnach werden Unternehmen ausgeschlossen, die mit Gütern, die als haram eingestuft werden, handeln

---

[615] Bälz:1997, S. 18.

oder diese produzieren. Zudem erfolgt ein Financial Screening: Hier werden unter anderem Beteiligungen an Unternehmen ausgeschlossen, deren Gesamtverbindlichkeiten, geteilt durch die Marktkapitalisierung, mehr als 33% betragen.[616] Diese Beschränkungen hinsichtlich der Anlagepolitik sind für die weitere Beschäftigung mit dem takaful-Konzept von wesentlicher Bedeutung, da dies die Investition der Sparbeiträge unmittelbar betrifft.

Der zweite Teil wurde mit einem Überblick und Vergleich der jeweiligen Entwicklungen im Islamic Finance-Bereich in Großbritannien sowie in Deutschland abgeschlossen. So wurde unter anderem die Haltung der britischen Finanzaufsicht FSA hinsichtlich islamkonformer Versicherungen und deren aufsichtsrechtlicher Behandlung benannt. Demnach unterliegen islamkonforme Versicherungen denselben aufsichtsrechtlichen Bestimmungen, die auch bei konventionellen Versicherungen, insbesondere bei Versicherungen auf Gegenseitigkeit, zur Anwendung kommen – vorausgesetzt, es sind genügend Parallelen in den besagten Geschäfts- und Vertragsmodellen vorhanden.[617] Diesen Ausführungen wurde die Entwicklung in Deutschland gegenüber gestellt: Der Überblick über den bisherigen Kenntnisstand über die Vereinbarkeit der Grundsätze des Islamic Finance mit dem KWG ergab, dass hier noch Unklarheit herrscht: Die überschaubare Anzahl von Autoren und Praktikern, die sich mit diesem Thema befassen, kommt zu voneinander abweichenden Ergebnissen.[618] Schließlich wurde darauf hingewiesen, dass der Erkenntnisstand hinsichtlich der Vereinbarkeit islamkonformer Versicherungspraktiken und deren Grundsätze mit dem VAG noch unter jenem anzusiedeln ist, der hinsichtlich der Vereinbarkeit von KWG und islamkonformen Bankgeschäften besteht. Eine grundsätzliche Auseinandersetzung mit den rechtlichen Möglichkeiten liegt bisher nicht vor. Es wurde angekündigt, im weiteren Verlauf der Untersuchung einen Beitrag zur Schließung dieser Lücke zu leisten. Als Grundlage hierfür erfolgte im dritten Teil zunächst eine Darlegung der Entwicklung des islamkonformen Versicherungskonzepts.

---

[616] Al-Fil:2005; zudem darf das Zinseinkommen eines Unternehmens gemessen am Gesamtumsatz nicht mehr als 5% betragen. Auch sollen nicht in Unternehmen investiert werden, deren ausstehende Einkünfte, gemessen an den Unternehmensanlagen, mehr als 45% betragen.

[617] House of Commitees:2009, S. 63.

[618] So gehen Engels und Sanio von einer grundsätzlichen Vereinbarkeit der Geschäftspraktiken und Grundsätze islamkonformer Banken aus, während unter anderem Caspar, Ebert und Thießen sowie Gramlich und Mager-Nestler eine Betrachtung der möglichen Vereinbarkeit im Einzelfall für notwendig halten, da bei genauer Betrachtung nur eine teilweise Übereinstimmung der islamischen Vertragsmodelle mit den im KWG genannten Bankgeschäften zu bestätigen sei; siehe hierzu Abschnitt 2.2.4.1.

Die überblicksartige Darstellung der Auseinandersetzung seitens der islamischen Rechtswissenschaft mit der Idee der Versicherung im dritten Teil zeigt zunächst die Auffassungen Ibn Abidins (gest.1836), der die konventionelle Versicherung ablehnte – die Ablehnung beruht darauf, dass sich dieses Geschäft in keine der im islamischen Recht bekanntenVertragsformen einfügen lasse. Einen wesentlichen Beitrag zur Entwicklung des takaful-Modells leistete im frühen 20. Jahrhundert as-Sanhuri (gest.1971), der verstärkt die ökonomische Dimension des Versicherungsvertrags berücksichtigte und so das Verhältnis zwischen Versicherungsnehmers und Versicherer sowie das Verhältnis der Versicherungsnehmer untereinander in den Mittelpunkt der Diskussion rückte. Das aus diesen Überlegungen entstandene takaful-Modell wurde im Rahmen mehrerer Resolutionen, unter anderem vom Fiqh Council of the Muslim World League (1978) und dem Fiqh Council of the Islamic Conference (1985) für zulässig erklärt und empfohlen.

Die Zulässigkeit des takaful-Modells wird folgendermaßen begründet: Während ein entgeltliches Austauschgeschäft zwischen Versicherer und Versicherungsnehmer aufgrund des vorhandenen riba und gharar nicht zulässig sei, könne der Versicherungsvertrag zwischen den Versicherungsnehmern als zulässig qualifiziert werden, da hier eine Form von gegenseitiger Unterstützung (ta'awun) vorliege, zu der im Koran 5:2 aufgerufen würde. Ein derartiges Geschäft kann aus islamrechtlicher Perspektive als zulässig erklärt werden.[619] Die Versicherungsbeiträge werden im takaful-Modell als Spenden beziehungsweise als „unentgeltliche Zuwendungen" qualifiziert, die in einen gemeinschaftlichen Fonds, den takaful-Fonds, eingehen, aus dem die Schadenszahlungen beziehungsweise Versicherungssummen bestritten werden.[620] Im Falle einer Lebensversicherung besteht neben diesem gemeinschaftlichen Fonds noch ein persönlicher Sparfonds, in den die Sparteile des Beitrags eingehen. Der Versicherer, in einer islamkonformen Versicherung als takaful-Operator bezeichnet, übernimmt lediglich die Rolle des Mittlers, desjenigen, der die gegenseitige Versicherung der Versicherungsnehmer organisiert. Diese Beschränkung der Aufgabe des anbietenden Unternehmens wird insbesondere im wakala-basierten takaful-Modell deutlich, in dem der Operator lediglich eine feste Gebühr für die Organisation des Versicherung sowie der Investition der Sparteile bezieht.[621]

---

[619] Diese Zulässigkeit begründet sich dadurch, dass die Verbote des riba und des gharar nur auf entgeltliche Austauschgeschäfte Anwendung finden; siehe die Anschnitte 3.1.4–3.2.

[620] Siehe unter anderem Bälz:1997, S. 63–64 sowie Abschnitt 3.2.

[621] Im mudaraba-Modell wird der Operator dagegen an den versicherungstechnischen Überschüssen sowie aus Gewinnen aus der Kapitalanlagetätigkeit beteiligt, während

Auf der Grundlage der Erkenntnisse der ersten drei Teile der Untersuchung konnte im vierten Teil überprüft werden, ob sich die Prinzipien und Maßgaben des deutschen Rechtsrahmens für Lebensversicherungen mit jenen des takaful-Modells und des Islamic Finance vereinbaren lassen. Insbesondere folgende Aspekte wurden untersucht:

- die grundsätzliche Vereinbarkeit des takaful-Prinzips mit dem Begriff der „Versicherung" im konventionellen Sinne und dem VAG,

- die geeignete Rechtsform des anbietenden Versicherungs-Unternehmens,

- die Grundlagen der Beitragskalkulation und eventuell notwendige Abweichungen von konventionellen Methoden,

- die Rechnungslegung,

- die Anlagemöglichkeiten für die eingezahlten Prämien unter Berücksichtigung der Grundsätze des Islamic Finance und der VAG-Normen für die Prämienanlage und

- erbschaftsrechtliche Fragen unter besonderer Berücksichtigung der Frage nach einer vertraglich vereinbarten Bezugsberechtigung.

Die Prüfung ergab, dass das takaful-Modell als Versicherungsgeschäft im Sinne der Rechtsprechung des BVerwG aufgefasst werden kann. Hinsichtlich der Rechtsform, die im VAG geregelt wird, scheint die Vereinbarkeit ebenfalls gegeben, sofern das islamkonforme Modell geringfügig modifiziert würde. So würde die empfohlene Umsetzung im Rahmen eines VVaG den Verzicht auf externe Gesellschafter im takaful-Modell erfordern. Zudem müsste von einem Scharia Board geprüft werden, ob es gemäß islamischem Recht zulässig ist, dass der VVaG als juristische Person seinen Mitgliedern gegenübersteht, die gleichzeitig Träger des Vereins sind – diese Konstellation könnte unter rein formalen Aspekten als entgeltliches Austauschgeschäft bewertet werden. Als mögliches Argument im Falle einer derartigen Kritik wurde in Abschnitt 4.1.2 auf die Debatte zwischen der AAOIFI und Moody's verwiesen, in deren Laufe der inhaltlichen Entsprechung eines Geschäfts mit den islamrechtlichen Prinzipien mehr Gewicht als einer rein formalen Entsprechung zugesprochen wurde.

Darüber hinaus müsste beachtet werden, dass das jeweilige Scharia Board eine ausschließlich beratende Tätigkeit ausübt und keine formal bindenden

---

im Hybrid-Modell eine Mischung aus diesen beiden Modellen vorliegt. Die drei gängigen takaful-Modelle werden in den Abschnitten 3.2.1–3.2.3 dargelegt.

Entscheidungen etwa hinsichtlich der Anlagepolitik der Sparbeiträge trifft.[622] Eine weitere Abweichung von rein islamkonformen Strukturen ist in der Rechnungslegung erforderlich. Diese ist zum Einen in §§ 55-64 VAG geregelt, zum Anderen gelten in Deutschland wie in Europa grundsätzlich die Standards der IFRS als maßgebliche Orientierung für die Rechnungslegung. Um auch die Islamkonformität der Prozesse und Abläufe nachvollziehbar darlegen zu können, müsste die nach konventionellen Maßstäben gestaltete Rechnungslegung entsprechend ergänzt werden. Eine weitere Abweichung vom theoretischen takaful-Konzept, die in der Praxis bereits jetzt schon zu beobachten ist, stellt die unterschiedliche Tarifierung von Mann und Frau in der Lebensversicherung dar, die der nachweislich höheren Lebenserwartung von Frauen geschuldet ist.

Das unter Abschnitt 4.2 der Untersuchung vorgelegte Konzept fasst die Ergebnisse der vorangegangenen Abschnitte zusammen und verdeutlicht die zahlreichen inhaltlichen Übereinstimmungen zwischen der konventionellen Versicherung auf Gegenseitigkeit und dem takaful-Prinzip. Als Ergebnis konnte der Vorschlag zu einer islamkonformen, fondsgebundenen Lebensversicherung gemacht werden, die im Rahmen eines VVaG angeboten wird und auf dem wakala-Modell basiert.

Aufgrund des Fokus dieser Untersuchung auf die rechtlichen Möglichkeiten und die Vereinbarkeit der besagten Versicherungs-Konzepte konnten das Marktpotential sowie mögliche Vermarktungsstrategien im Zusammenhang mit einer islamkonformen Lebensversicherung auf dem deutschen Markt nicht eingehend untersucht werden – diese Aspekte müssen im Rahmen weiterer Auseinandersetzungen mit dem komplexen Themenfeld der islamkonformen Versicherungen in Deutschland und Europa erschlossen werden. Ein Anliegen bei der Erarbeitung der vorliegenden Untersuchung war es, einen Beitrag zur grundlegenden Erkenntnisgewinnung über die rechtlichen Möglichkeiten und Grenzen der Integration des islamkonformen Versicherungs-Konzepts in den deutschen Rechtsrahmen zu leisten, um die zukünftige Beschäftigung mit diesem Thema zu erleichtern.

---

[622] Bälz erwähnt in diesem Zusammenhang die ein der Praxis übliche Kompetenzverteilung, laut der das Scharia Board für die Formulierung der Anlagegrundsätze zuständig ist und das Management des jeweiligen Unternehmens die konkreten Entscheidungen trifft – eine Orientierung an dieser Handhabung wurde für den Fall einer Umsetzung des takaful-Modells in Deutschland in dieser Untersuchung empfohlen. Vergleiche Bälz:2002, S.450–451.

6. Anhang

6.1 Vertragsmodelle im Islamic Finance[623]

Einige Vertragsmodelle des Islamic Finance	Erläuterung
musharaka	Beteiligungsfinanzierung, ähnlich einem Joint-Venture, bei dem bspw. Bank und Kunde Kapital in eine gemeinsame Unternehmung einbringen und auch das Risiko teilen. Die jeweilige Gewinn- und Verlustbeteiligung wird im Voraus vereinbart.
mudaraba	Ebenfalls eine Form der Beteiligungsfinanzierung, bei der jedoch der Kapitalgeber die Verluste zu tragen hat. Dafür übernimmt er die Rolle des Geschäftsführers. Dieses Modell wird in der Praxis oft zur Unterstützung erfolgversprechender, aber mittelloser Unternehmen eingesetzt.
murabaha	Das am häufigsten und am vielfältigsten in der Praxis islamkonformer Banken angewandte Modell. Grundsätzlich geht es hierbei nicht um die Bereitstellung von Kapital, sondern um die Beschaffung von Gütern, die der Bank-Kunde benötigt. Die Bank erwirbt das benötigte Gut und verkauft es dem Kunden zu einem zuvor vereinbarten Preis mit einer Gebühr weiter. Das Modell kommt z. B. bei der Immobilienfinanzierung zum Einsatz In der gängigen Praxis wird das murabaha-Modell erweitert (tawarruq) und auch zur Bereitstellung von Kapital oder zur Vergabe von elektronischen Zahlungsmitteln verwendet.
sukuk	Islamische Anleihen, bei denen keine Zinsen auf das investierte Kapital gezahlt werden und denen immer ein realwirtschaftliches Anlagegut (z. B. Immobilien- und Infrastrukturprojekte) zugrunde liegen muss.
wakala	Auch als Geschäftsführungsauftrag oder Agenturvertrag bezeichnet; der Agent (wakil) übernimmt für seinen Auftraggeber das jeweilige Geschäft. Neben dem Versicherungsgeschäft wird das wakala-Modell insbesondere in der Praxis islamkonformer Banken für die Bereitstellung von Sparkonten angewendet.
salam	Form des Lieferungskaufs, bei dem an die Stelle des Gutes (ayn) eine Schuldverpflichtung (dayn) tritt.

---

[623] Basierend auf den Angaben von Nienhaus:1982 sowie Ebert:2010.

6.2 Überblick: Die konventionelle Versicherung, die Versicherung auf Gegenseitigkeit und das takaful-Modell[624]

	Konventionelle Versicherung	Versicherung auf Gegenseitigkeit	Takaful
Übernahme des Versicherungsschutzes	Risiko wird vom Versicherten auf den Versicherer übertragen	Gegenseitiges Risiko wird von allen Mitgliedern getragen	Gegenseitiges Risiko wird von allen takaful-Teilnehmern getragen
Rechtliche Grundsätze	Säkulares Recht und jeweiliges Aufsichtsrecht	Säkulares Recht und jeweiliges Aufsichtsrecht	Säkulares Recht, Aufsichtsrecht und islamisches Recht
Eigentümerschaft	Gesellschafter des Versicherungsunternehmens	Mitglieder (Versicherte)	Teilnehmer (Versicherte)
Vertragsformen	Bilateraler entgeltlicher Versicherungsvertrag	Bilateraler Vertrag zwischen Versicherungsnehmer und der juristischen Person des Versicherungs-Vereins	wakala- oder mudaraba-Konstruktion, unilateraler Vertrag auf tabarru'-Basis
Anlagepolitik	Keine Beschränkungen außer §§ 54 und 54 b VAG	Keine Beschränkungen außer §§ 54 und 54 b VAG	Alle Investitionen müssen gemäß islamkonformer Anlagegrundsätze erfolgen
Leistungspflicht	Das Versicherungsunternehmen und seine Gesellschafter sind für alle Schadenszahlungen verantwortlich	Die Mitglieder sind gemeinsam für die Schadenszahlungen verantwortlich und können im Verlustfall um Ausgleich gebeten werden	Die Mitglieder sind gemeinsam für die Schadenszahlungen verantwortlich und können im Verlustfall um Ausgleich gebeten werden (qard hasan)
Überschuss	Gesellschafter	Mitglieder	Teilnehmer

---

[624] Basierend auf Jaffer:2011, S. 3 und IFSB/IAIS:2006, S. 7.

6.3 Praxis-Beispiel: Zertifikat über die Islamkonformität des ADCB Meethaq Takaful&Savings Programme[625]

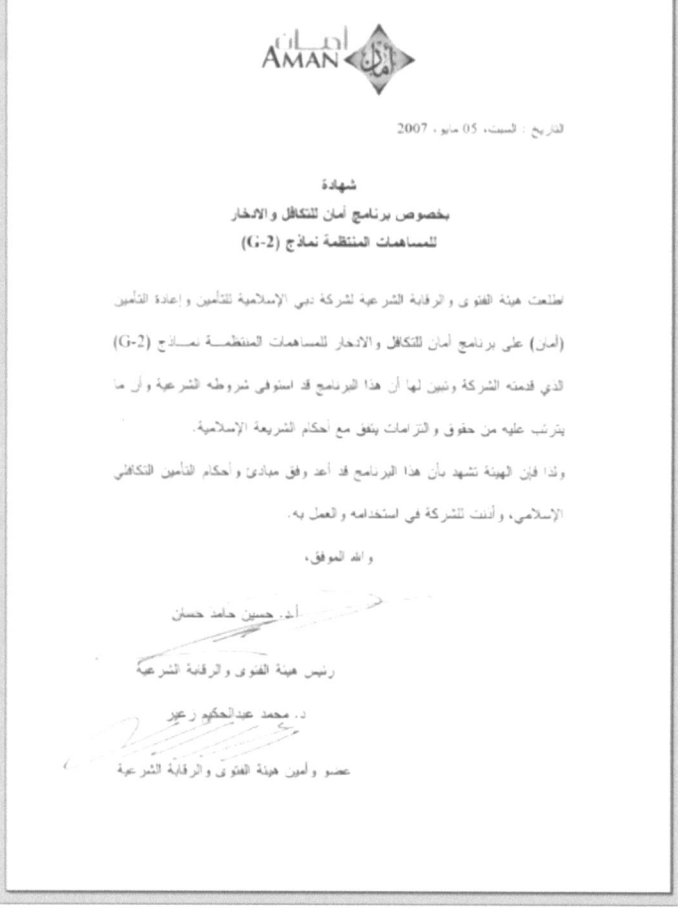

---

[625] Abrufbar unter http://www.adcb.com/Images/Shariah_Certificate2007-Regular_ tcm20-31939.pdf, zuletzt aufgerufen am 29.08.2011.

6.3.1 Übersetzung:

„-27.Mai 2007-

Zertifikat über das Aman Takaful & Savings Programme, Formular G-2

Die fatwa-Kommission für Versicherung und Rückversicherung und das Scharia-Board des in Dubai ansässigen islamischen Versicherungs- und Rückversicherungsunternehmens AMAN hat sich mit dem vom Unternehmen vorgelegten Takaful & Savings Programme (G-2) befasst und es hat sich gezeigt, dass dieses Programm die Bedingungen der Scharia erfüllt und dass das, was es an Rechten und Pflichten regelt, mit den Geboten des islamischen Rechts übereinstimmt. Daher zertifiziert/bestätigt die Kommission, dass dieses Programm in grundsätzlicher Übereinstimmung mit den Grundsätzen des islamischen takaful(-Prinzips) steht und gestattet dem Unternehmen die Aufnahme des Geschäfts.

(...)"

7 Literaturverzeichnis

Monographien, Sammelbände und Studien

Ainley, M.; Mashayeki, A.; Hicks, R.; Rahman, A.; Ravalia, A.: Financial Service Authority – Islamic Finance in the UK: Regulation and Challenges, London, 2007.

Alpen Capital: GCC Takaful Industry – 12 January 2010, o. O., 2010.

Bälz; Kilian Rudolf: Versicherungsrecht in den Arabischen Staaten – Der Versicherungsvertrag im islamischen Recht und den modernen arabischen Zivilrechtskodifikationen. Unter besonderer Berücksichtigung des ägyptischen ZGB (1948) und des jordanischen ZGB (1976). Karlsruhe, 1997.

Billah, Mohd Ma'sum: Applied Takaful and Modern Insurance – Law and Practice. Selangor, 2007.

Ebert, Hans-Georg; Thießen, Friedrich (Hrsg.): Das islamkonforme Finanzgeschäft – Aspekte von Islamic Finance für den deutschen Privatkundenmarkt. Stuttgart, 2010.

Ernst & Young: The World Takaful Report 2010, Dubai, 2010.

Ernst & Young: The World Takaful Report 2011, Dubai, 2011.

Gassner, Michael; Wackerbeck, Philipp: Islamic Finance – Islam-gerechte Finanzanlagen und Finanzierungen. Köln, 2007.

Geilfuß, Kathrin: Islamic Banking in Deutschland – Risiko oder Chance aus Sicht deutscher Banken? Berlin, 2009, auch zu beziehen über http://www.e-journal.of-pbr.de.

Hassan, M. Kabir; Lewis, Mervyn K. (Hrsg.): Handbook of Islamic Banking. Cheltenham, 2007.

House of Commons Treasury Committee: Pre-Budget Report 2009, London, 2009.

Islamic Finance News: Takaful Guide 2007. Dubai, 2007.

Islamic Financial Services Board /International Association of Insurance Supervisors: Issues in Regulation and Supervision of Takaful (Islamic Insurance), Amman, 2006.

Khan, M. Fahim; Porzio, Mario (Hrsg.): Islamic Banking and Finance in the European Union – A Challenge. Cheltenham, 2010.

Krawietz, Birgit: Die Hierarchie der Rechtsquellen im tradierten sunnitischen Islam. Berlin, 2002.

Lohlker, Rüdiger: Scharia und Moderne – Diskussion zum Schwangerschaftsabbruch, zur Versicherung und zum Zinswesen. Stuttgart, 1996.

Löhr, Albert; Valeva, Milena (Hrsg.): Finance & Ethics – Das Potential von Islamic Finance, SRI, Sparkassen. München und Mering, 2010.

Nienhaus, Volker: Islam und moderne Wirtschaft – Einführung in Positionen, Probleme und Perspektiven. Graz, 1982.

Omar (al-), Fuad; Abdel-Haq: Islamic Banking – Theory, Practice and Challenges. London, 1996.

Organisation Internationale des Commissions des Valeurs (OICV)/International Organization of Securities Commissions (IOSCO): Islamic Capital Market Fact Finding Report – Report of the Islamic Capital Market Task Force of the International Organization of Securities Commissions, o. O., 2004.

Pfannkuch, Katharina: Das Zinsverbot in der Praxis des Islamic Banking. Hamburg, 2009.

Rodinson, Maxime: Islam et capitalisme. Paris, 1966.

Schirrmacher, Christine: „Das islamische Recht und seine Rechtsquellen", in: Dies.: Der Islam – Geschichte, Lehre, Unterschiede zum Christentum. Holzgerlingen, 2003, Bd.1, S.277–304.

Schünemann, Andy: Islamic Banking als Herausforderung für das deutsche Private Banking (veröffentlichte Studienarbeit). Norderstedt, 2007.

Tripp, Charles: Islam and the moral economy. Cambridge, 2006.

Visser, Hans: Islamic Finance – Principles and Practice.Cheltenham:2009.

Von der Schulenburg, J.-M.: Grundzüge der Versicherungstechnik ausgewählter Branchen, Vorlesung am Institut für Versicherungsbetriebslehre der Leibniz Universität Hannover, zu beziehen über http://130.75.112.1/intern/materialwso809/VBL%2ol/Kapitel%202%20Grundzuege%20oder%20Versicherungstechnik.pdf, zuletzt aufgerufen am 30.08.2011.

Winter, Gerrit: Kommentar zum VVG und zu den allgemeinen Versicherungsbedingungen unter Einschluss des Versicherungsvermittlers, Band 5, Halbband. 2, München, 1988.

Beiträge in Sammelbänden in (Fach-)Zeitschriften; Aufsätze

Abbas, Ridwan: „Takaful in Europe: A fertile ground", in: Middle East Insurance Review, Juni 2009, S. 60–62.

Alexander, Sebastian; Blume, Edgar; Braune, Ines: „Potenzial islamischer Bankprodukte in Deutschland. Einstellungen und Erwartungen der Muslime in Deutschland", in: Ebert, H.-G.; Thießen, F. (Hrsg.): Das islamkonforme Finanzgeschäft – Aspekte von Islamic Finance für den deutschen Privatkundenmarkt. Stuttgart, 2010, S.82–119.

Al-Fil, Gérard: „Islamic Finance – Zielstrebige Schweizer Banken", in: Schweizer Bank vom 22.08.2005, über http://www.schweizerversicherung.ch/de/artikelanzeige/artikelanzeige.asp?pkBerichtNr=104071; zuletzt aufgerufen am 30.08.2011.

Ali, K.M. Mortuza: Introduction to Islamic Insurance, Dhaka, o. J.

Amin, Mohammed; Kahn, Muhammad: „Takaful in the EU: Brimming with potential", in: Middle East Insurance Review, Februar 2008, S. 58–61.

Andres, Joerg: „Lebensversicherungen im Erbrecht", in: Münchner Anwaltshandbuch Erbrecht, 3. Auflage, München, 2010, § 47.

Anwar, Muhammad: „Comparative Study of Insurance and Takafol (Islamic Insurance)", in: The Pakistan Development Review, 33:4, Part II, Winter 1994, S. 1315–1330.

BaFin: „Islamic Finance Konferenz: BaFin für scharia-konforme Finanzprodukte bereit", in: BaFin Journal, 11/2009, S. 6–7.

Bälz, Kilian Rudolf: „Islamische Aktienfonds in Deutschland?", in: BKR – Zeitschrift für Bank- und Kapitalmarktrecht, 2002, S. 447–453.

Bälz, Kilian Rudolf: „Scharia Jet Set: Islamic Banking, der Aufstieg der neuen islamischen Rechtsgelehrten und die Herausforderungen der Finanzkrise", in: Mediterranes, Ausgabe 1/2011, Ethik und Geschäft – Das islamkonforme Finanzwesen, S. 6–9.

Beckmann; Matusche-Beckmann: „Lebensversicherung", in: Brömmelmeyer: Versicherungsrechts-Handbuch, 2. Auflage, München 2009, § 42.

Behlau, Catrin; Kerkhoff, Parissa: „EuGH: Verbraucherschützer erwirken Unisex-Tarife", 02.03.2011, über www.juve.de/nachrichten/verfahren/2011/03/eugh-verbraucher schutzer-erwirken-unisex-versicherungstarife, vom 02.03.2011, aufgerufen am 20.08.2011.

Bergermann, Melanie: „Sukuk und Takaful", in: Wirtschaftswoche, 16.11.2006.

Caspar, Matthias: „Islamische Finanztransaktionen ohne Erlaubnis nach dem KWG?", in: Zeitschrift für Bankrecht und Bankwirtschaft, 22. Jg., Heft 5, 15.10.2010, S. 345–362.

Deutsche Postbank: Altersvorsorge in Deutschland 2010/2011 (über http://www.post bank.de/postbank/pr_dossier_altersvorsorge.html; zuletzt aufgerufen am 24.08.2011.

Dohms, Heinz-Roger: „Neue Propheten des Islamic Banking", in: Financial Times Deutschland, 02.03.2011, über http://www.ftd.de/unternehmen/finanzdienstleister /:geringe-nachfrage-neue-propheten-des-islamic-banking/60019694.html?page=2, zuletzt aufgerufen am 26.07.2011.

Ebert, Hans-Georg: „Islamische Bankprodukte: Quellen, Normen und Begriffe", in: Ebert, H.-G.; Thießen, F. (Hrsg.): Das islamkonforme Finanzgeschäft – Aspekte von Islamic Finance für den deutschen Privatkundenmarkt. Stuttgart, 2010, S. 46–81.

Engels, Johannes: „Takaful: Schlafender Riese wird langsam wach", in: Versicherungswirtschaft, 15.12. 2009, 64. Jahrgang, Nr. 24, S. 1898.

Engels, Johannes: „German banking supervision and its relationship to Islamic banks", in: Khan, M. F.; Porzio, M.: Islamic Banking and Finance in the European Union – A Challenge. Cheltenham, 2010, S. 174–188

Gesamtverband der Deutschen Versicherungswirtschaft (GDV; Hrsg.): Kernpunkte des GDV zur Reform des Versicherungsvertragsgesetzes (VVG). Berlin, 2006, zu beziehen über www.gdv.de/Downloads/Pressemeldungen.../Argumentarium_VVG.pdf, zuletzt aufgerufen am 30.08.2011.

Gramlich, Ludwig; Manger-Nestler, Cornelia: „Öffentlich-rechtliche Aspekte von Islamic Finance in Deutschland", in: Ebert, H.-G.; Thießen, F. (Hrsg.): Das islamkonforme Finanzgeschäft – Aspekte von Islamic Finance für den deutschen Privatkundenmarkt. Stuttgart, 2010, S. 193–225.

Hamid, Mohd Shahrunizam: „Sharia Interpretation – Inconsistencies in Takaful Operation – Harmonization of Standardization and Diversification", International Centre for Education in Islamic Finance (INCEIF), Takaful and Actuarial Practices

Heine, Peter: "Der Islam im 21. Jahrhundert", http://www.thueringen.de/de/ publikationen/pic/pubdownload98.doc, zuletzt aufgerufen am 30.08.2011.

Ibrahim, Mohamed; Hameed, Shahul: „IFRS vs AAOIFI: The Clash of Standards?", in: Munich Personal RePEc Archive (MPRA), München, 2009.

Jaffer, Sohail: „Europe opens up to Takaful", in: The European Financial Review, August-September 2010, S. 30–33.

Jaffer, Sohail: „Growth opportunities for Takaful in Europe", in: The European Financial Review, Dezember-Januar 2011, S. 2–5.

Jaffer, Sohail: „Bancatakaful – Bankassurance – A Strategic Pact for Takaful", in: Islamic Finance News (Hrsg.): Takaful Guide 2007, Dubai 1007.

Klöwer, Gerd: „Islamic Insurance (Takaful)", in: Versicherungswirtschaft, 15.12. 2009, 64. Jahrgang, Nr. 24, S. 1902.

Köppen, Lars: Ein Gespräch mit Zaid El-Mogaddedi, Gründer des IFIBAF, in: Mediterranes, Ausgabe 1/2011, S. 34–37.

Landesbank Berlin: „QES Islamic Finance – Eine Inhaberschuldverschreibung der LBB AG", zu beziehen über http://www.zertifikate.lbb.de/Produktdatenbank/Anlage produkte/Strategie/LBB07A/LBB07A_FL_QES_Islamic_Finance.pdf, zuletzt aufgerufen am 26.08.2011.

Layadi, Abdelmajid: Editorial, in: Mediterranes, Ausgabe 1/2011, Ethik und Geschäft – Das islamkonforme Finanzwesen.

Lienemann, Insa; Pfeil Marcus: „Versicherungen nach islamischem Recht – Lukrative Islamic Insurance", in: Die Bank, Nr. 8/2006, S. 8–12.

MacFarlane, Benjamin J.: „Takaful in the UK: Ripe for Development", in: Islamic Finance News (Hrsg.): Takaful Guide 2007, Dubai 2007, S. 17–20.

Mahlknecht, Michael: „Islamische Versicherungen: Mehr Ethik und Transparenz für Versicherungskunden", in: Löhr, A.; Valeva, M.V. (Hrsg.): Finance&Ethics . Das Potential von Islamic Finance, Sparkassen, SRI, München und Mering, 2010, S. 59–74.

Maurer, Bill: „Form versus substance – AAOIFI projects and Islamic fundamentals in the case of sukuk", in: Journal of Islamic Accounting and Business Research, Vol.1, No.1, 2010, S. 32–41.

Menning, Annemone: „Der Prozess der Meinungsbildung von Sharia Boards", in: Ebert, H.-G.; Thießen, F. (Hrsg.): Das islamkonforme Finanzgeschäft – Aspekte von Islamic Finance für den deutschen Privatkundenmarkt. Stuttgart, 2010, S. 275–298.

Miegel, Meinhard: „Epochenwandel in der Altersvorsorge" – Vortragsreihe der Postbank AG, über http://www.postbank.de/csfiles/Postbank_Dossier_Epochenwende_in_der_ Altersvorsorge_0.pdf, zuletzt aufgerufen am 30.08.2011.

Nienhaus, Volker: „Islamic Banking als Segment der globalen Finanzindustrie", in: Mediterranes, Ausgabe 1/2011, Ethik und Geschäft – Das islamkonforme Finanzwesen, S.26–28.

Oliver Wyman (Hrsg.): Takaful – A new global insurance growth opportunity. o. O., 2007.

OWW Consulting: Islam and CSR: The compability of the tenets of Islam and the UN Global Compact (http://www.ecrc.org.eg/pdf/Islam%20and%20UNGC.pdf; zuletzt aufgerufen am 24.08.2011)

Peisker, Marco: "Die islamkonforme Versicherung – Herausforderung für den deutschen Versicherungsmarkt", in: Ebert, H.-G.; Thießen, F. (Hrsg.): Das islamkonforme Finanzgeschäft – Aspekte von Islamic Finance für den deutschen Privatkundenmarkt. Stuttgart, 2010, S. 226–242.

Pfannkuch, Katharina: „IFRS vs. AAOIFI, Basel vs. Kuala Lumpur – Neue Machtkonstellationen auf den internationalen Finanzmärkten?", in: Mediterranes, Ausgabe 1/2011, Ethik und Geschäft – Das islamkonforme Finanzwesen, S. 17–18.

Pock, Alexander von; Röckemann, Christian: „Islamische Versicherungen – ein bislang ungenutztes Ertragspotenzial", in: Versicherungswirtschaft, 15.08.2004, 59. Jahrgang, Nr. 16, S. 1220.

Reiche, Lutz: „Versagen in der Altersvorsorge", in: Manager Magazin, 07. Oktober 2010, über www.manager-magazin.de/politk/meinungen/0,2828,721941-2,00.html, zuletzt aufgerufen am 28.08.2011.

Saggau, Mathias: „Der Wettbewerb im Islamic Banking", in: Ebert, H.-G.; Thießen, F. (Hrsg.): Das islamkonforme Finanzgeschäft – Aspekte von Islamic Finance für den deutschen Privatkundenmarkt. Stuttgart, 2010, S. 120–145.

Schipprack, Christopher: „Nachahmer und Mitmacher willkommen – Ein Interview mit Michael Karch, Geschäftsführer der MetallRente, 2009, über http://www.nachhaltig wirtschaften.net/scripts/basics/eco-world/wirtschaft/basics.prg?session=42f948f84d 73af1c_276786&nap=rosemann&a_no=2471&r_index=4.2.5; zuletzt aufgerufen am 24.08.2011

Schröder, Holger: „Kommunale Versicherungsvereine auf Gegenseitigkeit und Inhouse-Geschäfte", in: KommJur, 2005, Heft 12, S. 445–450.

Solé, Juan: „Introducing Islamic Banks into Conventional Banking Systems", IMW Working Papers, o. O., 2007.

Stiftl, Ludwig: „Über das Abenteuer, eine Industrie zu starten, wo schon eine ist – Der Stand der Takaful-Industrie und der Ernst&Young World Takaful Report", in: Mediterranes, Ausgabe 1/2011, Ethik und Geschäft – Das islamkonforme Finanzwesen, S. 30–33.

Valeva, Milena: „Islamic Banking: Anspruch und Wirklichkeit", in: Löhr, Albert/Valeva, Milena (Hrsg.): Finance & Ethics. Das Potential von Islamic Finance, SRI, Sparkassen. München 2010, S. 9-41.

Van Liedekerke, Luc; Jaufeerally, Rezy Zain: „Some critical thoughts on a possible synergy between SRI and Islamic Finance", in: Löhr, A.; Valeva, M.V. (Hrsg.): Finance & Ethics. Das Potential von Islamic Finance, Sparkassen, SRI, München und Mering, 2010, S. 43–57.

Wackerbeck, Philipp: „Islamische Versicherungsprodukte – Ein Wachstumsmarkt?", in: Versicherungswirtschaft, 15.03.2006, 61. Jg., Nr.06.

Warde, Ibrahim: „Islamische Banken im globalen Finanzsystem. Eine unwahrscheinliche Erfolgsgeschichte", in: Le Monde Diplomatique, NR. 6549, 14.09.2001, Berlin, 2001.

Nachschlagewerke

Beck'sches Steuer- und Bilanzlexikon, München, 2005

Krumnow et al.: Gabler Banklexikon, Wiesbaden, 2002.

Gabler Verlag (Herausgeber), Gabler Wirtschaftslexikon online im Internet:

- http://wirtschaftslexikon.gabler.de/Archiv/55059/versicherung-v5.html.
- http://wirtschaftslexikon.gabler.de/Definition/riester-rente.html,
- http://wirtschaftslexikon.gabler.de/Archiv/1319/lebensversicherung-v8.html
- http://wirtschaftslexikon.gabler.de/Definition/kapitaldeckungsverfahren.html
- http://wirtschaftslexikon.gabler.de/Definition/sterbetafel.html
- http://wirtschaftslexikon.gabler.de/Definition/deckungskapital.html
- http://wirtschaftslexikon.gabler.de/Definition/nachgelagerte-besteuerung.html
- http://wirtschaftslexikon.gabler.de/Definition/underwriting.html
- http://wirtschaftslexikon.gabler.de/Definition/pensionsfonds.html
- http://wirtschaftslexikon.gabler.de/Definition/versicherungsverein-auf-gegenseitigkeit-vvag.html, alle zuletzt aufgerufen am 28.08.2011.

Weitere Internet-Quellen

www.arge-vvag.de/fests/fthemen.htm, zuletzt aufgerufen am 28.08.2011.

http://www.kapitallebensversicherungen.eu/vergleiche/fondlv/fondsgebundenelebensversicherung.php; zuletzt aufgerufen am 28.08.2011.

http://www.ifibaf.com/index.php/IFIBAF-Islamic-Finance-Events, zuletzt aufgerufen am 24.08.2011.

http://www.uni-leipzig.de/~cas/images/stories/Dokumente/plakat_islamicfinance_2011_web.pdf; zuletzt aufgerufen am 24.08.2011.

www.gdv.de/DatenUndFakten/Gesamtmarkt/inhaltsseite.html, zuletzt aufgerufen am 25.08.2011

http://www.bafin.de/cln_179/nn_722598/DE/BaFin/Aufgaben/aufgaben__node.html?__nnn=true; zuletzt aufgerufen am 25.08.2011.

http://www.gdv.de/Publikationen/versicherungsbedingungen/avb.html, zuletzt aufgerufen am 28.08.2011, siehe hier die zitierten Musterbedingungen des GDV.

http://www.bafin.de/cln_179/nn_722598/DE/BaFin/Aufgaben/aufgaben__node.html?__nnn=true; zuletzt aufgerufen am 25.08.2011.

http://www.kapitallebensversicherungen.eu/vergleiche/fondlv/fondsgebundenelebensversicherung.php, zuletzt aufgerufen am 25.08.2011.

http://www.test.de/themen/versicherung-vorsorge/test/Fondsgebundene-Rentenversicherung-Rente-mit-viel-Risiko-1563811-1563580/ ; zuletzt aufgerufen am 25.08.2011.

http://www.bpb.de/sosi/popup/lexikon.php?id=79 sowie beide zuletzt aufgerufen am 25.08.2011

http://www.gdv.de/Glossar/S/glossareintrag20959.htm, zuletzt aufgerufen am 26.08.2011.

http://www.aktuar.de/download/Kollektiv-versus-Individuum.pdf, zuletzt aufgerufen am 25.08.2011

http://curia.europa.eu/jcms/upload/docs/application/pdf/2011-03/cp11012de.pdf, aufgerufen am 20.08.2011.

http://www.erbrecht-heute.de/Lebensversicherung-Erbrecht.html, zuletzt aufgerufen am 25.08.2011.

www.erbrecht-heute.de/Bezugeberechtigung.html; zuletzt aufgerufen am 25.08.2011.

http://www.aaoifi.com/aaoifi/TheOrganization/Overview/tabid/62/language/en-US/Default.aspx, zuletzt aufgerufen am 25.08.2011.

http://www.ifsb.org/background.php , zuletzt aufgerufen am 25.08.2011.

http://www.isdb.org, zuletzt aufgerufen am 26.08.2011.

www.allianz.co.id/, zuletzt aufgerufen am 27.08.2011.

http://www.adcb.com/islamicbanking/home/index.asp beide zuletzt aufgerufen am 26.08.2011.

http://www.djindexes.com/islamicmarket/, zuletzt aufgerufen am 27.08.2011.

http://www.ftse.com/japanese/Indices/FTSE_Global_Islamic_Index_Series/index.jsp, zuletzt aufgerufen am 25.08.2011.

http://www.orientdienst.de/muslime/muslimeeuropa.shtml ; zuletzt aufgerufen am 25.08.2011.

http://www.cii.gov.pk, zuletzt aufgerufen am 26.08.2011.

http://www.kuveytturk.com.tr/pages/default-en.aspx, zuletzt aufgerufen am 26.08.2011.

http://www.openpr.de/news/372111/Islamic-Finance-Wege-aus-der-Finanzkrise.html, zuletzt aufgerufen am 26.08.2011.

http://noortakaful.com/individualfamily/smart_save.aspx, zuletzt aufgerufen am 27.08.2011.

http://www.adcb.com/islamicbanking/takafulsavingsprg/regularcontribut/index.asp, zuletzt aufgerufen am 27.08.2011.

http://www.adcb.com/Images/Shariah_Certificate2007-Regular_tcm20-31939.pdf, zuletzt aufgerufen am 28.08.2011.

www.integration-in-deutschland.de/nn_282926/nn_SubSites/Integration/DE/01_Ueberblick/ThemenUndPerspektiven/Islam/Deutschland/deutschland-node.html?__nnn=true, zuletzt aufgerufen am 28.08.2011.

http://www.badische-zeitung.de/deutschland-1/konvertiten-in-deutschland--25160 149.html, zuletzt aufgerufen am 28.08.2011.

http://www.bpb.de/themen/OTVK4U,0,0,Demografischer_Wandel_in_Deutschland.html; zuletzt aufgerufen am 28.08.2011.

http://www.uni-protokolle.de/Lexikon/Lebensversicherung.html, zuletzt aufgerufen am 27.08.2011.

http://www.kapitallebensversicherungen.eu/vergleiche/fondlv/fondsgebundenelebensversicherung.php; zuletzt aufgerufen am 28.08.2011.

Gesetzestexte und Rechtsverordnungen

Gesetz über die Beaufsichtigung der Versicherungsunternehmen (Versicherungsaufsichtsgesetz – VAG); Versicherungsaufsichtsgesetz in der Fassung der Bekanntmachung vom 17. Dezember 1992 (BGBl. 1993 I 2), das durch Artikel 3 des Gesetzes vom 1. März 2011 (BGBl. I S. 288) geändert worden ist.

Gesetz über den Versicherungsvertrag (Versicherungsvertragsgesetz – VVG); Versicherungsvertragsgesetz vom 23. November 2007 (BGBl. I S. 2361), das zuletzt durch Artikel 6 des Gesetzes vom 14. April 2010 (BGBl. I S. 410) geändert worden ist.

Erbschaftsteuer- und Schenkungsgesetz (ErbStG); Erbschaftsteuer- und Schenkungsgesetz in der Fassung der Bekanntmachung vom 27. Februar 1997 (BGBl. I S. 378), das zuletzt durch Artikel 14 des Gesetzes vom 8. Dezember 2010 (BGBl. I S. 1768) geändert worden ist.

Einkommensteuergesetz (EStG); Einkommensteuergesetz in der Fassung der Bekanntmachung vom 8. Oktober 2009 (BGBl. I, 3366), das zuletzt durch Artikel 1 des Gesetzes vom 5. April 2010 (BGBl. I, S. 554) geändert worden ist.

Allgemeines Gleichbehandlungsgesetz (AGG); Allgemeines Gleichbehandlungsgesetz vom 14. August 2006 (BGBl. I, S. 1897), das zuletzt durch Artikel 15 Absatz 66 des Gesetzes vom 5. Februar 2009 (BGBl. I, S. 160) geändert worden ist.

Weitere herangezogene Gesetze

Gesetz gegen den Unlauteren Wettbewerb (UWG)

Kreditwesengesetz (KWG)

Bürgerliches Gesetzbuch (BGB)

Aktiengesetz (AktG)

Zitierte Koran-Ausgabe

Hofmann, Murad Wilfried: Der Koran – Arabisch-Deutsch. München, 2011.